Susanna Wüstneck

Lagerfeuerphilosophen
Wie wir durch diese Zeit kamen

Gespräche im Lockdown

*Für meinen Freund Horst!
Auf das die Menschen verstehen lernen, die Akteure zur Verantwortung gezogen und die Kritiker rehabilitiert werden!*

Susanna :)

(Meine Freundin Angelika soll es auch lesen :))

Bibliografische Information der Deutschen Nationalbibliothek:
Die Deutsche Nationalbibliothek verzeichnet diese Publikation in der
Deutschen Nationalbibliografie; detaillierte bibliografische Daten
sind im Internet über dnb.dnb.de abrufbar.

© 2024 Susanna Wüstneck
Herstellung und Verlag: BoD - Books on Demand, Norderstedt

1. Auflage
Zeichnungen: Günther Leifeld-Strikkeling
Fotos: Susanna Wüstneck
Cover-Foto: Stephan van den Bruck
Satz, Layout, Covergestaltung: Hermann-Josef Vieth

ISBN: 9783758366420

"All diesen Spinnern und Coronakritikern sei gesagt: Es wird keine Normalität mehr geben wie vorher."

Rainald Becker, Fernsehjournalist, ARD, SWR, Tagesthemen (1)

Januar 2023 - 2 G - Schild am Eingang der Onkologischen Praxis

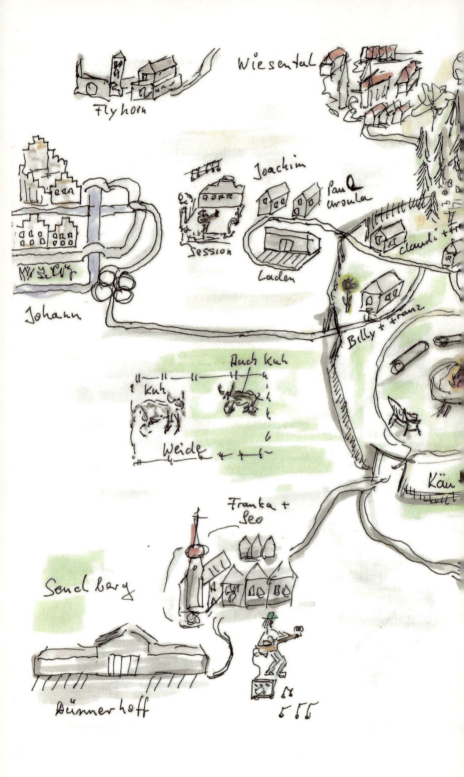

Liebe Leserinnen, liebe Leser,

mein Name ist Susanna Wüstneck. Ich bin Filmemacherin, Lyrikerin und Musikerin. Und nun also auch Buchautorin. Ein Buch zu schreiben kam mir eigentlich bisher nie in den Sinn, denn das wollte ich lieber denjenigen überlassen, die wissen, wie so etwas geht.

Warum habe ich es dennoch getan? Nun, es scheint mir die beste Möglichkeit zu sein, die ganz persönlichen Gedanken, die den Protagonisten des Buches in den Jahren der Coronapandemie durch den Kopf gingen, weiterzugeben. Sind es doch Gedanken auf das, was wir alle während der Coronazeit erlebt haben. Wir alle waren im Lockdown, hörten und lasen von neuen Regeln und Beschränkungen, bis hin zu Strafandrohungen bei Nichteinhaltung dieser Regeln. Wir alle sollten Masken kaufen und tragen, uns die Hände gründlich waschen, Abstand zu den anderen halten. Wir verfolgten die veröffentlichten Zahlen, hörten von Kranken, Sterbenden und Toten und machten uns Sorgen oder hatten gar Ängste. Doch auch wenn sich die Erfahrungen ähnelten, so haben wir, wie es aussah, mitunter sehr unterschiedlich darauf reagieren können. Auch unsere Schlussfolgerungen auf das, was da auf uns eingestürmt war, unterscheiden sich voneinander.

LAGERFEUERPHILOSOPHEN ist ein Buch, welches die Coronazeit auf schonungslos authentische Weise aus der ganz individuellen Sicht einer Gruppe von Menschen beschreibt. So werden Sie Gesprächsprotokolle zu Unterhaltungen lesen, die zwischen April 2020 und April 2022 immer wieder stattgefunden haben. Zur besseren Einordnung der Gespräche werden Sie eine Situationsbeschreibung, eine Zusammenfassung der von der Bundesregierung Deutschland beschlossenen Maßnahmen und Beispiele verschiedener Reaktionen der öffentlich-rechtlichen Medien finden.

Sie werden von den individuellen Sichtweisen unserer Protagonisten erfahren, doch Sie werden sie nicht persönlich kennenlernen, denn es ist kein Roman. Es wird eine Entwicklung sichtbar werden, doch es braucht dazu keinen individuellen Wiedererkennungswert.

Es wurden sämtliche Ortsnamen und Arbeitsstätten geändert und alle aufgeführten Namen wurden pseudonymisiert. Der Grund dafür liegt in dem vorgegebenen Narrativ der Öffentlichkeit, der sich im Laufe der Corona-Jahre immer deutlicher herauskristallisierte und dem sich die Protagonisten bald nicht mehr anschließen konnten. Verschiedene Ereignisse, die im Zusammenhang mit Kritikern und Kritikerinnen der Maßnahmen stehen, machten ihnen klar, dass Menschen wie sie möglicherweise diffamiert werden könnten, sollte es zu einer Veröffentlichung ihrer bürgerlichen Namen im Zusammenhang mit ihren Gedanken und Gesprächen kommen.

Für Sie, als Leser, ändert es nichts an der authentischen Wiedergabe dieser Unterhaltungen. Machen Sie sich also deshalb keine Gedanken! Es ist nicht von Belang, ob Sie sich alle Namen und Beziehungsverhältnisse merken können, denn ich möchte nur ein Beispiel dafür geben, wie es geschehen konnte, dass die meisten Mitglieder einer Gruppe von Menschen, wie es die Protagonisten sind, während der Coronapandemie zu gesellschaftlich Ausgestoßenen wurden und wie es sich für sie angefühlt hat.

Da sich die gesellschaftlichen Situationen nahezu in Windeseile ändern, stellt diese Geschichte inzwischen ein Zeitdokument dar. Dieses Zeitdokument halte ich für ungemein wichtig, um verstehen zu können, was aus all dem, was geschehen ist, folgen könnte. Ich bin davon zutiefst überzeugt, dass wir nur gemeinsam unsere Welt in eine positivere Richtung lenken können und denke, wir sollten es angehen, bevor es zu spät ist.

Vorwort

Es ist Dezember 2022. Meine Augenoperation ist gut verlaufen. Nur eine kleine Narbe erinnert an den Eingriff. Es war wieder das Lymphom, das nun schon zum dritten Mal in meinem Leben "Raum" gefordert hat. Der Tumor war noch klein und ist erstmal entfernt worden. So geht das Leben wieder weiter. Erstmal und bis auf Weiteres. Ich bin den Ärzten sehr dankbar.

Zwei Fachärzte empfahlen mir Bestrahlungen im Anschluss. Warum ich das tun sollte, wo doch der Tumor entfernt wurde und mein Lymphom eh mein Begleiter bleiben wird, hatte ich meine Onkologin gefragt. Sie verstand meine Frage nicht, akzeptierte letztlich aber meine Entscheidung, damit zu warten. Der Operateur riet mir, mich für die Nachsorgeuntersuchungen an einen Onkologen in Wohnnähe zu wenden, weil die Arztpraxis meiner Onkologin so weit weg von meinem Wohnsitz ist. Telefonisch teilte man mir dann dort mit, wann ich zu erscheinen hatte. Zum Glück passte der Termin in meinen Zeitplan.

An der Eingangstür der onkologischen Praxis hing ein Schild, auf dem Stand: 2 G. Und in kleinen Buchstaben darunter der Zusatz: Ungeimpfte sollen vorher telefonisch einen Termin vereinbaren, für Geimpfte ist der Zutritt nur mit FFP 2 Maske möglich und Begleitpersonen dürfen nicht mit hinein.

Das war im Januar 2023. Zu einem Zeitpunkt, als bereits längst durchgesickert war, dass auch geimpfte Personen nicht vor dem Coronavirus geschützt sind und durchaus auch andere Menschen anstecken können.

Ich wollte mich nicht ohne meinen Lebensgefährten beraten lassen. Er ist ungeimpft. So jedenfalls ist heute die Bezeichnung für Menschen, die sich der Impfung gegen SARS Cov2 nicht unterzogen haben.

Vier Ohren hören mehr als zwei und man ist nicht so allein. So hieß es in der Zeit vor Corona. Ich wollte mit meinem Krebs in dieser Situation nicht so allein sein. Schon im Krankenhaus musste ich mit allem allein durch - kein Besuch, niemand da, als ich wieder aufwachte. Nun, ich bin tapfer. Mein Freund auch.

Jetzt muss er jedenfalls draußen bleiben und erstmal das Testergebnis abwarten. Ich bin geimpft. Drei Mal, aber das ist schon wieder eine Weile her und mir ist schon lange bewusst, wie fahrlässig es war, sich impfen zu lassen. In den Medien wird inzwischen auch hier und da von entsetzlichen Nebenwirkungen und Todesfällen, ausgelöst durch die Coronaimpfung, berichtet. Da lasse ich das lieber mit weiteren Impfungen dieser Art.

Obwohl ich auch offiziell nicht mehr als "geimpft" gelte, wollten die Schwestern in der Anmeldung nur das Testergebnis meines Freundes sehen. Mir ist mulmig zumute. Nicht nur wegen dem Krebs. Also warten wir. Er draußen, in der Kälte. Ich drinnen. Mein Testergebnis interessiert hier niemanden.

Als sein Testergebnis da ist, darf er zu mir in den Warteraum. Zum Glück ist es negativ. Vorher, im Krankenhaus, testete man uns täglich mindestens einmal. Meine Bettnachbarin wurde an einem der Tage insgesamt dreimal hintereinander getestet, zweimal war ihr Ergebnis positiv, das dritte Mal endlich negativ.

Zurück zur Onkologie: Die Schwestern sind freundlich. Der Arzt auch. Er meinte, dass nach einer Hochdosis-Chemo, wie ich sie vor 17 Jahren bekam, das Immunsystem geschwächt und der Grund für das erneute Auftreten des Lymphoms sein könnte.

Mir liegt eine Frage auf der Zunge, die zu stellen mir etwas schwerfällt: Ob auch die Impfungen mein Immunsystem geschwächt haben könnten, wollte ich von ihm wissen. Er druckste sich um die Antwort herum.

Drei Jahre sind seit Beginn der Corona-Pandemie also vergangen. In dieser Zeit waren wir mit uns selbst so sehr im Zweifel und alle bisherigen Erkenntnisse über unser Zusammenleben in der Gemeinschaft, mit unseren Verwandten, Bekannten und Freunden passten irgendwie nicht mehr zusammen. Wir machten uns Sorgen um unsere Gesundheit und um unser selbstbestimmtes Leben. Wir bemühten uns darum umsichtig und vorsichtig zu sein, trugen Masken, testeten uns bei jeder Gelegenheit und desinfizierten unsere Hände und diejenigen, die den Maßnahmen und später der Coronaimpfung skeptisch gegenüberstanden, versuchten ihre Entscheidungen immer wieder irgendwie mit ihrer Familie, ihren Freunden und Bekannten zu kommunizieren und sich zu erklären.

Zu Beginn der Pandemie dachte ich an damals, als sich der Tumor in meinem Bauch riesig breit gemacht hatte, dachte an meine traumatischen Erlebnisse in der Klinik, an die Hochdosis-Chemo, an die Sterbenden um mich herum, an die Beatmung des Patienten im gegenüberliegenden Krankenzimmer, an den Tod meines Vaters, der im selben Krankenhaus gegen seinen Lungenkrebs behandelt wurde und während dieser Zeit an einem Herzinfarkt verstarb.

Der mediale Shitstorm, der sich mit der Zeit und mit großer Vehemenz gegen diejenigen richtete, die in Bezug auf die Maßnahmen der Bundesregierung und letztlich auch bezüglich des Impfdruckes und der drohenden Impfpflicht skeptisch waren, machte uns mit der Zeit große Sorgen.

Anfänglich wunderten wir uns, dass es unter unseren Freunden Leute geben sollte, die sich nicht davor scheuten, mit Rechtsextremen und Reichsbürgern auf einer Demo mitzumarschieren. Zeigten doch die Bilder und Berichte in Funk und Fernsehen so eindringlich aggressive, uneinsichtige Leute und Menschen aus dem rechten Milieu, die an den Demos teilnahmen. Ich musste an meine jüdische Mutter denken. 1922 in Wien geboren musste sie 1938 aus Naziösterreich fliehen. Und ich dachte an Tante Cäcilie, Tante Bertha, Onkel

Benno und die vielen anderen meiner Vorfahren. Sie schafften es nicht mehr zu fliehen und wurden in Auschwitz umgebracht. Weil sie Juden waren.

Wir waren also ziemlich irritiert und verärgert und scheuten die Auseinandersetzung mit unseren Demogänger-Freunden. So hörten sie für eine Weile nichts von uns.

Nun saßen wir also zuhause und dachten empört über diese Situation nach, doch wenn wir ehrlich mit uns waren konnten wir irgendwie nicht so recht glauben, dass wir uns in ihnen so sehr getäuscht haben sollten. Keiner von ihnen hatte jemals auch nur im Ansatz menschenverachtende oder faschistoide Gedanken, im Gegenteil!

Es waren Musiker, Sozialarbeiter, Fotografen, Handwerker, Graphiker, Bühnentechniker, Krankenpfleger, arbeiteten im Bioladen oder im Pflegeheim, waren in der Flüchtlingshilfe aktiv und unterstützten Hilfsorganisationen, arbeiteten in Heilberufen und begleiteten todkranke und sterbende Menschen.

Und zu demonstrieren ist doch ein demokratisches Recht oder nicht? Kann man kontrollieren, wer da noch mitläuft?

Also fragten wir irgendwann dann doch bei ihnen nach.

Dieses Abgleichen der persönlichen Erfahrungen unserer Freunde mit der Berichterstattung der öffentlichen Medien half dabei, einander nicht zu verlieren und zu erkennen, dass in unserem Land Berichterstattung und persönliche Erfahrungen mehr und mehr auseinanderdrifteten oder ganz und gar im Widerspruch miteinander standen.

Und umso klarer und differenzierter wir dachten, umso mehr stellten wir fest, dass nun auch wir selbst immer häufiger bei anderen Freunden, Bekannten und Verwandten für Empörung sorgten, die wiederum nun uns für Menschen hielten, die sich "radikalisieren" würden. Ein Teufelskreis!

Wir stellten uns immer wieder die Frage, ob wir selbst vielleicht langsam verrückt wurden, ob es sein konnte, dass unsere immer kritischer werdende Haltung vielleicht tatsächlich Grund genug für diese Art von Shitstorm war, dessen wir nicht allein durch die öffentlich-rechtlichen Medien, sondern auch durch Bekannte und uns unbekannte Menschen ausgesetzt waren.

Die festen und scheinbar unumstößlichen Überzeugungen vieler unserer Bekannten und Verwandten, die sie zu den politischen Entscheidungen zur Corona-Pandemie entwickelt hatten, verunsicherte uns und machte uns Angst, denn sie vertrauten uns nicht mehr. Und umso weniger sie uns über den Weg trauten, umso weniger trauten wir ihnen. Die Gespräche und Diskussionen waren hart und vorwurfsvoll. Von beiden Seiten. Wir fühlten uns einander missverstanden und konnten doch den Argumenten des jeweils anderen nicht mehr folgen. Das war verletzend.

Waren wir wirklich unsolidarisch, egoistisch, rücksichtslos? Waren wir, wie der Fernsehjournalist Rainald Becker in den ARD-Tagesthemen am 6.2.2020 verkündete, Spinner und Coronakritiker? Was sind eigentlich Coronakritiker? Menschen, die das Virus kritisieren? Kann man das Virus überhaupt kritisieren? Radikalisierten wir uns mit jedem Widerwort, jedem kritischen Gedanken? Achteten wir nicht mehr auf unsere Mitmenschen? War eine neuartige Impfung, wie diese, tatsächlich für alle der einzige Ausweg aus dem Dilemma? War sie tatsächlich und wie es bei keinem medizinischen Eingriff je bisher der Fall war, nebenwirkungsfrei? Und waren all die alternativen Berichte zu den z.T. schweren Nebenwirkungen der Impfung bis hin zu Todesfällen, zu den Geschehnissen auf den Demos, den Problemen, denen Kinder, Jugendliche und alte Menschen ausgesetzt waren, tatsächlich unwahr oder übertrieben? Warum war es falsch über den Ursprung des Ausbruchs zu diskutieren? Gab es wirklich nur einen Virologen, der wusste, was richtig war? War das Coronavirus tatsächlich so bösartig, dass es die meisten Menschen zur Strecke brachte?

Immer wieder hörten wir Botschaften, die in den öffentlichen Medien verbreitet wurden, vernahmen neue, für uns beinahe unerträgliche Anschuldigungen und Unterstellungen, unsachliche und undifferenzierte Beschimpfungen durch Journalisten, Politiker, Satiriker, Kabarettisten. Und durch unsere Mitmenschen.

Wir hörten Ankündigungen neuer Maßnahmen und Beschlüsse, die uns nicht mehr Teil der Gesellschaft sein ließen. Wenn ich mit ungeimpften Freunden aus dem Haus ging, mussten wir uns bald die Nase an Schaufenstern, Cafés und Restaurants plattdrücken, weil die Ungeimpften unter uns nicht mit hineindurften. Auf dem Markt galt 2G, also durften sich Ungeimpfte nicht mehr mit auf die Bank setzen, die draußen aufgestellt war, um seinen Snack zu verzehren. Ungeimpfte durften nicht mehr in den Baumarkt, nicht mehr Konzerten beiwohnen (oder geben), nicht mehr mit ihren Kindern ins Schwimmbad oder auf den Weihnachtsmarkt, in keine kulturelle Veranstaltung, nicht mehr ohne Test zum Arzt, zu Angehörigen ins Krankenhaus oder ins Seniorenheim.

Doch auch die Geimpften wurden gläserner. Jedweder öffentlicher Ort wurde zu einer öffentlichen Vorführung der persönlichsten Entscheidungen, denn wir mussten uns stets ausweisen, mussten uns anmelden und Covidpässe im Zusammenhang mit den Personaldokumenten vorweisen. Die Dokumente wurden gescannt und auf Nachfrage kam keine Erklärung, wohin diese Personalien gelangen würden. Erst nachdem man sich öffentlich mit all den Unterlagen ausgewiesen hat oder diese Unterlagen ohne Begründung gescannt wurden, durfte man eintreten, zuschauen, speisen, dabei sein. Alle anderen wurden abgewiesen.

Mir, als Geimpfte, machte diese Entwicklung große Sorgen, doch vor allem ging es vielen unserer ungeimpften Freunde zunehmend schlechter. Sie konnten z.T. bald nicht mehr gut schlafen, hatten Alpträume und fühlten sich, auf Grund der Pläne zur allgemeinen Impfpflicht, regelrecht bedroht, ja vergewaltigt.

Im Fernsehen wurde in der Hauptsache von den schweren Folgen einer Corona-Infektion, nicht aber den möglichen Nebenwirkungen durch die Impfung berichtet. (Inzwischen gibt es den einen oder anderen Bericht in den öffentlichen Medien dazu). Die Maßnahmenkritiker wurden verhöhnt, als Nazis beschimpft und der Lächerlichkeit preisgegeben. Und das nicht nur durch einen beträchtlichen Teil der öffentlichen Medien. Der schmerzhafteste Teil der Geschichte war aber die Erkenntnis, dass uns auch Freunde und Bekannte nicht mehr glaubten, hartnäckig zu diesen Diffamierungen schwiegen oder gar in diesen unsäglichen Chor mit einstimmten.

Doch in dieser Zeit der großen Demütigung und Unsicherheit versuchten wir uns wieder und wieder auf die positiven Dinge zu konzentrieren, die uns umgaben. Da waren immer noch viele gleichgesinnte Menschen, die jede persönliche Entscheidung der anderen respektierten, ganz gleich, ob nun die Entscheidung für oder gegen die Impfung ausfiel.

Wir unterstützten uns gegenseitig, wenn uns das Virus erwischte, musizierten gemeinsam, organisierten Filmabende. Wir fuhren sogar bis nach Holland, um mal wieder in einem Restaurant essen zu gehen, wanderten mit einem Picknickkorb durch den Wald, entdeckten alternative Weihnachtsmärkte, selbstgebaute Parcours und die Natur zeigte uns ihre ganze Schönheit und heilte immer wieder unsere Seelennöte.

Wir diskutierten respektvoll miteinander, suchten Auswege und schmiedeten neue, bessere Lebensentwürfe. Wir erzählten uns an langen Abenden am Lagerfeuer, an sonnigen Kaffeenachmittagen, auf Waldspaziergängen und bei gemeinsamen Weinabenden von unseren Nöten und unseren Gedanken und Erlebnissen, von unserer Hilflosigkeit, der Wut und Ohnmacht. Das alles half uns mit den äußeren, schwierigen Bedingungen klarzukommen. Ich bemühte mich darum, diese Zeit mit all ihren Gedankenstürmen, all dem Schmerz, der Hoffnung und dem Miteinander, die in diesem Buch beschrieben sind, festzuhalten. Es ist ein Zeugnis dieser Zeit, in der sich alles änderte.

Sibylle Behr

Unser Lagerfeuer im Dorf

Reh in unserem Garten

> Man braucht zu Zeiten viel Phantasie,
> um dran zu glauben, dass mit Euphorie
> das Ende der weltweiten Pandemie
> in Aussicht steht und es scheint wie nie,
>
> dass das Virus uns alle hier irgendwie
> zum Narren hält und uns in die Knie
> zwingt mit dem, was es sagen will.
> Manch einer wird laut dabei, andere still.

Auszug aus dem Gedicht 'Zweifel' von Susanna Wüstneck [1]

Wir leben im Käutzchengrund, einem kleinen Dorf in der Nähe von Sendberg, wo die Häuser ziemlich klein, aber doch gemütlich eingerichtet sind. Die nächsten Orte liegen einige Kilometer von uns entfernt und dazwischen ist ein großer Wald. Unser Haus steht ganz in der Nähe des Waldes und ist, wie die anderen Häuser auch, von Blumen, Bäumen und Pflanzen umsäumt. Eine richtige Oase haben wir hier. Vor unserem Haus ist ein Feuerplatz und es gibt im Dorf sogar ein Minischwimmbecken, das aber nur selten aufgesucht wird. Der Feuerplatz wird dafür umso häufiger genutzt. Vor Corona war das Leben für die meisten Dorfbewohner ziemlich trubelig. Wir hetzten den Terminen manchmal regelrecht hinterher, auch wenn wir das Leben liebten. Deshalb waren wir alle froh, in so einer grünen Idylle zu wohnen, wo man ab und an dann wieder zur Ruhe kommen konnte.

Bis auf die lauten Motorräder, kleine bellende Hunde und das dazugehörige Hundebesitzergeschrei, was von Zeit zu Zeit und vor allem in der warmen Jahreszeit unüberhörbar ist, genießen wir es hier zu sein und lieben unseren Wald. Manchmal kommen die Hasen und Rehe sogar durch unsere Gärten und wenn wir sie nicht davon abhalten, knabbern sie Ellis Rosen und unsere Sonnenblumen an.

Irgendwie verbindet uns alle der Wunsch, in diesem Dorf zu leben. Nicht viele Leute können sich vorstellen in so kleinen Häusern und an einem Ort zu wohnen, wo man den Müll an den Dorfeingang karren muss, weil er nur dort einmal in der Woche abgeholt wird. Und wo es nachts dunkel ist, weil's keine Laternen gibt, wo man eine viertel Stunde mit dem Auto fahren muss, um zum nächsten Einkaufsladen zu gelangen und in die nächste Stadt eine halbe Stunde braucht.

Aber wir lieben genau das.

Elli ist unsere Gartenexpertin. Sie kennt ihre Kräuter und Blumen, vor allem die Rosen, in- und auswendig. Rudi ist der Experte für die Steine, die tun nämlich gut, wenn man die richtigen bei sich hat. Früher wohnte Elli in der Wagenburg in Mariental.

Irgendwann ist sie dann mit Rudi ins Dorf gezogen und jetzt wohnen sie ein paar Häuser von Franz und mir (Billy) entfernt. Franz ist von Beruf Metallbauer aber er kann eigentlich alles, oder fast alles. Vor allem ist er ein großartiger Musiker und Toningenieur. Die Filmproduktionen und die Musik sind es auch, die Franz und mich besonders miteinander verbinden. Andere Bewohner des Dorfes malen und kreieren irgendwas Besonderes. Adelheid z.B. Aber zu ihr kommen wir später.

Am liebsten sitzen wir alle gemeinsam am Feuer und erzählen uns was. Und manchmal treffen wir uns auf einen Kaffee oder um gemeinsam zu Abend zu essen. So vergingen die Jahre vor Corona wie im Fluge. Das lag aber auch ein bisschen an dem Tempo, was wir hatten.

Und plötzlich stand die Welt regelrecht still. Niemand wusste so recht, was da tatsächlich gerade geschah.

Am 22. März 2020 trat der erste Corona-Lockdown in Deutschland in Kraft. Dabei wurde zwar keine allgemeine Ausgangssperre verhängt aber es bestand ein Kontaktverbot. Wir durften also auch keinen Kontakt mehr zu den anderen Bewohnern des Dorfes aufnehmen und das fühlte sich in den ersten Tagen so an, als würde das Virus draußen herumfliegen und jeder, der aus dem Haus tritt oder mit den anderen Dorfbewohnern sprechen würde, hätte daraufhin mindestens eine schwere Krankheit zu erleiden, wenn nicht gar dem Tod ins Auge zu sehen. So jedenfalls sprudelte es stündlich aus unseren Fernsehern und Radiogeräten.

Man sah dort auf dem Bauch liegende, nach Luft japsende Patienten in überfüllten Krankenhäusern, hörte davon, dass sich das Virus ausbreitete, sodass die Krankenhäuser weltweit überlastet wären und von Tod und Verderben gezeichnet. Wir getrauten uns nicht daran zu denken, dass es uns selbst erwischen könnte und bewunderten den Mut und die Kraft derjenigen, die die Sterbenden und Schwerkranken versorgten.

Aber jedes Mal, wenn wir durch unser Dorf spazierten, hatten wir das Gefühl, auf einer Insel zu sein, auf der wir sicher waren und fern von all den grausigen Nachrichten. Das tat gut.

Aus den alten Lautsprechern der Einkaufsläden quakte es alle paar Minuten, man solle zu den anderen Kunden einen Abstand von 1,50 m einhalten. Doch die Leute waren eigentlich höflich und rücksichtsvoll, auch ohne Ansage. Vor dem Laden war ein Desinfizierer abgestellt, der die Griffe der Einkaufswagen putzte und jedem Kunden einen Wagen zuteilte. Klebepunkte schrieben den Abstand zur Kasse und den anderen Kunden vor und die ersten Leute trugen selbstgenähte, bunte Masken. Alles fühlte sich an, als steckten wir in einem Science-Fiction-Roman, wie etwa in Aldous Huxley's 'Schöner neuer Welt' oder in Juli Zeh's 'Corpus Delicti'.

Die Zeit verlangsamte sich und als der erste Schrecken überwunden war, begannen wir diese Verlangsamung der Zeit regelrecht zu genießen. Doch wir begannen uns auch Gedanken darum zu machen, was die neuen Regeln für uns alle bedeuten würden, was hilfreich wäre, um diese Krise für alle irgendwie gut zu bewältigen.

Fern dieser Nachrichten registrierten wir aber auch, dass uns draußen nicht gleich das Ungeheuer überfiel und wir die plötzliche Ruhe und das wegbleiben nerviger Termine eigentlich als sehr angenehm empfanden. Im April war es schon warm genug für einen vorsichtigen Lagerfeuertreff. Rudi und Elli kamen zu uns rüber, setzten sich mit ans Feuer und es entspannen sich die ersten Gedanken zu dieser ganz neuen Zeit.

Ellis und Rudis Haus

2. April 2020

Grundeinkommen für alle

Gesprächspartner: FRANZ, RUDI, ELLI, BILLY (SIBYLLE)

FRANZ Wie wäre es denn mit einem Grundeinkommen für alle? Ich meine, was ist z.b. mit der Kunst, also mit den Bühnentechnikern, den Künstlern, Lichtleuten und der ganzen Bühnenpower? Dann ist ja die ganze Gastronomie drum herum betroffen. Aber eigentlich betrifft das ja jeden, der seinen Beruf gerade nicht ausüben kann. Und deswegen müsste jetzt ein Grundeinkommen für alle eingeführt werden, finde ich.

ELLI Wer weiß, vielleicht kommt das ja noch, das ist ja erst der Anfang von dieser Krise.

FRANZ Es braucht auch noch mehr Personal für die Leute, die sich ein Trauma eingefangen haben, wegen der fehlenden Kontakte und der Tatsache, sich gegenseitig nicht mehr berühren zu dürfen, die Ängste bei Älteren und bei den Kindern und so Existenzängste wegen der Berufe, die plötzlich weg sind.

ELLI Ich bin gespannt, wie sie das alles rechtfertigen wollen. Es gibt ja Leute, die wollen die Regierung verklagen, da hab' ich gedacht: Wie willst du das denn machen? Ist doch völliger Schwachsinn oder? Also ich würde im Moment auch nicht regieren wollen. Aber so ein Grundeinkommen würde viel lösen können. Es müsste ja nicht viel sein. Das wär' einfach deswegen hilfreich, weil sich dann niemand mehr Sorgen machen müsste, dass er aus der Wohnung fliegt oder nichts zu essen hat oder so. Und der Pegel, weswegen Menschen auch gewalttätig werden gegen Kinder oder Frauen, wäre vielleicht niedriger.

FRANZ Es gibt ja immer jemanden, der sich benachteiligt fühlt.

ELLI Na das ist ja schon offensichtlich, was hier läuft mit der Benachteiligung und diesem 'sich rauspicken' wer jetzt wichtig ist. Die Verkäuferinnen haben gleich was gekriegt aber für die Pfleger wird nur geklatscht.

BILLY Dabei entsteht nur Wut, anstatt Zuversicht.

ELLI Ja, das ist bescheuert.

BILLY Na und wegen dieser Gewaltbereitschaft bei den Demonstranten jetzt, da mache ich mir auch ziemliche Gedanken. Was ist da los und wie händelt das die Regierung?

RUDI Ich denke, diese Regeln zu lockern würde die ängstlichen Leute noch mehr in Stress versetzen. Da gibt es ja im Moment sehr viele, die große Angst haben. Die hängen alle irgendwie zwischen den Stühlen – darf ich? Soll ich? Trau ich mich? Oder lieber doch abwarten und kucken, was passiert. Also richtig frei fühlt es sich nicht an.

ELLI Ist ja auch nicht frei.

RUDI Genau, es wird alles orchestriert und jedes Bundesland hat plötzlich eigene Regeln.

FRANZ Aber im Föderalismus sind diese eigenen Regeln für jedes Bundesland ja sinnvoll, finde ich. In Berlin ist ja eine andere Situation, als anderswo und sollte dann doch auch anders behandelt werden. Da kannst du natürlich auch mal Pech haben, dass du in so einer Grenzregion wohnst, wo du dir sagst: Och, 20 Meter weiter dürfen die Leute das und hier nicht. Aber das hängt ja immer auch davon ab, wie man das kontrolliert oder wie das so gehändelt wird, ne.

ELLI Wie ist denn das vom Gesetzgeber her? War das nicht aufgehoben mit der Kontaktsperre? Ich hab' die Regeln gar nicht mehr im Blick. Wisst ihr das? Das sollte doch bis zum dritten Mai sein?

FRANZ Genau, die Geschäfte haben alle wieder offen.

ELLI Ja aber was ist mit den Kontaktbeschränkungen?

BILLY Das habe ich auch nicht richtig verstanden, weil einerseits können alle wieder einkaufen gehen, andererseits gibt's aber eigentlich noch die Kontaktsperre.

ELLI Genau.

FRANZ Das ist ja auch nicht wirklich nachzuvollziehen. Natürlich, die müssten dich kontrollieren, per Ausweis: Leben die zusammen? Leben die nicht zusammen? Du darfst ja mit Leuten aus der Familie oder aus deinem Lebensumfeld raus und zusammen auch spazieren gehen. Triffst du jetzt jemanden, mit dem du nicht zusammenwohnst, ja dann muss dich schon jemand im Wald anhalten und nachweisen, dass du jetzt nicht zusammengehörst. Ich meine, das ist ja alles unkontrollierbar! Wer will das auch kontrollieren?

Ich mein', in der Stadt, wenn du dich mit 10 Leuten im Park triffst, ist das was anderes. Dann fällt das auf aber wenn du jeden Tag zusammen Fahrrad fährst oder spazieren gehst, da wird niemals jemand was sagen. Warum auch. Es sei denn, du triffst jetzt irgendwie so einen ganz scharfen Ordnungsbeamten aber das kann ich mir nicht vorstellen.

Leere Regale in den Einkaufsläden

Erste Schneeglöckchen im Frühling

Inzwischen war es Mai geworden und der Wettergott hielt einen zauberhaften Frühling für uns bereit. Elli und Rudi hatten vor Corona immer mal wieder Treffen organisiert, um gemeinsam mit anderen Interessierten durch unterschiedliche Rituale und Therapieformen der Seele etwas Gutes zu tun. Und es sah so aus, als würden die Menschen gerade jetzt, wo die Kontakte beschränkt wurden, noch etwas mehr dieser heilsamen Rituale brauchen.

Elli ist eigentlich gelernte Krankenschwester und arbeitet als Pflegerin im Stift Heiligengrad – einem Ort für geistig behinderte Menschen, die Pflege und Betreuung brauchen.

Ellis Körpermalerei, die sie bei todkranken Kindern, Stoma-Patienten (künstlicher Darmausgang) und Menschen mit anderen Seelennöten angewendet hatte, durfte nun nicht mehr durchgeführt werden. Konzerttermine platzten und alles stand irgendwie still.

Selten traf man sich mit Verwandten und Freunden und bei jeder Begegnung machten wir uns alle Gedanken darum, wie wohl die Begrüßung aussehen mag, denn wir wollten ja niemanden gefährden und hatten natürlich auch kein Interesse daran, an Corona zu erkranken.

In den Medien brachte man den Menschen das Händewaschen bei und warnte vor zu nahen Begegnungen. Man informierte über die neuesten Regelungen und man erfuhr wer, wie lange und mit wem wie Kontakt haben durfte. Man hörte von Coronazahlen und Geldbußen für Kontaktsünder. Niesen sollte man in die Armbeuge und man empfahl Begrüßungen von Ellenbogen zu Ellenbogen oder von Faust zu Faust durchzuführen.

In Funk und Fernsehen hörte man von den neuen Helden, die den Regeln folgten, indem sie zu Hause herumsaßen und nichts anderes taten, als Chips zu essen. Und es gab ab jetzt solidarische und unsolidarische Menschen, Rücksichtnehmende und Gefährder und einen veganen, ziemlich durchgeknallten Koch, der immerzu die Polizei provozierte und auf den Demos peinliche Sätze von sich gab. Bald hörte man im Radio neue Wörter, wie 'Schwurbler', 'Covidioten' oder 'Coronaleugner'. 'Querdenker' waren von nun an Unruhestifter, Abweichler und Außenseiter und kleine Kinder wurden mitunter als Virenschleudern bezeichnet.

Am 11. Mai 2020 entwickelte das öffentlich-rechtlich finanzierte Projekt 'Browser Ballett' einige Spiele zu Ereignissen in der Coronakrise. So entstand u.a. das 'Game of Crisis' oder auch 'Corona World' genannt. Es ist ein Spiel, bei dem man eine Krankenschwester spielt, die nach der harten Schicht im Krankenhaus einkaufen geht und daran von 'Corona-Bösewichten' gehindert wird. Die Feinde sollen zerquetscht werden. Im Werbevideo zu diesem Spiel heißt es:

"Das Browser-Ballett präsentiert: Corona World: Schlüpf in die Rolle einer Krankenschwester, die nach einem harten Arbeitstag einfach nur im Supermarkt einkaufen will. Kämpfe dich durch eine Armee von Vollidioten und Virenschleudern! Mach sie platt: Jogger, Prepper, Party-People, hochinfektiöse kleine Kinder. Dieses Game ist schwieriger, als 1 1/2 Meter Abstand zu halten! Triff den gefährlichsten Endgegner der Videospielgeschichte: Das Corona-Virus! Corona World. Jetzt auf playcoronaworld.com." (2)

Wir waren verwirrt über so viel Propaganda und Hetze gegen all die im Spiel aufgezählten Mitmenschen, ja sogar gegen kleine Kinder. Je verwirrender und widersprüchlicher diese Entwicklungen und die dazugehörige Berichterstattung wurde, desto spannender wurden unsere Lagerfeuertreffen.

"Kinder sind zurzeit gemeingefährlich. Was Ratten in der Zeit der Pest waren, sind Kinder zurzeit für Covid-19 – Wirtstiere!"

Jan Böhmermann, Deutscher Entertainer, Satiriker, ZDF Magazin Royal (3)

AfD weg mit dem Dreck, die Spalten unsere Gesellschaft ! Da laufen unsere Experten die alles besser wissen.

6 Std.   Gefällt mir   Antworten

Deutschland Liebe ist nicht gleich rechts...... 🇩🇪💙🧸

6 Std.   Gefällt mir   Antworten

Sehr gut ! 👍👍👍✌️

6 Std.   Gefällt mir   Antworten

🤣

5 Std.   Gefällt mir   Antworten

Geht doch auf die Straße, ihr penner. Wird Zeit das Wir uns gegen euch wehren. Ihr spaltet euch nur von den anderen Menschen ab

4 Std.   Gefällt mir   Antworten

2020 - Facebookposts, die sich zu den Maßnahmenkritiker-Demos austauschen

3. Mai 2020

Nur so ein Gefühl

Gesprächspartner: ELLI, RUDI, BILLY (SIBYLLE), FRANZ

FRANZ Das ist ja nur so ein Gefühl aber ich denke, das ist in zwei Wochen abgegessen und fertig. Ich kann das gar nicht erklären oder belegen oder so.

ELLI Du meinst jetzt für Deutschland?

FRANZ Ja. Ich glaub', die Leute haben dann genug und werden nichts mehr davon hören wollen. Dann springen die Medien da wieder runter und da die Zahlen sowieso runtergehen wird das dann weg sein. Wie die Schweinegrippe und die Vogelgrippe auch. Die war 3 Monate in den Medien, da hatten die auch völlig verrückt gespielt. Damals hatten alle irgendwie Vogelgrippe und was man alles machen musste und sollte und so, ne. Da hab' ich mich nicht groß für interessiert und da konnte man auch noch raus. Dieses Coronading war ja jetzt noch 'ne Nummer schwieriger und extremer, fand ich... aber trotzdem.

ELLI Sowas hatten wir ja noch nie.

FRANZ Aber die Medien sind auch noch extremer drauf eingestiegen. Auf jeden Fall mehr, als früher. Mal sehen, wie es in einem halben Jahr mit den Coronazahlen aussieht, in wie weit die Zahlen mit früher wirklich vergleichbar sein werden. Das ist überhaupt nicht fundiert, ist einfach nur so ein Gefühl für mich. Und in dem Moment, wo die Medien da runter sind, ist es nicht mehr so präsent.

ELLI Und was denkst du, wie danach das Miteinander sein wird?

FRANZ Ich glaub', das wird erstmal so ganz, ganz langsam wieder wachsen.

RUDI Und manche werden die Angst behalten. Weil die neu programmiert worden sind sozusagen.

FRANZ Ja. Das kann sein. Vielleicht begrüßt man sich anders, weniger mit Handschlag, sondern eher so anders eben. Das war ja wie selbstverständlich, dass du dem Arzt die Hand gibst. Und jetzt war klar, man gibt nicht die Hand und das wird auch so bleiben. Ich geb' dem Arzt das nächste Mal auch nicht die Hand.

BILLY Meine Onkologin, die hab' ich immer umarmt bzw. sie mich. Ich glaube, das würde ich auch wieder machen, wenn's wieder geht.

FRANZ Ja, da bin ich gespannt. Und vieles wird sich mehr auf das Internet verlagern, denk' ich mal. Das hat so einen Schub gekriegt, sodass die Leute vielleicht gar nicht mehr so viel kommunizieren wollen, also analog.

BILLY Ich glaube, dass die direkte Begegnung was ganz anderes ist und genauso danebensteht. Vielleicht wird man die Technik besser nutzen gelernt haben.

RUDI Andererseits kann es auch sein, dass man sich seltener trifft, weil es mit Zoom leichter geht. Dann werden die Leute die echte Begegnung dringend brauchen.

FRANZ Ja… weniger aber intensiver, das kann sein.

ELLI Und es kann sein, dass da eine noch größere Spanne zwischen den Menschen ist. So eine Spaltung. Wisst ihr, was ich meine?

FRANZ Was auch steigen wird, ist vielleicht 'ne größere Solidarität, eine gesellschaftsphilosophische.

RUDI Das wäre schon schön. Ich hab' mitbekommen, dass Zoom seine Datenschutzmaßnahmen auch verbessert hat.

FRANZ Na alle ziehen sie ein bisschen nach.

BILLY Also ich hab' neulich gehört, dass zum 75. Jahrestag des Gedenkens an die ermordeten Juden eine Zoom- Onlinekonferenz gemacht wurde und sich dort wohl einige Rechte reingeklickt haben, um die Veranstaltung massiv zu stören. Das war natürlich für den Sprecher, der selbst Holocaust-Opfer war, ganz schrecklich. So sicher ist das wohl doch noch nicht.

ELLI Also wir wollen im Moment, wegen dieser Unsicherheit, erstmal keine Zoomkonferenzen mit den Klienten machen. Es geht ja auch um ein Gefühl von Sicherheit, was du den Leuten dabei vermittelst und um dein eigenes Gefühl dabei. Andererseits, wenn Menschen anrufen und sie kriegen keine Begleitung mehr, dann ist das auch schlimm. Also man muss das abwägen.

RUDI Manchmal muss man das alles einfach erstmal hinnehmen. Wir sind ja keine Ärzte, die Gesundheitsdaten vermitteln.

BILLY Aber wenn du persönliche Dinge erzählst, dann fängt's an, ne.

Körpermalerei

ELLI Hatte ich das schon erzählt? Auf der Krankenstation, wo ich immer schminke, da wurde mir kürzlich gesagt: Ja, alles was bunt ist, was ein bisschen Spaß macht, fällt jetzt flach. Es ist nichts mehr erlaubt. Auch die Clowns dürfen nicht mehr zu den schwerkranken Kindern.

RUDI Das ist nicht systemrelevant!

ELLI Das ist doch krass oder? Obwohl die auch gesagt haben, dass die Kinder, die Corona hatten, supergut da durchgekommen sind. Und die Kinder auf der Station, das sind herzkranke Kinder. Das stimmt. Aber trotzdem. Ich meine, die brauchen doch etwas Aufmunterndes! Und die Pädagogen die da jetzt sind, die haben dadurch im Moment echt doppelte, dreifache Arbeit. Weil auch alle Ehrenamtlichen da nicht mehr reindürfen.

RUDI Die sind auch nicht systemrelevant.

BILLY Man könnte sich aber mit'n bisschen mehr Phantasie etwas mehr einfallen lassen. Also gerade Clowns, die können doch auch aus der Ferne irgendwas machen, oder?

ELLI Also ich mit meiner Farbe, könnte auch von weitem schmeißen, so Tröpfchen (lacht).

RUDI Anderthalb Meter…ich könnte ja kleine Farbeimer am Stock schiebbar machen. Das kippste dann über die Leute und die können sich selber mit der Farbe bemalen (lautes Gelächter).

FRANZ Und der Pinsel müsste ein bisschen größer sein.

BILLY Genau, den Pinsel an so eine lange Stange und dann von weitem malen.

RUDI Ja, genau. Oh, war das gerade ihr Auge? Oh das war wohl ihr Ohr (alle lachen)?

ELLI Ich bin mal gespannt, wann die mir das wieder erlauben. Aber wenn jemand hier zu Hause ein Bodypainting braucht, dann mach ich das.

FRANZ Im Moment fordern ja viele Leute, dass die Fördermaßnahmen zielgerichteter sein müssen. Das würde ich auch unterschreiben. Erstmal muss das ökologisch sinnvoll sein. Die Herstellung von Mercedes und BMW SUVs könnte man doch lassen, einfach weil wir das nicht wollen, dass die gebaut werden. Also das man nur die Dinge fördert, die ökologisch sinnvoll sind, damit wir die Klimawandelgeschichte auch in den Griff kriegen. Aber das ist natürlich schwer, das kommt ja fast einer Enteignung gleich.

ELLI Die Autohersteller usw. sind ja dabei in einer ziemlichen Machtposition und die Regierung trägt das mit.

FRANZ Ja, sind die. Das stimmt! Aber es ist ja zu diskutieren, ob man das rechtlich machen kann. Ich halte das auch für sinnvoll, dass man sagt: Wir fördern jetzt vor allem erstmal die Industriezweige, die Steuern zahlen. Und die ökologisch in die richtige Richtung gehen, aber ob das geht?

BILLY Da müsste der Druck von der Bevölkerung größer werden, dass man das erzwingt, wie in Island, da haben sie die Banken ja verklagt und in die Wüste geschickt.

FRANZ Und die haben die Banken Bankrott gehen lassen, bei uns haben sie die ja sogar noch gefördert. Also einen ganz großen Ruck wird's wohl nicht geben aber vielleicht den ein oder anderen Kleinen.

ELLI Wenn's den nicht gibt, dann gibt es noch etwas heftigeres als Corona. Ich glaube da geschieht etwas so lange, bis es richtig rappelt im Karton.

BILLY Aber dann kann es auch zu spät sein.

ELLI Kann auch, ja. Ich meine: Braucht die Erde uns?

RUDI Die Erde, die wird überleben, aber die Menschen?

ELLI Schön wäre ja, wenn jetzt viel gelernt würde aus der ganzen Sache.

RUDI Aber manche Leute würden heute gleich losfahren, als hätte es Corona nie gegeben.

ELLI Ja, manche ja. Aber es gibt auch die, die für sich erkannt haben, wie wichtig das alles ist. Oder einfach merken: Boah, dieser ganze Stress! Wofür eigentlich? Und dieses ganze System mit den Kindern, die so hochleistungsmäßig gedrillt werden. Erst hatten die Kinder so viel um die Ohren und jetzt sitzen sie im Homeschooling.

BILLY Na, mal schauen, wie es weitergeht. Wir sind ja noch nicht durch.

FRANZ Jedenfalls glaube ich, dass die Medien das nicht lange durchhalten werden. Irgendwann wird was Neues kommen, weil die Einschaltquoten dann einfach sinken. Und dann, glaub' ich, haste mit so 'nem Thema schlechte Karten. Da muss schon was passieren. Das ist ja wie so ein Tsunamie, wo sich die Berichterstattung auf diese Welle stürzt und dann nachher, wenn das Land verwüstet ist, berichtet kein Mensch mehr, wie und was dann weitergeht und so.

21. Mai 2020
Auf der besseren Seite
Gesprächspartner: BILLY (SIBYLLE), FRANZ, ELLI

FRANZ Ich glaube, dass wir so, wie wir im Moment aufgestellt sind, wahrscheinlich immer auf der besseren Seite sind.

ELLI Wie meinst du das jetzt?

FRANZ Na, indem wir einfach mehr Verzicht betreiben und deswegen kann man uns nicht so viel wegnehmen.

ELLI Ja, genau. Aber so leb' ich ja schon die ganze Zeit. Mit meinem Bauwagen und so, ne?

BILLY Also du hast aufgestockt (lacht)?

ELLI Ja, ich bin hier voll im Luxus. Ne, also das ist ja hier absolut…

FRANZ Du bist ja richtig auf'm Konsumtrip (lacht)!

ELLI Volle Kanne, ey… (alle lachen)

FRANZ Hach, iss dat schön. (Pause) Das Schöne an dieser Zeit ist, dass wir uns gerade so viele Gedanken darüber machen, was wir uns so wünschen und so…

ELLI Na, es geht ja auch darum, mal so inne zu halten und zu sagen: Ist das hier eigentlich alles o.k., was ich hier mache? Ich meine, wofür bin ich hier?

Was mir aber ein bisschen Sorgen bereitet ist diese Spaltung von diesen Leuten jetzt. Also die Menschen, die sagen: Alles, was das Robert-Koch-Institut sagt ist total falsch und…so…ne.

FRANZ Also die völlig Verrückten…

ELLI Nee, nee, auch diejenigen, die sagen: Das ist alles richtig, was die sagen. Ich glaube im Moment gar nichts mehr. Ich mein', woher weiß ich denn, was die Wahrheit ist? Z.B. heute in Haus Heiligengrad hab' ich, einfach aus meinem Solidaritätsgefühl heraus, die Schutzmaske getragen. Ich selbst hab' keine Angst davor. Das würde ich aber nie sagen, weil das ja arrogant ankommen könnte. Ich bin aber achtsam und möchte auf alle Rücksicht nehmen.

FRANZ Aber genauso sehe ich das auch.

ELLI Gut, ich mach' das jetzt aber weiß ich denn, was wahr ist? Ich find' das echt krass, dass die Menschen sich jetzt so dermaßen spalten und da auch so viel Energie reingeben.

FRANZ Echt, so schräg! Die brüllen sich da gegenseitig an, das ist völlig absurd.

ELLI Da sind aber auch viele, denen ich das nie zugetraut hätte.

FRANZ Ja.

BILLY Aber hast du das gesehen, diesen alten Mann, in Gera, auf der Coronademo? Der war 86 oder so. Und der hat geweint und erzählt, dass er seine Frau seit 6 Wochen nicht sehen durfte. Die ist im Pflegeheim und die ist dement. Das war ganz berührend, dieses Interview. Und dann kam ein anderer Demogänger und brüllte herum: Mensch, du musst doch mal kapieren hier, Merkel ist an allem schuld, so, weißte. Und der alte Mann hat dann am Schluss noch gesagt, na aber man muss doch auch vernünftig sein.

FRANZ Ja, das war 'ne verrückte Situation.

BILLY Naja, ich meine, der ist wegen seiner Frau dort hingegangen, das find' ich ja auch wirklich nachvollziehbar. Das ist ja auch dramatisch, wenn die so alt sind und krank und dement und weiß ich was... Das ist ja auch das, was Franka mit ihrer Mutter erlebt hatte.

Unser Wald erschien uns mitunter wie ein Wegweiser

FRANZ Ich bin wirklich gespannt, wie wir aus dieser Nummer rauskommen. Also aus dieser ganzen Veränderung, die wir jetzt haben, weil…Ich bin noch gar nicht soweit, dass ich sagen kann: Da will ich hin und so will ich da raus.

ELLI Nee, ich auch nicht. Das ist ja auch gerade der Reiz dieser Zeit. Du kannst es nicht mehr planen!

FRANZ Ja. Ich mein', irgendwann wird John Ebert anrufen und sagen: Wir haben da 'nen Musikjob, kannst du dann? Dann sag' ich mit Sicherheit nicht nein. Ich weiß aber im Moment noch gar nicht, ob ich das überhaupt noch will.

ELLI Ja aber das kommt, wenn jemand anruft. Das war bei mir genauso. Das hab' ich Rudi schon gesagt: Will ich das überhaupt noch mit den Farben oder ist das vorbei? Vielleicht ist es ja auch ein Zeichen!

BILLY Ich glaub' trotzdem, dass man schlecht Nein sagen kann, das ist ja das Problem.

FRANZ Mmmhh aber vielleicht muss man das lernen.

Privater Weihnachtsmarkt im Dorf

Zu Elli und Rudi, Franz und mir (Billy) gesellten sich bald Claudi und Fred. Fred ist Physiotherapeut, Claudi Büroangestellte und sie wohnen direkt hinter uns. Beide waren von Beginn an den Maßnahmen gegenüber sehr skeptisch und zählten nach den neuen medialen Begrifflichkeiten bald zu den Schwurblern, Abweichlern und Gefährdern. So waren also Schwurbler unter uns. Und sie sind unsere Nachbarn, die wir eigentlich immer mochten. Sie lachen viel, haben einen lustigen Humor und sind sehr hilfsbereit. So saßen wir bald wieder mit allen am Feuer.

Billy und Franz, Elli und Rudi's und Claudi und Fred's Haus

21. Mai 2020

Umarmungen

Gesprächspartner: BILLY (SIBYLLE), FRANZ, CLAUDI, FRED, ELLI

FRANZ Umarmt ihr andere Menschen, die ihr nicht kennt, im Moment? Die eigenen Kinder oder so?

CLAUDI Ja, die eigenen Kinder, na klar nehme ich die in den Arm!

FRANZ Ich habe die ja noch nicht getroffen aber…ich glaube, ich hätte die auch in den Arm genommen.

CLAUDI Ich würde jetzt vielleicht keinen in den Arm nehmen, wo ich weiß, der ist mehrfach vorgeschädigt mit irgendwas.

ELLI Aber das weißte ja nicht unbedingt immer.

CLAUDI Ja, doch, von meinen Bekannten, Verwandten weiß ich ja, was die haben, also wenn da einer Diabetiker ist, mit Stoffwechselstörung, eine hat auch Bluthochdruck und ist zu dick, also wie heißt das? Adipositas und blöd auch noch (lacht).

FRANZ Aber die will man ja dann sowieso nicht umarmen, wenn die auch noch blöd ist (alle lachen).

CLAUDI Ja, die will ich vielleicht auch gar nicht umarmen. Also meine guten Freunde, die habe ich alle in den Arm genommen, wenn wir uns gesehen haben.

FRANZ Ja? Also wir sind da schon 'n bisschen verunsichert und haben uns gefragt: Wie kommt man da wieder raus? Das wäre doch überhaupt mal 'ne Überlegung: Wann umarmst du wieder fremde Menschen (alle lachen)?

ELLI Und wer ist fremd?

CLAUDI Genau, sobald ich die umarme sind die ja gar nicht mehr fremd (lacht).

Also ich war heute mit ner Freundin im Park und da haben wir ein Pärchen gesehen, die hielten sich so (macht Abstandszeichen) an der Hand (lacht laut).

FRANZ Mit 1,50 m Abstand…

CLAUDI (Lacht) Genau! Da hab' ich gedacht: Was machen die jetzt da? Halten die jetzt voneinander Abstand oder was? (alle lachen). Nee, aber wenn ich z.B. im Krankenhaus mit so Leuten ständig zu tun hab', also den umarm' ich auch nicht freiwillig.

ELLI Aber unfreiwillig schon?

CLAUDI Nein, auch nicht unfreiwillig, also ich würde den dann eher nicht umarmen.

ELLI Das ist aber auch diskriminierend.

FRED Da hab' ich ja Glück gehabt, wollt' ich grad sagen.

CLAUDI Naja, du bist jetzt die Ausnahme, du hast ja als Physiotherapeut ständig mit Patienten zu tun! Also wenn ich dich umarme, dann bin ich ja sowieso schon in einer Risikogruppe mit drin.

FRED Ja aber also ich versuche mich jetzt seit 6 Wochen anzustecken, klappt nicht. Oder vielleicht hab ich's ja auch schon gehabt, das weiß ich gar nicht so genau.

FRANZ Das ist es ja auch, das weiß niemand.

FRED Da war gestern im Radio dieser Lungenspezialist, dieser Arzt.

ELLI Und was hat der gesagt?

FRED Na der meinte, er wäre positiv gewesen und hatte auch eine Art leichter Erkältung - kein Fieber, kein Halsweh, kein nix. Und dann wäre er positiv getestet worden.

FRANZ Ja, der hatte sich testen können und hat dann festgestellt, er hatte diese Antikörper.

CLAUDI Das ist ja auch mit anderen Sachen so, manche kriegen's volle Kanne und andere merken davon gar nichts oder kaum was und dann haste Antikörper und alles ist gut.

BILLY Ich habe gehört, dass danach eben nicht alles gut gewesen ist. Der hat alle möglichen Probleme jetzt, Asthma und weiß ich nicht was.

FRANZ Der Mann von einer Bekannten war Chorleiter und 90% des Chors waren krank, einschließlich ihm, teilweise auch ziemlich schwer und seine Frau selber hatte gar nichts, ne.

FRED Verrückt, ne. Die haben ja bei allen an Corona verstorbenen, die sie aufgeschnitten haben, herausgefunden, dass die so…

CLAUDI …Gerinnsel hatten, Blutgerinnsel.

FRANZ Also ich glaube ja, dass man in irgendeiner Form schon längst Kontakt hatte und jetzt immun ist.

CLAUDI Aber bei dieser ganzen Schweinegrippe und Gedöns, da wussteste ja auch nicht: Hattest du es schon oder nicht? Da wurde einfach nicht…da wurde nicht kontrolliert.

FRANZ Vogelgrippe und so, ne.

CLAUDI Weißt du, was du alles hattest und wovon du irgendwelchen komischen Husten und Trallalla hattest? Für mich stimmt da was nicht, hier wird irgendwie zu viel Aufwand betrieben.

FRANZ Diese Vogelgrippe und Schweinegrippensachen waren wohl auch nicht ganz so ansteckend.

CLAUDI Trotzdem frage ich mich manchmal gerade, weswegen hier so'n Aufstand geprobt wird.

Warnschild am Corona-Grenzzaun zur Schweiz

An der Schweizer Grenze

FRANZ Wir haben neulich eine Doku gesehen, die spielte an der Schweizer Grenze. Dort wurde die Grenze mit einem Grenzzaun dichtgemacht und die Liebespaare, die sonst jeden Abend immer die Grenze passiert haben, durften da nicht mehr durchgehen. Deshalb treffen die sich seit 8 Wochen an diesem Zaun. Inzwischen haben sie mit 2 Metern Abstand noch'n Doppelzaun dazu gebaut, damit die sich auch nicht mehr berühren können – Ey sachma, sind die denn total durchgeknallt oder wat?? Die sind doch nich' ganz gescheit!

ELLI Ja. Wirklich!

FRANZ Also das sind so Sachen, das hat auch nichts mehr mit Rücksichtnahme oder so zu tun.

BILLY Nee, das hat was mit der Regelung zu tun und wenn die das korrekt durchsetzen, dann kommt sowas bescheuertes dabei raus.

FRANZ Das ist so absurd!

ELLI Das hat was mit Selbstverantwortung zu tun.

FRANZ Da vertraut keiner drauf, das ist das Problem und deswegen müssen die die Grenze dicht machen.

BILLY Und ehrlich gesagt es ist auch nicht ganz von ungefähr, dass man da nicht drauf vertraut.

ELLI Ja aber das finde ich schade. In Neuseeland z.B. haben die Leute dieser Regierungsfrau vertraut. Das ganze Volk hat gesagt: Was die macht, da stehen wir dahinter. Und dann läuft das, ne…

FRANZ Bei uns ist es ja eigentlich auch gut gelaufen aber ich glaube, dass diese Schwachmaten, die da jetzt rumrennen, uns in den Garten getragen werden. Die sind hier ja gar nicht.

ELLI Wie 'in den Garten getragen werden?'

FRANZ Ja, diese Verschwörungstheoretiker, von denen die Medien immer berichten. Ich meine, lass es tausend sein, lass es zehntausend sein.

ELLI Das sind mehr.

FRANZ Das ist aber 'ne Lachnummer, im Vergleich zu 80 – 90 % der Bevölkerung, die die Regeln akzeptieren. Das ist doch absurd diesen Leuten so viel Raum zu geben. Die sind nicht um uns herum. Das ist Quatsch.

ELLI Ja…das stimmt.

FRANZ Aber ich meine wirklich nur mal auf unseren Alltag bezogen: Wann entscheiden wir uns, uns in den Arm zu nehmen? Wir sowieso, vorsichtig so, ne. Und beim Musik machen: Wann Karsten, wann Sven? Wann willst du Sven in den Arm nehmen? Hast du das mal überlegt?

BILLY Nee. Ich bin ja so drauf, dass ich denke, dass das Virus mir das sagen wird.

FRANZ Das Virus sagt dir gar nichts, die Medien sagen dir das! Nur die Medien, niemand anderes.

ELLI Also ich glaube, dass ich das nach meinem Gefühl machen werde.

BILLY Also ich glaube auch an mein Gefühl. Also wenn mir ein Wissenschaftler dazu irgendwas sagt, dann hoffe ich, dass mein Gefühl mir sagt ob das glaubhaft ist oder nicht. Ich glaube, dass ich dann weiß, wann das Virus uns nicht mehr so gefährlich ist, wie es jetzt vielleicht ist.

ELLI Ich möchte mir jetzt auch keine Gedanken darüber machen, merk' ich.

BILLY Ja, das geht mir auch so.

ELLI Das sind ja alles Spekulationen. Es gibt ja Menschen, die kriegen Rente. Die müssen sich jetzt den Sachen auch nicht so aussetzen. Aber ich steh' einfach noch ein paar Jährchen da in Heiligengrad oder dem Bodypainting und ich versuche Rücksicht zu nehmen. Ich war neulich z.B. bei einer Freundin, die ich Jahre lang nicht gesehen hatte. Das war total süß, die hat mich einfach gleich in den Arm genommen und gesagt: Oh, was hab' ich gemacht! Ach, komm, nochmal! (lacht). Und ich hab' dann gedacht, boaahh, das darf man niemandem erzählen. Sie wird ja nächste Woche Mittwoch 80 Jahre alt und hat jetzt ein paar Freunde zum Frühstück eingeladen aber sie muss das vor ihrem Mann jetzt verheimlichen. Versteht ihr? Verrückt, dass sie sowas verheimlichen muss, das ist ja auch irgendwie schräg.

FRANZ Ja, das ist schon irre!

ELLI Und die zieht sich auch sonst voll raus. Sie hatte vorher so viel in der Flüchtlingsarbeit gemacht, denen so viel gegeben. Und jetzt- ffffft (zeigt eine wegwerfende Geste). Aus Rücksicht. Für sich, für ihren Mann…ich mein', mit 80, ne.

FRANZ Ja, das ist komisch. Also ich weiß noch nicht, wie wir mit diesem Ding fertig werden, weil wir's einfach nicht wissen und da können uns noch so viele Wissenschaftler was erzählen, wir werden's immer noch nicht wissen. Wir müssen das emotional begreifen. Da hilft uns kein Gesetz und keine Regierung.

Endlich waren Johann und Maren und die Kinder Sarah und Friedrich mal wieder hier. Sie hatten vor ein paar Jahren eines der Häuser im Dorf gekauft. Eigentlich wohnen die vier hauptsächlich in zwei anderen großen Städten und Käutzchengrund liegt ziemlich genau in der Mitte der beiden Städte. Im Dorf wohnen die beiden nicht sehr weit von uns entfernt. Wir sind inzwischen gut miteinander befreundet, helfen uns gegenseitig und treffen uns immer mal auf 'nen Kaffee. Einmal hatte Elli sogar, zusammen mit Maren und mir (Billy) ein Tutorial für ihre Arbeit ausgearbeitet. Elli hatte gemalt, ich habe gefilmt und Maren hat den Erklärtext dazu vorbereitet. Das war anstrengend aber irgendwie auch ziemlich cool, weil es uns noch ein wenig mehr miteinander verbunden hat.

Johann ist Musiker, genau wie Franz und ich. Seine Freundin Maren ist Büroangestellte. Sie lieben den Trubel der beiden Städte, in denen sie leben aber die Idylle hier, im Dorf, lieben sie auch. Deshalb ist es für uns alle immer ein großes Fest, wenn sie wiedermal hier sind.

Während der Lockdown-Zeit waren sie sehr oft hier und das war für die Kinder und sie eine enorme Erleichterung. So viel Platz in so grüner Umgebung!

Zu einer Zeit, wo es keine Events gab, entdeckten die Kinder den selbstgebauten Weihnachtsmarkt auf der anderen Seite des Dorfes. Ein älteres Paar gestaltet in deren Vorgarten zweimal im Jahr eine richtige kleine Landschaft. Jeweils an Weihnachten und zu Ostern. Auf diesem Weihnachtsmarkt findet sich natürlich der imaginäre Weihnachtsmann, ein paar Rehe, Kinderfiguren und ein Marktstand, wo Pfefferkuchen angepriesen werden. Für die Erwachsenen stehen Liköre verschiedenster Art und Gläser bereit und alle, die vorbeikommen, können sich bedienen. Im Frühjahr, zur Osterzeit entsteht am selben Ort eine Osterlandschaft mit Osterhasen, die ihre Eier im Gras verstecken, weidenden Schafen und Kinderfiguren, die dort herumtollen. Vor Corona hätten wir uns über so viel Kitsch lustig gemacht, doch in dieser Zeit der Verbote und Beschränkungen wirkte so ein Ort für uns, aber vor allem für die Kinder wie eine wunderbare Oase.

Im Wald entdeckten die beiden Kinder sogar einen selbstgebauten Parcour mit kleinen Aufgaben, die in die Bäume geschnitzt waren. Während der kleine Friedrich seine Zeit nach dem Homeschooling mit Waldhausbau verbrachte, machten Johann und Friedrichs ältere Schwester Sarah ununterbrochen zusammen Musik. Sie ist eine begnadete junge Sängerin und Schülerin einer musikorientierten Schule aber nun, während des Lockdowns, im Homeschooling.

Außerdem besuchten uns Tina und Max. Sie sind Freunde von Franz und mir und wohnen in Hanger. Wir hatten uns nun länger nicht gesehen und dann kam auch noch Corona. Deshalb wollten sie mal wieder zu uns aufs Land. Als sie uns begrüßten, war die Freude so groß, dass wir nicht mehr über die Möglichkeit einer Gesundheitsgefährdung durch die Umarmung nachdachten. Wir taten es einfach, weil es uns ein Bedürfnis war. Der Abend war mild aber noch nicht warm genug, um ohne Feuer zusammen zu sitzen. Johann und Maren, Rudi und Elli setzten sich dazu und es wurde wieder einmal ein spannender Abend.

Besuch von Max und Tina, sie leben in Hanger

Johann und Maren wohnen in großen Städten und sind mit Johann's Kindern oft in ihrem Haus hier im Dorf

31. Mai 2020

Bis zum gewissen Punkt

Gesprächspartner: JOHANN, MAREN, FRANZ, BILLY (SIBYLLE), RUDI, ELLI

JOHANN Bis zum gewissen Punkt macht man das mit, aber trotzdem, ich bin jede Woche von Holland aus hier rübergefahren. Da ist mir doch völlig egal ob ich das darf oder nicht. Ich fahre einfach und wenn mich jemand aufhält, dann kucken wir, was passiert, aber solange das nicht passiert fahre ich. Ich lass' mir doch nicht sagen, wohin ich fahren darf.

FRANZ Ja. Das versteh' ich.

JOHANN Ich bin kein Anarchist oder so. Also solange ich das verstehe hab' ich überhaupt kein Problem mitzuziehen. Aber z.B. in Holland, da musst du ab 1.6. im öffentlichen Nahverkehr Mundkappe tragen. Das haben die vor zwei Wochen beschlossen. Bis dahin kannste normal fahren.

BILLY Was ist denn der Sinn, dass die das dann erst so spät machen, das versteh' ich überhaupt nicht!

JOHANN Den Sinn gibt's da wahrscheinlich gar nicht, es ist halt irgendwie, dass die sagen: Ab 1.6., wenn die Schule teilweise wieder geöffnet wird, dann gibt's das und das und wahrscheinlich ist das Aufkommen der Fahrgäste größer und blablabla.

BILLY Merkwürdig!

MAREN Aber mal was anderes: Johann wohnt ja seit Februar, also erst seit der Coronazeit in so einer Touristengegend und ich kenne das jetzt deshalb nur leer.

JOHANN Ja, normalerweise ist da ein Strom von Touristen. Aber jetzt sind alle viel entspannter. Also der ganz normale Wahnsinn fällt jetzt weg. So morgens aufstehen, Kids in die Schule, auf'm Fahrrad, dann Mittags abholen, die Stadt ist voll mit Touristen, die laufen auf den Straßen rum, rennen dir vor's Fahrrad, total aggressiv. Und jetzt sind momentan alle super entspannt.

TINA Wollten sie da nicht sowieso irgendwie die Touristensituation ein bisschen runterfahren?

MAREN Ja, die wollten die irgendwie aus dem Innenstadtviertel, wie sagt man das, treiben (lacht)…

TINA …raushalten (lacht).

BILLY Aber wegen der Kinder, die jetzt Zuhause sind, da hat mir der Matthias erzählt, die wollen gar nicht mehr in den Kindergarten (lacht) weil's so schön zu Hause ist, meinten die.

ELLI Ja, das ist doch ein tolles Zeichen, wenn die sich zu Hause so wohl fühlen.

MAREN Ja.

ELLI Aber es gibt bestimmt Kinder, die werden so froh sein, wenn die wieder irgendwohin gehen können.

MAREN Ja. Das stimmt.

JOHANN Also wenn die noch kleiner sind, so wie Friedrich z.B., dann merkst du schon, dass da was fehlt. Also die Kinder hatten immer Spaß gehabt jetzt im Lockdown und haben auch ihren Unterricht gemacht und so. Und wir waren ja auch viel hier unterwegs.

Das fand Friedrich natürlich auch super aber ich sag mal, die Kleinen, die vermissen dann schon auch ihre Freunde. Also er ist schon froh die sozialen Kontakte wieder zu haben.

MAREN Ja und spielen, Du kannst ja nicht immerzu mit ihm spielen.

JOHANN Ja spielen, aber Sarah, die war irgendwie, also da haste richtig gemerkt, dass der Druck weg war, also der schulische Druck aber auch dieser ganze Sozialkontaktdruck.

RUDI Dieses mitmachen, mit dabei sein müssen?

JOHANN Der geht's so viel besser!

BILLY Matthias hat ja drei Kinder. Also da sind wahrscheinlich genug da zum spielen.

JOHANN Und mit Sarah hab' ich halt viel Musik gemacht und das ist natürlich supercool.

BILLY Das reicht ja auch als Erziehungsmaßnahme.

MAREN So gesehen hattest du natürlich auch Glück, dass du grad selbst keinen Auftrag hattest.

JOHANN Ja, das ist ja auch wieder ein Luxus, also dann in dem Sinne nichts zu tun zu haben bzw. dass man das irgendwie so schafft.

(Pause, alle schauen aufs Feuer)

MAREN Das ist ja ein Bilderbuch-Feuer heute.

JOHANN Ja, das ist echt der Brenner!

BILLY Ganz schön warm, ne?

JOHANN Ich wollt' mir schon Sorgen machen mit kurzer Hose aber es ist warm genug heute (alle lachen).

6. Juni 2020

Nein sagen

Gesprächspartner: JOHANN, MAREN, FRANZ, BILLY (SIBYLLE), RUDI, ELLI, TINA, MAX

FRANZ Da haben wir schon oft drüber gesprochen, wir sind ja beide so gestrickt, dass wir auch schlecht irgendwo absagen können, wenn da irgendwo 'ne Jobanfrage kommt. Aber dadurch, dass jetzt nichts kommt, brauchst du auch nicht Nein zu sagen. Das ist so entspannt, ne. Ich weiß nur nicht, ob wir das später schaffen, mehr Nein zu sagen.

RUDI Franz, wenn du Lust hast können wir mal trainieren.

FRANZ Ja (lacht).

TINA Nein sagen (alle lachen)? Neinsageworkshop? Das ist gut!

FRANZ Und deswegen, wenn das Tempo insgesamt irgendwie langsamer wird hab' ich auch das Gefühl, ich muss nicht so schnell rennen. Das ist doch toll, das ist absolut gut.

JOHANN Ja, das ist cool... Die Woche über war ich mit den Kids ja immer hier. Die Kids fanden das super, ich fand das super, was das so für ein Luxus ist.

FRANZ Und merkst du hier was vom ehemaligen Tempo?

JOHANN Nee.

RUDI Das ist aber gefährlich, wenn man hier ist. Man könnte sich glatt dran gewöhnen.

JOHANN Ja, das ist richtig (lacht).

MAREN Ja, es ist tatsächlich so, dass man merkt, man schaltet so anders runter, aber die Krise zeigt ja sowieso wie Leute ticken, wie sehr du dich so unter Druck oder unter Angst setzen lässt oder wie du damit umgehst und so, ne. Manche Leute haben scheinbar richtige Probleme mit dem zuhause bleiben oder die haben so Angst Leute nicht wiederzusehen.

RUDI Das gibt's auch wohl. Ja. Die sind richtig von der Angst gelähmt oder paralysiert oder wie nennt man das?

BILLY Manche Leute halten sich so dermaßen an die Regeln, das das schon krankhaft wird. Hattest du das nicht erzählt? Mit der Familie, die sechs Wochen mit ihrem Einzelkind zuhause waren und nicht rausgegangen sind? Wie furchtbar!

MAREN Dann fragt man sich, welche Gefahr ist größer: Corona zu bekommen oder einen psychischen Schaden davon zu tragen.

JOHANN Das ist ja das Interessante in dieser Zeit, dass eigentlich alles, was sowieso schon unterschwellig vorhanden war, so langsam nach oben gespült wird.

FRANZ Ja! Richtig deutlich.

JOHANN Das find' ich persönlich ja nur gut. Also alles kommt einfach dann zum Vorschein.

RUDI Da kann man nur staunen, wirklich. Andererseits wird's ja auch offensichtlich, wie wichtig es ist, dass man sich mal in den Arm nehmen oder berühren kann.

MAREN Ja, das fehlt mir auch!

FRANZ Ja, das fehlt.

RUDI Vor allem die älteren Menschen, da leiden jetzt noch mehr Leute unter dieser Einsamkeit.

FRANZ Ja, schon 6 Wochen, ne (schaut zu Tina und Max). Ihr wart die ersten, seit 6 Wochen, die wir in den Arm genommen haben!

> Doch es scheint, dass es uns nicht gelingt,
> dass das Virus uns nicht direkt Segen bringt.
> Die Experten sagen uns laut und mit Hohne:
> "Es gibt nur den einen Weg, der sich lohne:
> Ein einziges Mittel, nachdem soll'n wir streben,
> es wird uns das Leben wiedergeben.
> Die eine Maßnahme, so steht es geschrieben,
> ist uns zur Rettung noch geblieben."
>
> Auszug aus dem Gedicht 'Zweifel' von Susanna Wüstneck

2020 Musik im Lockdown

Franz und ich haben zusammen mit Karsten und Sven eine Band. Die 'Kentucky Strings'. Vor Corona haben wir relativ oft gespielt und es hatte immer riesig Spaß gemacht. Nicht nur wegen der Musik. Es war einfach immer lustig mit Svens trockenem Humor und Karstens freundlicher Art. Es passte einfach. Von Zeit zu Zeit nahmen wir eine CD auf, dann blieben die Jungs sogar über Nacht. Zweimal tourten wir sogar für eine Woche nach Schweden und machten in einem alternativen Feriencamp Musik. Nun war eine Weile Pause aber wir hielten Telefonkontakt und bastelten Songs zusammen. Dabei nahmen Franz und ich das Grundgerüst eines Songs auf und schickten es zu unseren Musikerfreunden. Die spielten etwas dazu und alles wurde filmisch festgehalten, sodass Franz das Arrangement und ich dann den Film mit der Musik zusammenschneiden konnte. Kurz vor Corona hatten wir noch eine neue CD aufgenommen und wir überlegten, wie wir diese CD vermarkten könnten. Live war da ja im Moment nichts zu machen. Wir kamen auf die Idee, uns einfach als Puppen nachzubauen und mit ihnen kleine Filmclips zu drehen, bei denen die Puppen dann an unserer Stelle unsere Songs spielten. Gesagt – getan und so entstanden die 'Kentucky Puppets'. Als wir den ersten Filmclip online setzten freuten sich eine Unmenge an Leuten über diesen Clip. Die Puppen waren ursprünglich Therapiepuppen, hatten also von Natur aus fröhliche, ansprechende Gesichter, die man einfach lieben muss.

Doch wir bauten diese Puppen so um, dass sie aussahen, wie wir: Karstens Ohren wurden nach hinten versetzt, Svens Haare entfernt und er bekam seine Kappe, die er immer trägt. Billy bekam eine neue Perücke und Franz einen Stoppelbart und auch eine Kappe. Alle bekamen ihre Brillen auf die Nasen und

Franz baute all unsere Instrumente in Miniatur, wobei das Akkordeon nun nicht mehr ein Weltmeister-Akkordeon, sondern eine Weltmeisterin geworden ist – man kann sich ja mal was gönnen! Dazu ein Edwina-Mikrofon und Bühnenlicht. Fertig war die Illusion! Franz und ich bastelten an vielen Abenden daran herum und unser kleines Haus verwandelte sich in eine Meister-Eder-Werkstatt. Dazu gab's jeden Abend eine Flasche Wein und irgendwann war das Werk vollbracht. Beim ersten Filmclip spielten die Puppen 'Keep on the sunny side of live' und das Puppenspiel brachte uns in Schweiß. Doch das Ergebnis war phänomenal und wir hatten alle einen riesen Spaß! Ein Freund von uns entdeckte die Puppenclips und schlug eine Onlinesession vor. Die so genannte Käutzchengrunder Online-Session, wo diese Filmclips dann abgespielt und später auch Livemusik gemacht wurde.

Wir trafen uns mit Interessierten am Computer und schauten uns die Clips an. Es war schwierig alles zu verstehen aber nachdem der größte Ansturm vorbei war, wurde die Onlinesession zu einem kleineren Clübchen von Musikern aus unserem Dorf und einigen umgebenden und auch mal ferner liegenden Orten. Und wenn auch durch die Unperfektheit des Mediums die Kommunikation etwas mühsam war, so versüßten uns diese Abende dennoch ein bisschen die Zeit. Es gab viel zu lachen und das hilft ungemein, die Laune zu behalten. Als es dann auf den Sommer 2020 zuging, dachten wir, jetzt könnten wir uns doch mal wieder nach draußen wagen, um im Freien und ganz live mit den Jungs Musik zu machen. Sven hat auf dem Land mit seiner Rockband einen ehemaligen Kuhstall gemietet, in dem man proben kann. Vor dem Haus kann man grillen und Musik machen. Also verabredeten wir uns dort, um genau das zu tun. Jeder brachte etwas zum Essen und Getränke mit. Es wurde Feuer gemacht und gegrillt. Dann jammten wir. Wir waren neugierig, wie es den beiden ging. Karsten arbeitet im Krankenhaus und Sven in einer Einrichtung für Menschen mit Behinderung und psychischen Problemen. Beide sind in ihren Berufen nun, wie es die Regierung festgelegt hatte, 'systemrelevant', also wichtiger, als andere Berufe.

Karsten und Sven wohnen in einem kleinen Ort, unweit von Käutzchengrund

Hinweisschild im Krankenhaus zum Tragen einer Maske

10. Juni 2020

Alle klatschen

Gesprächspartner: FRANZ, BILLY (SIBYLLE), KARSTEN, SVEN

KARSTEN Wir versorgen ja ein riesen ländliches Gebiet.

SVEN Und jetzt bleibt ihr da drauf hängen oder was?

KARSTEN Ja, bestimmt, auf vielem. Also ich glaub' nicht dass da viel an Geld kommt. Die werden da vieles in diesen Budgets verwursten, aber das ist jetzt nicht so, dass die Pflegekräfte das irgendwie gegenfinanziert kriegen, was die da gemacht haben. Also diese Sache mit der Pflegeprämie, was das auch anrichtet mit den Leuten. Da sagt der Chef, es gibt Einmalzahlungen für die Leute in der Pflege.

FRANZ Ja.

KARSTEN Also dat nehmen natürlich alle für bare Münze. Alle sagen: O.k., wir engagieren uns jetzt hier und die erwarten dann natürlich auch, dass das finanziell anerkannt wird. Das ist aber nur die halbe Wahrheit.

SVEN In der Pflege war das ja gar nicht vorgesehen oder?

KARSTEN Nee. Fürs Krankenhaus-Pflegepersonal war das nicht vorgesehen. Das war für Altenpflege vorgesehen. So. Und dann stand auch da die Finanzierung nicht. Jetzt haben sie sich geeinigt, halbe, halbe, aber die sind auch nicht mehr bei 1.500 €.

Die sind jetzt bei 1.000 €, was ich so gehört hab'.

SVEN Brutto?

KARSTEN Das soll angeblich steuerfrei sein. Angeblich! Na ward's mal ab…Selbst die ganze Kurzarbeit, die haben ja jetzt 'n Steuerproblem. Und dann kommen natürlich bei uns die Pflegekräfte und fragen: Wieso kriegen wir das denn nicht? Da hab' ich die Geschäftsführung gefragt: Ja gibt's irgendeine Aussicht? Nee, sagt er, die Regierung kann das schön verkünden aber bezahlen sollen wir das ja!

FRANZ Ja.

KARSTEN Aber die Geschäftsleitung sagt: Wir haben doch gar kein Geld, wir können das gar nicht bezahlen. Was wir als Personalrat aber rausgehandelt haben ist, dass die 'ne Infektionsprämie kriegen. Im

Vergütungsweg gibt's für die Kollegen auf den Stationen mit überwiegend schwerstinfektiöser Patientenversorgung jetzt 'ne Zulage. Und da reden wir von 46 Euro und 2 Cent brutto für 'ne Vollzeitstelle! Dat muss man sich mal auf der Zunge zergehen lassen. 46,02 €! Das ist bestenfalls 'ne Anerkennung, von der du dir ein Eis kaufen kannst. Aber es ist 'ne Anerkennung und du wirst, wenn du's kriegst, nicht ungerecht behandelt, weil das eben deinem Arbeitsvertrag entspricht. Also wir haben zumindest durchgeboxt, dass auch die ganzen Hilfskräfte das kriegen.

FRANZ Oh, man ey. Und die ziehen sich wieder neue Diäten rein. Man, man man!

BILLY Das ist echt zum kotzen, ey.

KARSTEN Und dann verstehen die Leute das nicht. Und da haben die ja auch irgendwo recht. Die fragen sich: Warum kriegen die und wir nicht? Wir machen und tun doch auch! Na was willste denen denn sagen? Hier ist dein Arbeitsvertrag, den haste doch auch so unterschrieben!

BILLY Aber ihr werdet doch schon mit Applaus überschüttet, das muss doch reichen!

KARSTEN Ja, genau, alle klatschen jetzt und sagen: Ohne euch geht's nicht, das erkennen wir ja jetzt. Und trotzdem bist du ja derjenige, der Kontaktperson ist und deshalb musst du dich isolieren, darfst nicht mal auf dem Weg zur Arbeit tanken. Aber arbeiten, das machste, volle Pulle. Und danach dann straight nach Hause.

Antwort an @derspiegel

Querdenker gehören gesellschaftlich geächtet. Arbeitgeber sollten diese Leute nicht einstellen und Arbeitnehmer in die Registratur oder ins Lager schicken. wer uns alle gefährdet, gehört erheblich abgestraft.

14:22 · 22 Nov. 20 · Twitter for iPad

1 Retweet   **6** Zitierte Tweets   **9** „Gefällt mir"-Angaben

22. November 2020 Twitterkommentar

FRANZ Ja, das ist echt verrückt! (Pause). Man sollte die Sache hinschmeißen in so einer Situation.

BILLY Ja aber das geht ja nicht, die lassen ja nicht die Patienten alleine. Also so ist man ja nicht, als Mensch.

KARSTEN Im Gegenteil, das sind Leute, die lösen ja per sé Probleme anderer Menschen.

BILLY Ja. Genau.

KARSTEN Die sind bereit immer angerufen zu werden. Die haben eigentlich immer Dienst.

Privater Weihnachtsmarkt im Dorf

Weihnachten 2020 war anders, als all die Jahre zuvor. Wir verabredeten uns mit Elli und Rudi zum Essen. Johann erzählte uns von seiner Mutter und fragte, ob er sie mitbringen könnte, damit sie an Weihnachten nicht so allein bleibt. Johann sieht seine Mutter nicht sehr oft, weil sie so weit von ihm entfernt wohnt, aber sie telefonieren oft miteinander. An diesem Weihnachten jedenfalls kamen Maren, Johann, der kleine Friedrich, seine ältere Schwester Sarah und Johanns Mutter dazu. Johanns Mutter lebt allein. Johanns Schwester lebt eigentlich in derselben Stadt, wie die Mutter der beiden aber sie traute sich, wegen Covid, nicht mehr aus dem Haus und hielt so gut wie keinen Kontakt zu ihrer alten Mutter. So blieb sie manchmal wochenlang allein in ihrer Wohnung. Gerade mal ein paar Telefonate munterten sie zwischendurch ein wenig auf. Nun saß sie bei uns am Feuer und erfreute sich sichtlich daran, dass wir alle zusammen Musik machten. Sarahs wunderschöne Stimme, mein Kontrabass, Johanns Gitarre und Franzis Squareneck brachten alte und neuere Weihnachtslieder zum Klingen. Manchmal sangen die anderen mit und es gesellten sich später Claudi und Fred dazu. Heizdecken und das Feuer wärmten uns dabei und so entstand, trotz der klirrenden Kälte, eine heimelige Stimmung. Es war wohl eine der richtigsten Entscheidungen, die Johann für seine Mutter in der Zeit der Verbote getroffen hatte. War es doch ein Abend ohne Einsamkeit und in so liebevoller Atmosphäre. Es war ihr letztes Weihnachten mit ihrer Familie, denn ein Jahr später war sie nicht mehr am Leben.

Silvester zelebrierten wir noch einmal mit unseren Freunden. Mit Elli, Rudi und Adelheid verbrachten wir sowieso schon eine Menge Zeit. Adelheid ist Malerin und ihre Gelassenheit waren wie ihre Bilder: voller Ruhe und Zuversicht. Das tat uns immer wieder gut. Nun lag erstmalig eine Dorfbewohnersilvesterparty an. Früher feierten Franz und ich ja mit unseren Freunden aus Hanger eine riesen Party. Mit Verkleidungen, Themenabenden und natürlich viel Livemusik. Doch in diesem Jahr war eben alles anders. Wir luden also unsere Dorffreunde zum Essen ein oder besser gesagt, es brachte jeder etwas mit, sodass wir am Ende ein leckeres Menü zusammen hatten. Maren und Johann, Adelheid, Elli und Rudi, Franz und ich waren da. Alles fühlte sich ein bisschen illegal an aber das hatte auch irgendwie seinen Reiz. Die Lockdown-Kontaktbeschränkungen verboten uns eigentlich diese Verabredung.

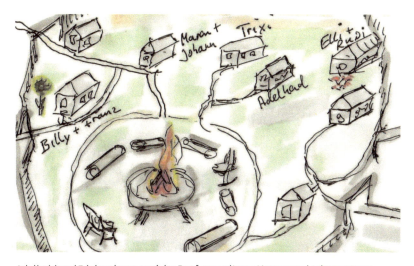

Adelheid und Trixi wohnen auch im Dorf, unweit von Marens und Johanns Haus

Zulässig waren nur Treffen mit vier über den eigenen Hausstand hinausgehende Personen zuzüglich Kindern im Alter bis 14 Jahren aus dem engsten Familienkreis - also Ehegatten, Lebenspartner und Partner einer nichtehelichen Lebensgemeinschaft sowie Verwandte in gerader Linie, Geschwister, Geschwisterkinder und deren jeweiligen Haushaltsangehörigen. Wir hatten fünf mehr, also war einer zu viel. Und machten es trotzdem. Es war ein wunderschöner Abend. Maren brachte riesig lange Wunderkerzen mit und sie erzählten uns, dass sich Johanns Tochter Sarah mit ihren Freundinnen verabredet hatte. Sie ist eine fröhliche, aufgeschlossene junge Frau und genoss diese Verabredung aus vollem Herzen. An dem Spaß, den die Mädels hatten, ließen sie uns durch Zoom zeitweise sogar teilhaben. Da wurde gelacht, gegackert und geflachst, dass es nur so eine Freude war. Bald kam der nächste Frühling und wieder saßen wir am Feuer. Diesmal saßen wir zu siebt zusammen: Maren, Adelheid, Johann, Franz, Trixi, die weiter oben im Dorf lebt, und ich.

> Null Verständnis. Im Falle einer Covid19 Infektion verzichtet dann aber auch auf intensivmedizinische Versorgung und auf einen Beatmungsplatz.
> Pflegt Euch gefälligst selbst!
>
> 17 Std.   Gefällt mir   Antworten   3

2021 Facebook-Kommentar bezüglich der Maßnahmenkritiker und Ungeimpften

2021 – Zeitungsregal im Supermarkt

"Wäre die Spaltung der Gesellschaft wirklich etwas so Schlimmes?
Sie würde ja nicht in der Mitte auseinanderbrechen, sondern ziemlich weit rechts unten. Und so ein Blinddarm ist ja nicht im strengeren Sinne essenziell für das Überleben des Gesamtkomplexes."

Sarah Bosetti, Deutsche Autorin, Satirikerin [4]

---

3. März 2021

Impf- Testpflicht?

Gesprächspartner: MAREN, JOHANN, BILLY (SIBYLLE), FRANZ, TRIXI, ADELHEID

FRANZ Also ich kann den Lauterbach nicht gut anne Zähne haben. Absolut nicht. Aber was ich noch viel schlimmer finde, das ist uns aufgefallen, dieser so genannte Ethikrat, da sind ja Schwachmaten drin, du.

MAREN Ja?

FRANZ Ich dachte erst: Och Mensch, das ist ja toll, es gibt in Deutschland sowas, wie einen Ethikrat, also irgendwelche Philosophen, die sich um die ethische Seite in Bezug auf die Maßnahmen kümmern.

MAREN Ja.

FRANZ Aber dieser Rat ist das Gruseligste überhaupt. Die Vorsitzende ist so eine komische, übergeschminkte Tante und dann dieser Typ, den wir gesehen haben, die beiden haben so einen Müll von sich gegeben. So polarisierend, undurchdacht und so wenig offen. Das war unangenehm. Also da wüsste ich ja doch gern, wie sich der zusammensetzt, wie die dazu kommen und ich frage mich echt, wie man das so nennen kann: Ethikrat!

MAREN Ich weiß gar nicht wer da drin sitzt, also ich kenne dazu immer nur die Nachrichten, 'Ethikrat hat beschlossen das und das'...so...ne.

FRANZ Die Vorsitzende ist so eine Frau Dr. Soundso, mit so dick geschminkten roten Lippen.

MAREN Ist das denn antiquiert oder was stört dich da dran?

FRANZ Nee, die Äußerungen sind total pragmatisch. Wer sich demnach nicht impfen lässt liegt falsch. Die haben mit ethischen Gesichtspunkten gar nichts zu tun.

MAREN Mmmhh.

FRANZ Und das ist mir bisschen zu platt.

BILLY Es ist ganz eindeutig parteiisch für diejenigen, die sich impfen lassen.

FRANZ Da sind ja unsere Politiker noch flexibler!

MAREN Mmhh.

ADELHEID Echt? Das geht doch nicht!

BILLY Und andere Wege werden nicht in Erwägung gezogen.

FRANZ Für die Bezeichnung 'Ethikrat' fand ich das jedenfalls unterirdisch, was ich von denen gehört habe.

MAREN Keine Ahnung, wie das zusammengesetzt wird. Ethikrat soll ja wahrscheinlich eigentlich auch eine große Bevölkerungsbreite irgendwie abbilden.

FRANZ Naja und das muss doch zumindest einen philosophischen Hintergrund haben! Aber da war nichts.

BILLY Das spaltet die Leute ja auch wieder. Ich meine du kannst doch nicht einfach sagen, die Leute sollen sich jetzt alle impfen lassen! Eine Impfung ist doch immer eine ganz persönliche Entscheidung. Man kann doch nur für sich selbst entscheiden, ob man das Risiko, krank zu werden oder das Risiko von Nebenwirkungen betroffen zu sein eingehen will.

TRIXI Zumal die ja noch nicht mal wissen, ob die Geimpften dann das Virus auch übertragen können. Das kann wirklich im Moment nur eine eigene Entscheidung sein. Das ist ja keine Entscheidung für die Gemeinschaft, weil, wenn ich geimpft bin und trotzdem Überträger sein kann, dann ist das doch nur meine Entscheidung.

BILLY Ja, genau.

TRIXI Also was ich wirklich auch schlimm finde ist, dass, wenn das wirklich durchkommt, dass ich als Ungeimpfte nicht mehr reisen kann, dann ist das wie eine Impfpflicht! Wenn die Luftverkehrsgesellschaften, die dürfen das wahrscheinlich fordern.

ADELHEID Als Privatunternehmer kannst du fordern, was du willst.

MAREN In der Philharmonie hatten sie neulich auch so einen Testlauf. Also dass du getestet sein musst, bevor du in die Philharmonie darfst. Und der Impfpass ist dann die Fortführung davon.

TRIXI Ich meine ein Test ist nochmal was anderes, weil, da lässt du ja nichts in dich rein. Ich versteh' eigentlich auch nicht, warum sich Leute nicht testen lassen wollen. Neulich hatte ich eine Kundin, mit der hab' ich mich neulich so festgequatscht. Die hatte so ganz spezielle Coronaansichten. Und dann habe ich sie danach gefragt, ob sie mir sagen kann, warum Leute sich nicht testen lassen. Und dann meinte sie: Das liegt daran, dass die Tests relativ ungenau sind, bei vielen wird positiv getestet und die haben gar nichts. Und es gibt Leute, die können sich diese 2 Wochen Quarantäne nicht leisten. Und die haben Angst, dass sie positiv getestet werden, letztendlich aber gar nichts haben. Die zwei Wochen Quarantäne können die sich beruflich nicht leisten.

MAREN Aber das stimmt ja nicht ganz. Wenn du einen Schnelltest hast und du bist positiv, musst du noch einen PCR-Test machen. Und dann hast du auch nach einem Tag das Ergebnis und zweimal ein falsches Ergebnis ist schon sehr unwahrscheinlich.

TRIXI Nee, die testen wirklich anscheinend viele positiv, die aber…

MAREN Was ist da die Quote? 1 %? 2 %? Bei so viel Millionen Testserien, lass es 5 % sein. Wieviele Tests haben wir momentan? 2 Millionen am Tag? Keine Ahnung. Deswegen jetzt nicht zu testen?

TRIXI Ich denke ja auch immer: Warum soll ich mich nicht testen lassen? Ja aber gut, das müsste mir mal jemand erklären.

ADELHEID Ein Argument wäre vielleicht, dass man Daten sammelt.

TRIXI Das man Daten sammelt (denkt nach).

BILLY Ja, aber was für Daten?

TRIXI Na, ob du Corona hast oder nicht.

ADELHEID Oder auch wie häufig du dich testen lässt, wo du hingehst, wo du wohnst, wie du heißt.

BILLY Ja, echt irgendwie unangenehm. Aber ich finde es ganz gut z.B. für unser Enkelkind, wenn wir vor einem Besuch einen Test machen.

ADELHEID Das ist doch gut. Ja.

TRIXI Ich hab' auch schon gedacht, wir könnten doch mal 'ne richtig dicke Party feiern!

BILLY Ja, 'ne Testparty (lacht)!

TRIXI Wir können ja kostenlose Tests machen und gehen alle gemeinsam zum testen und dann machen wir das ganze Wochenende Party.

MAREN Also wenn man zwei Tage vorher einen Test macht, da kann so wenig passieren.

TRIXI Ja, ne.

MAREN Ach und wenn da einer positiv wäre, da würde ich erstmal noch einen machen, weil, es kann ja nur so rum sein, also falsch ist nur der Positive.

TRIXI Falsch negativ getestet kann eigentlich nicht sein. Nee.

MAREN Und wenn der Schnelltest positiv ist, bist du verpflichtet einen PCR-Test zu machen und wenn der auch noch falsch ist, das wäre schon echt so'n bisschen Lotto, also da haste genauso großes Glück im Lotto 5.000 € zu gewinnen.

TRIXI Also wenn die Fluggesellschaften Tests fordern, das fänd' ich in Ordnung aber warum Impfungen? Das ist ja so wie mit den Masern. Ist ja eigentlich auch keine Pflichtimpfung, aber die Kinder, die nicht geimpft sind, dürfen nicht in die Kita.

FRANZ Das hängt wohl auch damit zusammen, dass viele der Migrantenkinder nicht diesen Impfhintergrund haben, wie wir und dass die natürlich dann auch in den Kindergruppen sind und dadurch die Ansteckungsmöglichkeiten wieder steigen für die Kinder, die du in die Kindergruppe gibt's und nicht impfen lassen willst.

BILLY Aber letztlich stecken sich ja wirklich dann nur die nicht Geimpften an.

ADELHEID Das ist auch schwierig. Ich habe z.B. meine Kinder nicht impfen lassen. Gegen Masern, Windpocken, Röteln. Weil die aus einem Waldorfhintergrund kommen. Gut, ist alles gut gegangen. Aber jetzt, vor drei Jahren hat mein mittlerer Sohn Masern gehabt und das war richtig heftig! Richtig, richtig heftig!

MAREN Das ist ja auch mal interessant, das von der Seite so mal zu hören.

ADELHEID Und da dachte ich: meine Güte. Richtig, richtig heftig war das!

ALLE Mmhhh.

ADELHEID Was für einen schweren Verlauf das haben kann! Und dann denke ich, ist vielleicht so eine Impfung doch besser als so ein anthroposophischer Hintergrund.

FRANZ Ich glaube, dass das eigentliche Problem darin liegt, dass wir wenig Vertrauen zu den Leuten haben, die das bestimmen wollen. Also ich sag mal, vor zehn Jahren hat man uns im Prinzip reingelegt mit Atomkraft und uns das als sichere Technologie verkauft und das waren auch die Wissenschaftler. Die haben gesagt, das müssen wir unbedingt machen und jetzt sitzen wir auf dem Atommüll rum und müssen sehen, wie wir den irgendwie entsorgen. Und im Moment habe ich auch wieder das Gefühl, das die uns Verarschen. Mir wird das alles zu sehr festgeklopft. Es wird gar nicht abgewogen: Naja, vielleicht ist das eine Chance, sondern: Nein, das ist der einzige Weg. So wie Atomkraft definitiv die Energie der Zukunft war. Und das macht mir so eine Angst. Es sind ja immer die gleichen Leute, die so sehr an die Wissenschaft glauben, dass sie nicht mehr in der Lage sind, abzuwägen. Und das alles nicht in Frage stellen und gar keine alternativen Wege gehen und so. Bei der Atomkraft hat auch niemand gesagt, wir müssen Energie sparen. Nein, hau raus den Scheiß, wir kriegen das ja jetzt umsonst. Solche Sachen finde ich schon sehr unangenehm. Und diese Wissenschaftsgläubigkeit, die ist so unphilosophisch, die macht mir eben Angst.

MAREN Da gebe ich dir Recht, das stimmt, auch wenn ich tatsächlich so wissenschaftsgläubig bin aber das stimmt schon, dass so eine philosophische Betrachtungsweise immer außer Acht gelassen wird.

FRANZ Es ist wie in dem Stück von Dürrenmatt, da heißt es ja: Ich kann eine Atombombe erfinden, also mach ich's. So ohne zu überlegen; Ist das sinnvoll?

ADELHEID Ja aber das ist der Forscherdrang. Du kannst ja so eine Idee nicht stoppen, nur weil das vielleicht negative Folgen hat.

FRANZ Es geht ja nicht darum die Idee zu stoppen, sondern sie in einen Allgemeinkonsens zu bringen und da reißt es bei der Wissenschaft oft ab.

MAREN Also meine Familie ist so'n bisschen medizinisch bewandert und meine Nichte sagte mir neulich: Du hast natürlich momentan mit 80 Millionen Coronaexperten und mit 80 Millionen Impfstoffexperten zu tun.

ADELHEID Ach, wie schön (lacht)!

MAREN Es gibt seit 10 Jahren die Grippeschutzimpfung, seit 10 Jahren hängen die Plakate draußen, da steht drauf: Lasst euch impfen! Und die Leute gehen zum Arzt oder eben nicht und da kräht kein Hahn nach. Du kannst deine Kinder, deine Töchter mit 14 zur Frauenärztin schicken, die kriegen die Pille, weil sie dann schönere Haut haben und nicht schwanger werden. Und jedes Jahr gibt's Thrombosefälle mit der Pille und ich weiß nicht was für Herzattacken und da kräht keine Sau nach. Es ist immer auch so der Fokus. Das ist dann schon interessant, also dass wir so gezwungen werden, durch Nachrichten... Heute morgen war auch auf Radio Eins so ein Bericht, da haben sie sich so lustig gemacht über AstraZeneca, das ich gedacht hab': Ist doch super, dass sie es stoppen, immerhin scheint ja der Mechanismus zu funktionieren, um nochmal zu kucken. Da kann man doch dankbar sein. Und nicht so, wie in anderen Ländern, wo gesagt wird: "Ist scheißegal, da kann man doch weiter impfen oder so". Wie gesagt, ich finde das immer auch mit Vorsicht zu genießen, aber sich dann immer so lustig zu machen, als wären das alles Entscheidungen, die man eben so von heute auf morgen fällt. Also natürlich verdienen die da dran, aber ich finde auch nicht, dass die damit happy sind, wenn da irgendwie ein paar Leute wirklich dran gestorben sind. Das macht denen doch auch was aus! Aber alle bestimmen da irgendwie mit. Naja, mein Wissen darüber ist aber auch nur bei vielleicht einem Prozent.

FRANZ Das ist eine emotionale Entscheidung, da bin ich mir ganz sicher. Wir wissen gar nichts.

BILLY Ich denke ja immer, dass zur richtigen Zeit dann auch die Nachrichten auf mich zukommen, die ich brauche, um mich zu entscheiden. Ich hatte ja schon einen Termin für eine AstraZeneca-Impfung. Und dann habe ich ein 1 ½ -stündiges Interview im Radio gehört. Das war mit so einem Arzt, der hat von den Gefahren durch diese Impfungen berichtet. Also für mich war dann der Fokus so klar, dass da 'ne Gefahr besteht. Der hat gesagt, dass der Impfstoff sehr wohl in die DNA eingreift, eine erhöhte Krebsgefahr besteht und Gehirnthrombosen auftreten können. Und manche haben wirklich echte Probleme oder sterben da dran. Das hatte der alles erzählt in diesem Interview. Deshalb wollte ich das Risiko nicht eingehen. Es sind wohl angeblich nur sehr wenige, die von diesen Nebenwirkungen betroffen sind aber wer will schon zu diesen Wenigen gehören? Und klar, die Ärzte haben jetzt vielleicht nicht so die Zeit, um alle Patienten ganzheitlich aufzuklären. Das hatte meine Onkologin auch gesagt. Sie ist eigentlich wirklich ein Herzensmensch und immer ganz nah bei den Schicksalen ihrer Patienten und beklagt jetzt sehr, dass die im Moment allein und einsam in den Krankenhäusern sterben müssen. Aber sie sucht die Schuldigen für dieses Desaster auch bei den so genannten Querdenkern. Auch sie riet mir zu AstraZeneca. Und mein Hausarzt. Der sagte sogar, er würde auch seine Kinder damit impfen. Und dann höre ich aber so ein Interview und denke, ja was ist denn jetzt nun? Das ist doch fahrlässig, so eine Impfung dann noch zu empfehlen!

MAREN Du kannst dir da ja noch viele Vorträge anhören und wenn dein Bauch dir sagt, dass das nichts für dich ist, dann ist das doch auch völlig legitim. Sagt mal aber was anderes, wir wollten doch 'ne Parkplatzdisko machen, oder? So bei unseren drei Parkplätzen.

FRANZ Oh, cool!

MAREN Da muss aber irgendeiner 'ne Diskokugel aufhängen (alle lachen). Und dann haben wir ja auch 'ne gute Tanzfläche!

FRANZ Hier mit so 'nem WLAN-Kopfhörer, diese kleinen in-ear-Kopfhörer (lacht).

MAREN Ja, 'ne Silent-Disko, die gibt's doch auch, diese Kopfhörer!

BILLY Ja, das stimmt, das wäre doch was!

FRANZ Und dann brüllen wir uns alle an, weil das so laut ist (alle lachen herzhaft).

MAREN Da gibt's aber wirklich lustige Bilder. Ich war auch mal auf 'ner Silent Disko, ich fand´s jetzt nicht so prickelnd aber die Idee ist natürlich lustig.

FRANZ Kennst du die Apple- Kopfhörer, diese kleinen weißen Dinger, die so WLAN-mäßig abspielen können, das wäre der Hammer!

MAREN Super, da brauchen wir nichts mehr. Ja, lass uns die Idee mal weiter planen, die gefällt mir so gut!

ADELHEID Ja, find ich auch!

TRIXI Also wenn das einer mitkriegt, dann sagen die, irgendwie haben die 'ne Party gefeiert aber das war so 'ne ganz komische Party, keine Musik war zu hören aber die Leute haben sich angeschrien. (alle lachen)

MAREN Und alle haben so komisch gewippt.

BILLY ja.. und getanzt, so ganz ohne Musik (alle lachen amüsiert)!

"Der Alltag für Ungeimpfte muss unangenehmer sein."
Rostocker Oberbürgermeister Claus Ruhe Madzen (5)

Statement auf Twitter zum Umgang mit Obdachlosenunterkünften

Am 6. Januar 2021 gab die damalige Bundesregierung den zweiten harten Lockdown für Deutschland bekannt. Die bislang geltenden Maßnahmen des 'Lockdown Light'- so war die offizielle Bezeichnung – wurden verlängert und die bisher geltenden 'Lockdown Light – Bestimmungen galten also weiterhin. Im Radio wurden die neuen Regelungen bekannt gegeben. Man sprach von Inzidenzen, die gesenkt werden müssten, Abstandsregeln, Mindest-Quadratmeterabständen pro Kunde, AHA-Regeln, Schutzkonzepten für öffentliche Einrichtungen, teilte Hygieneregeln mit und später, als mit dem Impfen begonnen wurde, sprach man davon, dass Genesene wie vollständig Geimpfte zu behandeln seien und es wurden erste gesonderte Beschränkungen für Ungeimpfte eingeführt. Man öffnete so genannte 'Bürgertestzentren' und wir fragten uns, ob wir erst gute Bürger wären, wenn wir getestet waren.

Im Bericht des Bundesministeriums für Gesundheit vom 13. Mai 2021 fand man die neuen Regelungen, Informationen und Beschränkungen, die dort festgelegt wurden. Wenn sich z.B. nur vollständig geimpfte Personen treffen, hieß es, wäre die Infektionswahrscheinlichkeit um mehr als 95% reduziert. Impfen macht den entscheidenden Unterschied, teilte das Bundesgesundheitsministerium den Bürgern mit. [6]

Die Lockerungen galten zunächst nur für die Geimpften und Genesenen. Im April 2021 stellten dann 50 deutschsprachige Schauspieler und zwei Regisseure unter dem Hashtag 'Alles dicht machen' satirisch-kritische Beiträge zur Coronapolitik ins Netz und wurden dafür von den meisten Medien regelrecht zerfetzt. Journalisten beschimpften ihre Gesprächsteilnehmer und maßten sich Be- und Verurteilungen an. Frau Carola Holzner, eine Intensivschwester, die sich Doc Caro nennt und zu dieser Zeit Protagonistin der Sat1 Fernsehsendung "Doc Caro - Einsatz mit Herz" war, argumentierte gewissermaßen am Thema vorbei und nahm nicht einmal wahr, dass es nicht um die von Corona betroffenen schwerkranken Menschen ging, sondern darum, die Maßnahmen ins Verhältnis zueinander zu setzen und zu prüfen welche Maßnahmen überhaupt angemessen sind. In jenem Stern-TV-Gespräch vom April 2021 ging es ausschließlich um die Coronaopfer, nicht aber um die Opfer der Maßnahmen, um die überaus hohe Anzahl an suizidgefährdeten Jugendlichen (laut Ärzteblatt vom 31.März 2022 haben sich die Suizidversuche im Vergleich zu den Jahren 2017 und 2019 verdreifacht), um die einsamen Alten und traumatisierten Dementen und um die Kinder, deren Einsamkeit und Verwirrung. Die medialen und persönlichen Reaktionen auf die Aktion der Schauspieler ähnelten einer Hexenjagd. [7]

Man konnte auch mit unseren maßnahmenbefürwortenden Mitmenschen nicht darüber sprechen, ohne sich gegenseitig anzufeinden. Es war, als gäbe es eine unüberwindbare Mauer zwischen uns und den Anderen.

Trotz der Kontaktbeschränkungen für Ungeimpfte wollten wir Dorfbewohner uns dennoch am Feuer treffen. Also prüften wir unsere nähere Umgebung, um herauszufinden, ob man von der Straße aus, die unweit des Waldrands lag, unser Feuer sehen könnte. Wir liefen also alles ab und stellten fest, dass man wohl von keiner Position aus das Feuer sehen kann. Maren und Johann waren mal wieder im Dorf und so trafen wir uns mit den beiden an unserem geliebten Feuerplatz.

10. Mai 2021

Das liegt nicht in unserer Hand

Gesprächspartner: MAREN, JOHANN, BILLY (SIBYLLE), FRANZ

JOHANN Was wir in der Hand haben ist unser Umfeld. Wir sind hier draußen und...

FRANZ ...wir sind zusammen und es ist alles gut.

JOHANN Genau. Wir machen das und das und das. Und das ist o.k. Und das gibt dir 'n Gefühl von - eben keine Angst zu haben. Das ist das, was ich machen kann. Auf den Rest hab' ich überhaupt keinen Einfluss. Ich bin letztens auch zu meiner Mutter gefahren und inzwischen kriegen wir, wenn wir über die Grenze fahren, immer die sms: Willkommen! Sie sind jetzt in Deutschland und dann kam was über die Regierung und "denken Sie dran: Melden Sie sich und gehen Sie in Quarantäne" und so. Und das mache ich natürlich nicht. Wie soll ich das machen? Und warum?

BILLY Du machst es doch, du bist doch jetzt zwei Wochen hier, im Wald (lacht).

JOHANN Ja, ja klar, aber das ist doch alles irgendwie...

FRANZ (lacht) Aber ist doch ganz schön in Quarantäne oder?

BILLY Wirklich? Du sollst dann 14 Tage in Quarantäne gehen?

JOHANN Ja, wirklich. Also die Sachen, die man kontrollieren kann, die probiert man, so gut wie möglich im Zaum zu halten, also meine Kids, Freunde, Bekannte, da hab' ich Einfluss drauf. Der Rest, das kann ich nicht. Warum soll ich mich da irgendwie verrückt machen? Sobald es so kommt, dass ich darauf reagieren muss, dann muss ich auch was tun.

Da muss ich auch drauf vertrauen, dass ich weiß, was ich in dem Moment machen kann.

BILLY Naja, es ist so ein Jonglieren im Moment, aber ich sag' mir dann immer: Die meisten haben's nicht. Immer noch nicht, weißte. Und das Leben ist lebensgefährlich. Das sind so die beiden Sachen, an die ich dann immer denken muss.

JOHANN Das Leben ist sowieso lebensgefährlich. (lacht)

MAREN Schöner Spruch, den kannte ich noch gar nicht.

BILLY Es ist ja auch nicht so, dass wir gepachtet haben, immer gesund zu sein.

MAREN Du hast ja eh schon deine Geschichte hinter dir, ne?

BILLY Ja also mit Krankheiten kenn' ich mich aus: Ich war schon mal krank (lacht). Nee, mal im Ernst: Ich bin schon froh über jede Medikation, die Leben verlängert oder rettet. Und klar mache ich mir auch Gedanken um Franz, weil er sich nicht für die Impfung entschieden hat, aber das ist ja seine ganz persönliche Entscheidung. Er ist ja nun ein erwachsener, mündiger Mensch, weißte (lacht). Und er wird das schon für sich ganz richtig entscheiden. Keiner von uns weiß ja genau, welche der Entscheidungen für wen richtig ist, vielleicht weiß man's dann später.

JOHANN Das ist ja immer eine Sache des Blickwinkels. Ich glaube es gibt ja auch noch einen Unterschied zwischen, ich sag mal, sich bewusst sein von der Situation und dann mit der Bildung und Erfahrung, die man hat, seinen eigenen Menschenverstand versuchen zu gebrauchen oder einer Ignoranz.

FRANZ Aber du kannst es ja letztendlich nicht steuern. Weißte, das ist ja auch so ein Ding: Wo nimmst du jetzt also deine Zuversicht und deine eigene Einstellung her, wenn dir das nicht gegeben ist? Wovon auch immer. Das haste ja nicht in der Hand. Das ist natürlich Scheiße. Dann wachste morgens auf und denkst: Ich bin nicht mehr ich, sondern ich bin jemand anders. Und solchen Leuten begegnen wir ja, also die ja nicht von Anfang an irgendwie durcheinander sind oder wie auch immer aber die plötzlich ein Weltbild sehen, wovor sie plötzlich eine horrende Angst haben.

JOHANN Ich glaube jeder hat vom Grundsatz irgendeine Struktur in sich, die ist entweder so oder so. Das wird nur durch Umstände oder Situationen möglicherweise verstärkt. Aber es ist nicht so, dass man auf einmal jemand anderes wird. Ich glaube die Leute waren immer schon so drauf.

MAREN Ich muss mal überlegen.

FRANZ Ich bin mir nicht so ganz sicher... Also Alfred zum Beispiel.

BILLY Na...Alfred, der hat jetzt mehr Angst, das stimmt, so vor der Krankheit aber er ist jetzt auch nicht total jemand anders, finde ich. Angst vor Krankheiten hatte er doch schon immer.

FRANZ Ich weiß nicht genau.

JOHANN Es heißt ja immer Krankheit ist ein Teil des Lebens. Jedem kann es passieren. Der Unterschied ist, dass das irgendwie nicht in unserem Bewusstsein ist. Und jetzt werden mit dieser Situation auf einmal Sachen in unser Bewusstsein gebracht. Also eigentlich deine Ängste, die wurden vorher halt nicht getriggert und wenn du negativ bist in deiner Grundsubstanz, dann wird sowas hier nur verstärkt.

FRANZ Also wissen tut ja niemand was.

JOHANN Aber das war schon vor Corona Fakt, das wir nichts wissen.

FRANZ Ja, das ist wahr.

JOHANN Alle haben so getan, als ob sie alles wissen oder zumindest scheinbar alles wissen.

BILLY Oder sie haben zumindest gedacht, dass sie alles wissen, jetzt sagen sie, dass sie alles wissen. Das ist der Unterschied.

JOHANN Und sie nutzen die Chance zu zeigen, dass sie eventuell was wissen könnten. Aber letztendlich wissen wir gar nichts.

FRANZ Aber das teilt sich ja auch auf in diejenigen, die jetzt immer noch behaupten, sie wüssten wie's geht und die anderen, die suchen.

BILLY Manche Leute missionieren ganz schön doll.

JOHANN Ich glaube, das war früher auch nicht anders, da gab's ja auch die Ängstlichen und dann gibt es die Leute, die irgendwie dann zurückschlagen, das sind dann die Leute, die jetzt irgendwie vermeintlich alles wissen. Und die genießen das Gefühl einfach recht zu haben. Und diesen Moment zu erkennen und sich dann zurückzunehmen ist wahrscheinlich ungemein schwierig für die.

BILLY Also ich gehe, wenn's mir zu viel wird mit dem missioniert werden, immer abwaschen…und Franz unterhält sich dann weiter.

MAREN Und ich sag' dann immer: Themawechsel!

"Es gibt keinen Anspruch auf Restaurantbesuch. In dem Moment, wo Restaurants wieder öffnen, kann man dann wieder sagen, ja, für Geimpfte ist der Besuch dann eben ohne weitere Auflagen möglich."

Jens Spahn in seiner ehemaligen Funktion als Bundesgesundheitsminister (8)

Impfwerbung Volksbank

Lasst uns dran glauben mit aller Kraft
an Olaf und Karl und die Wissenschaft!
Also DIE Wissenschaft, die das Wahre verkündet
und all die richtigen Antworten findet.
Das Glück, es findet sich in den Vakzinen,
(außerdem lässt sich ganz gut dran verdienen).
Uns impfen ist Aufgabe und patriotische Pflicht.
Alles andre ist falsch und es rettet uns nicht.
So gibt es nur eine korrekte Devise,
die uns sicher hilft durch diese Krise:
Lasst euch impfen und boostern und bleibt bescheiden,
auch die anderen werden dann weniger leiden!

Auszug aus dem Gedicht 'Zweifel' von Susanna Wüstneck

Der Frühling 2021 wurde langsam vom Sommer abgelöst und das Leben wieder etwas leichter, auch wenn es nach wie vor Kontaktbeschränkungen gab. Für ein Feuer war es etwas zu warm geworden aber auch ohne Feuer ist es schön zusammen zu sitzen und sich auszutauschen. Es wärmte uns ja die Sonne, die Blumen standen prachtvoll leuchtend in den Beeten und die Bäume des Waldes schenkten uns schattige, kühlere Plätze zum Verweilen.

In dieser Zeit vernahmen wir auf allen öffentlich-rechtlichen Kanälen entsetzt, dass die Verunglimpfung gegen Ungeimpfte an Fahrt aufnahm. Sie waren die Pandemietreiber, so hieß es und sollten deshalb aus dem öffentlichen Leben ausgeschlossen werden, solange sie nicht bereit waren, sich impfen zu lassen. Es wurde mehr und mehr zur Normalität, sie in der Öffentlichkeit als unsolidarisch, parasitär, Covidioten, Tyrannen, Impfverweigerer, Schwurbler, Nazis, Arschlöcher, Staatsfeinde, Querdenker, Wichser, Krankheitsüberträger, Sozialschädlinge und Unbelehrbare zu beschimpfen und viele unserer Mitmenschen tönten in den sozialen Netzwerken im Gleichschritt mit.

Man hatte den Eindruck, als hätten sie Freude daran und wir fragten uns fast täglich, woher diese Wut kommt. War es die eigene Angst? Übertrug sich die Stimmung, die viele Politiker und Journalisten nicht nur in Deutschland inzwischen verbreiteten, auf sie? Warum fragten sie nicht nach den Gründen für die Entscheidung, sich nicht impfen zu lassen? Warum kamen sie nie ins Zweifeln, ob der Ton gegen die Ungeimpften der Richtige war? Was war der Grund für ihren unumstößlichen Glauben an die Richtigkeit jeglicher Entscheidungen? Warum kamen sie nicht ins Zweifeln, wenn doch so viele Menschen mit dieser diskriminierenden Politik unzufrieden waren? Warum orientierten sie sich an den von den öffentlich-rechtlichen Medien neuerdings eingesetzten 'Faktencheckern', nicht aber auch an den vielen anderweitigen wahrheitssuchenden Stimmen? Und warum ließen sie uns mit dieser Form der Diffamierung und Ausgrenzung allein?

Waldspaziergang im Frühling 2021

14. August 2021
Wir sind in der Veränderung

Gesprächspartner: ELLI, RUDI, FRANZ, BILLY (SIBYLLE)

ELLI Eigentlich sind wir gerade mitten in der Veränderung. Auch diese Ausgrenzung jetzt, die wir gerade erleben müssen. Und so ging's eigentlich schon die ganze Zeit den Menschen, die nicht die richtige Hautfarbe haben.

FRANZ Ja, genau so.

ELLI Ja und jetzt spüren das halt auch andere Leute. Wir sind auch eine Bedrohung. Weil wir auf unsere innere Stimme hören sind wir eine Bedrohung für die anderen. Und die versuchen immer mehr Druck zu machen. Die Zahlen stimmen doch vielleicht gar nicht. Vielleicht sind doch schon 91 % geimpft!

FRANZ Ja, die sind ganz durcheinander im Moment.

BILLY Gestern habe ich wieder gehört 60 % oder 65 %.

ELLI Ja aber die wissen das doch selber nicht! Im Freibad haben sie gestern Impfschwimmen gemacht und 30 Leute geimpft. Damit geben sie jetzt an: Juhuu, im Käutzchengrund! 30 Impflinge!

Die feiern das als riesen Erfolg. Ich habe dazu neulich so'n kleinen Radiobericht gehört, wo gefragt wurde, warum sie sich impfen lassen. Da haben die gesagt: Ja, das ist flexibel, ich muss mir keinen Termin holen… weißte, die bequemen Leute… Oder: Na, wenn das nun schon so ist und ich komme dann umsonst ins Freibad. So haben die geantwortet! Da geht's gar nicht um den Selbstschutz und schon gar nicht um Solidarität mit den anderen.

BILLY Das war ja bei der Bratwurst auch so: Und die schmeckt ja auch gut.

"Ich hingegen möchte an dieser Stelle ausdrücklich um gesellschaftliche Nachteile für all jene ersuchen, die freiwillig auf die Impfung verzichten. Möge die gesamte Republik mit dem Finger auf sie zeigen."

Nikolaus Blome, Kolumnist, Spiegel Online (9)

Werbung fürs Impfen

Doch Virus und Impfung lässt Fragen zurück,
mal haben wir Pech damit, sehr oft auch Glück.
Auch die Hoffnung hält für uns Wege bereit,
damit kämen wir wohl ganz gut durch die Zeit.
Nun ja, es wird leider ganz unbeirrt,
reichlich Angst und Frust und Sorge geschürt.
So dass die Menschheit nur mit Furcht und Gram
bisher durch diese Zeiten kam.
Das Festhalten an den harten Maßnahmen,
die von den Bundesregierenden kamen,
scheint 'ne besondere Sehnsucht zu sein.
Denn die einen macht's groß, die anderen klein.
So weiß Herr Scholz ganz genau zu berichten,
wer vernünftig ist und wer mitnichten.
So sollte man Gutes von Bösem trennen
Und das Böse dann auch gleich beim Namen nennen.
Schreit es raus! Schreit es raus! Und ihr werdet sehn:
Sie werden dann alle zur Impfung geh'n!
"Nun gebt es schon zu und sagt endlich: Ja!
Die Lösung ist doch zum Greifen nah!"

Auszug aus dem Gedicht 'Zweifel' von Susanna Wüstneck

"Es wird einen Unterschied geben im Zugang von Rechten und in der Freiheit des Lebens zwischen Geimpften und Ungeimpften."

Robert Habeck, damaliger Grünenpolitiker, jetzt Bundeswirtschaftsminister und Vizekanzler (10)

---

14. August 2021

Wo sind unsere Verfassungsrichter?

Gesprächspartner: ELLI, FRANZ, BILLY (SIBYLLE)

FRANZ Ich meine bis jetzt betrifft das noch nichts, was mich wirklich interessiert. Also Fußballspiel ist mir sowas von egal und ob der erste FC Köln nur noch Geimpfte reinlässt oder nicht, das geht mir echt am Arsch vorbei. Und das ist beim Karneval auch so und da gibt's einige Diskotheken, die 2G machen, da würde ich sowieso nicht reingehen aber das wird in anderen Bereichen auch kommen. Wenn das also salonfähig wird und in meinen Lebensbereich fällt, das würde mich dann schon ziemlich nerven.

ELLI Aber vielleicht ändert sich das ja doch wieder zum Guten. Ich bin da trotzdem noch optimitisch.

FRANZ Ja. Heute morgen hat jemand geschrieben: Das sind ja 30 Millionen, die sich nicht impfen lassen haben und ab nächsten Monat will man 30 Millionen am Einkaufen hindern. Ich bin ja mal gespannt, wie das wird, da lach ich mich kaputt.

BILLY Aber wieso am Einkaufen hindern? Ist das denn auch im Gespräch?

FRANZ Ja na klar, es ist im Gespräch, dass du einfach an solchen Dingen nicht mehr teilnehmen darfst, weil sonst die Gesellschaft in Gefahr kommt.

BILLY Muss ich dann für euch einkaufen oder was (alle lachen herzlich)?

ELLI Ja, ja genau (alle lachen)! Das musste jetzt für uns machen.

BILLY Ja, ich muss dann für euch einkaufen? Mach ich (lacht)! Aber ey, das kann ich gar nicht glauben - Lebensmittel? Das kann ich mir nicht vorstellen!

FRANZ Viele Leute schreiben schon dazu: Dann kaufe ich noch mehr bei Amazon.

BILLY Nein, das können die doch nicht machen! Dafür sind das zu viele, die sich dann aufregen und sagen: Moment, ich muss doch wohl einkaufen dürfen!

FRANZ Ich frage mich, wo die Rechtsprechung und das Grundgesetz ist. Wo sind unsere Verfassungsrichter?

> Man braucht schon ein breites Kreuz, wenn man die Meinung vertritt, dass sich-nicht-impfen-lassen eine persönliche Entscheidung ist, wissend um die Vorteile einer Impfung.
>
> Mein Mann ist seit der 2. Impfung auf einem Auge fast blind. Hat natürlich nichts mit Impfen zu tun... Die langen und heftigen Nebenwirkungen... Man wird z.T. übel beschimpft, man wird unter Druck gesetzt. Das ist sehr sehr unschön, und diese Verhaltensweise der Geimpften macht mir Angst. Eine Diskussion (und die leise-herablassende Belehrung von HerrnMarx) , wie sie hier gerade stattfindet, kommt kaum noch vor.
>
> Ich bin geimpft. Mich stört einfach dieses Schwarz-Weiß-Denken und -Handeln der Impf- Befürworter.
>
> Gefällt mir · Antworten · 22 Std. · Bearbeitet   👍 1

2021 Facebook-Kommentar zu möglichen Impfnebenwirkungen

Die Spaltung der Gesellschaft

BILLY Diese Spaltung macht mich echt fertig! Die Art, wie wir miteinander umgehen jetzt, zumindest auf Facebook. Das ist ja in der Realität vielleicht gar nicht so schlimm! Ich finde es jedenfalls ganz schön anstrengend.

FRANZ Das ist irgendwie merkwürdig. Wir gehören ja eigentlich zu denen, die nicht von den anderen fordern, sich nicht impfen zu lassen. Ich käme gar nicht auf die Idee, sondern man gehört zu denen, von denen andere etwas fordern. Und das verstehe ich nicht. Ich habe noch nie zu jemandem gesagt: Du musst auch Banjo spielen lernen und du musst Countrymusik hören, weil das finde ich gut und je mehr Countrymusik... Wie kommt man auf so eine Idee?

BILLY Also in der DDR-Zeit war das üblich (lacht). Da musste man alles Mögliche denken und tun. Auch für die Gemeinschaft und aus Solidarität, ähnlich wie jetzt.

ELLI Ist auch spannend, ne?

BILLY Es gibt so viele Parallelen! Als ich klein war, habe ich immer wieder gehört: Es ist ja für die gute Sache. Inoffiziell war es ein bisschen anders, da gab es schon auch Diskussionen, die völlig in Ordnung waren.

ELLI Vielleicht ist die Abwehr in diesen östlichen Ländern von Deutschland deswegen etwas größer?

BILLY Das könnte sein, ja.

ELLI Weil die das nicht nochmal erleben wollen. Wahrscheinlich denken die: Ich bin ja jetzt in einem freien Staat, ne.

BILLY Naja, wobei die Richtung nach rechts auch nicht gerade so toll ist.

ELLI Nein, das meinte ich gar nicht.

FRANZ Aber dass es für eine gute Sache oder für die Allgemeinheit ist, das überlege ich fast bei jedem Schritt, den ich tue. Nur ich lasse mir das nicht gerne vorschreiben, was ich zu tun habe.

BILLY Ja, genau, das ist es!

FRANZ Z.B. dass man mir sagt: Ich soll ein Elektroauto kaufen, das ist gut für die Allgemeinheit, besser als einen alten Diesel zu fahren oder so. Das macht doch gar keinen Sinn!

ELLI Naja, ich glaub', wenn das so richtig weise Menschen wären, wo ich denken würde: Boah, die haben Erfahrung, die haben Weitblick, die haben einen anderen Blick, als ich.

FRANZ Die haben eine Vision.

ELLI Die haben Visionen und die haben eine Idee ohne uns was vorschreiben zu wollen…

FRANZ Genauso ist das.

ELLI Dann würde ich das auch annehmen. Aber diese hohlen Typen mit ihren Maskenaffären usw. Wir waren fast die Einzigen, die diese Dinger da kaufen mussten. Was ist damit für Geld gemacht worden?

FRANZ Da ist niemand dabei, wo ich sagen würde: Der hat eine Idee. Da ist was dran irgendwie. Also außer bei Sarah Wagenknecht, die aber auch nur das sagt, was ich denke, die nicht noch eine Vision oben drauf packt. Das vermisse ich bei denen auch.

BILLY Naja, es gibt schon so ein paar Philosophen, die so Gedanken haben.

FRANZ Ja aber wo sind denn die Philosophen?

BILLY Z.B. Professor Hüther oder Ulrike Guerót.

FRANZ In der Politik meine ich jetzt.

BILLY Ne, da nich'.

FRANZ Und die entscheiden jetzt, wie philosophisch wir unsere Zukunft gestalten.

BILLY Ja, denen kann man nicht folgen! Das geht nicht, das ist unmöglich! Die haben nur die Wirtschaft und nur das Geld im Blick und ob die tatsächlich die Gesundheit im Blick haben, kann ich nicht sagen, aber ich bezweifle das.

ELLI Auch dass die alternative Medizin, dieses heilige alte Wissen, immer mehr eingeschränkt wird. Und jetzt auch, ne, dieser Apotheker, der Werbung damit macht, wenn er sagt, er hat alle homöopathischen Mittel aus der Apotheke genommen. So ein Schwachsinn.

BILLY Wahnsinn!

ELLI Aber der hat dann zugegeben, dass er nur Werbung machen wollte. Und jetzt reden alle über ihn. Der war der einzige Apotheker im Ort.

"Kein Impfgegner wird als Staatsfeind behandelt. Er darf nur, hoffentlich bald, nicht mehr unter die Leute gehen, weil er ein gefährlicher Sozialschädling ist. Aber er hat die Freiheit, sich impfen zu lassen. Aber er hat nicht die Freiheit, mich zu gefährden."

Rainer Stinner, FDP-Politiker (11)

Der Bauer nebenan

FRANZ Was der Bauer nebenan aufs Feld macht wird in Brüssel entschieden. Da frage ich mich doch: Was geht das die in Brüssel an, was die hier nebenan machen? Das sehe ich bei der Medizin jetzt auch. Die Ärzte sollen ja nicht mal mehr die Impfung verteilen, sondern das macht irgendeine Institution. Und dann kommt da irgend so ein Sparkassenbeamter und der sagt dann: Ja, das musst du unbedingt machen. Sonst iss irgendwie ganz schlecht.

ELLI Früher war das sogar so, dass die Menschen zum Kräuterkundigen oder Medizinmann gegangen sind. Und in manchen Kulturen gab es den Schamanen, der das Körperliche angeschaut hat und jemanden, der nach dem seelischen Zustand gekuckt hat. Die haben zusammengearbeitet.

FRANZ Solche Ärzte wünscht man sich dann jetzt auch.

BILLY Die gibt es ja auch.

FRANZ Ja, die gibt es auch.

ELLI Natürlich gibt's die.

BILLY Damals, als ich krank war, da haben die zusammengearbeitet. Die Ärzte und Wissenschaftler waren für die Therapie zuständig und die Homöopathen sorgten dafür, dass man die Chemo im Nachhinein gut verkraftet. Und niemand stand dem anderen im Weg.

ELLI Na, das ist ja gut!

BILLY Und jetzt soll das alles Quatsch sein mit der alternativen Medizin?

FRANZ Man hört ja nicht mal auf die STIKO! Die sagt: Nein zu den Kinderimpfungen und die Entscheider sagen: Doch, Kinder müssen geimpft werden. Da gibt es nicht mal mehr eine Parteienabsprache, sondern das machen die Ministerpräsidenten. Da wird nicht mehr lange diskutiert.

ELLI Ja das war dann so diese Notverordnung, ganz zu Anfang.

FRANZ Diese Absprachen müssen doch aber zeitlich begrenzt sein! Aber nein, da wird dran festgehalten, es sei denn, die entmachten sich selber. Da kannst du aber lange warten! Boaahh ey, ach man, was erzählen wir uns hier eigentlich gegenseitig?

ELLI Wir wissen's doch.

Auszug einer Konversation auf Facebook 2021

"Was es jetzt braucht, ist nicht mehr Offenheit, sondern ein scharfer Keil. Einer, der die Gesellschaft spaltet.(...) Richtig und tief eingeschlagen, trennt er den gefährlichen vom gefährdeten Teil der Gesellschaft."

Christian Vooren, Redakteur im Ressort Politik, Wirtschaft, Gesellschaft in der Zeit Online (12)

Wir hatten Ronja und Frederik schon wieder eine halbe Ewigkeit nicht mehr gesehen. Sie leben auch im Dorf und wir sind mit ihnen befreundet. Weil sie aber meistens mit ihren vielen Familienangehörigen eine Menge zu tun haben, an ihren Häusern herumbauen und Frederik ein begeisterter Motorradfreak ist, sehen wir uns etwas seltener. Wir bedauern es immer wieder, dass die Abstände so groß werden, bevor man sich mal wieder sieht.

Ronja ist geimpft, Frederik nicht. Er ist Zuckerkrank und macht sich wegen der Impfung mehr Sorgen, als davor, an Corona zu erkranken. Ronja akzeptiert das, findet es aber für sich richtig, dass sie sich hat impfen lassen.

Sie sitzt in ihrem Job täglich hinter einem Tresen der Bürgerverwaltung. Dort war vor Corona ziemlich viel Publikumsverkehr aber jetzt darf man nur mit Termin ins Haus, doch auch dieser Kontakt sei gefährlich. So jedenfalls ist der Tenor im Haus. Also ließ sich Ronja impfen. Auch ihre Kinder sind davon überzeugt, dass, wenn sich jeder impfen ließe, die Pandemie dann endlich vorbei wäre und sind manchmal verärgert, weil es immer noch so viele Ungeimpfte gibt. Einige der Familienmitglieder fühlen sich sogar genötigt Frederik wegen der Impfung missionieren zu wollen, andere akzeptieren seine Entscheidung schweigend.

Ronja und Frederick wohnen auch im Dorf

26. November 2021

3 G am Arbeitsplatz

Gesprächspartner: RONJA, FREDERICK, BILLY (SIBYLLE), FRANZ

FRANZ Ich habe dem Eugen vorgeschlagen, dass ich jedes Mal, wenn ich in die Werkstatt komme, einen Test mache. Eugen ist da wirklich relativ locker. Er meinte, wenn ich einen Test mache, dann ist das o.k.. Er muss das ja irgendwie dokumentieren. Und dann habe ich vorgeschlagen, das Testergebnis am nächsten Tag auszudrucken und abzuheften, damit er keinen Ärger kriegt. Sonst muss der bei einer Kontrolle 5000 € zahlen!

FREDERICK Bis zu 25.000 € kann das hochgehen! Meine Kunden unterstützen und fordern sogar 2 G!

FRANZ Meine Kunden unterstützen und fordern auch 2 G und wollen, dass ich da tagsüber arbeite und abends soll ich aber nicht in die Kneipe gehen dürfen. Mein Gesundheitszustand reicht also, dass ich tagsüber bei den Kunden knechte und dann sagen sie aber 2 G ist gut aber abends gibt's kein Bier für mich in der Kneipe!

RONJA Also ich bin froh, dass ich das gemacht habe mit der Impfung, weil ich dann den normalen turn laufen kann. Wäre ich in eurer Situation, wäre es vielleicht auch noch was anderes. Aber z.B. mein Sohn, der ist ja voll im Berufsleben und muss immer Verantwortung übernehmen und so. Die hätten sich das nicht erlauben können, sich nicht impfen zu lassen. Und die finden das richtig scheiße, dass viele nicht geimpft sind. Aber Freddy gegenüber akzeptieren die das Gott sei Dank! Meine Schwester z.B. nicht. Die ist irgendwie...

BILLY Manche Leute sind ja inzwischen richtig faschistoid drauf. Die sagen regelrecht menschenverachtende Sätze. Und ihre Argumentation ist meiner Meinung nach auch nicht logisch. Es hört einfach keiner mehr dem anderen zu.

FREDERICK Ich fühle mich echt in das Jahr 1938 zurückversetzt, kurz vor der Reichskristallnacht, wo man den Ungeimpften die Scheiben einschlägt. Mich würde es nicht wundern, wenn das in zwei Jahren so käme, wenn das so weitergeht. Das ist das neue Feindbild, die Ungeimpften. Ich fühle mich im Moment, als würde man mich mental vergewaltigen. Wenn ich mich impfen lassen müsste, weil der Druck zu groß wird, wäre das für mich eine psychische, soziale Vergewaltigung.

RONJA Ich hatte mal an meinem Arbeitsplatz eine Frau, die sagte: Wie, der ist nicht geimpft? Also wenn ich hier sitzen würde, würde ich hier immer alles desinfizieren wie blöde.

FRANZ Ich habe auch Musikkollegen, die sagen: Ich bin geimpft und mache keine Musik mehr mit Ungeimpften!

FREDERICK Aber da frage ich mich, wovor die eigentlich Angst haben? Die haben sich doch impfen lassen, damit sie sich nicht infizieren. Wenn, dann bin doch ich, als Ungeimpfter der, der irgendwie dem Risiko ausgesetzt ist.

BILLY Und vor allem einem Risiko ausgesetzt, was sie dann verursachen könnten!

FREDERICK Aber das Risiko muss ich doch abschätzen. Immer noch sind 80 % asymptomatisch und da ist das Risiko immer noch sehr gering, dass ich einen beschissenen Verlauf kriege! Es ist ja nun mal jeder sein eigener Risikoabschätzer. Wenn ich rauche, saufe, Bungeejumping mache oder Moped fahre, Extremsport. Da schätzt doch auch jeder sein eigenes Risiko ab. Und im Endeffekt: Wo willst du anfangen, wo willst du aufhören? Jeder belastet durch seinen Extremsport die Solidargemeinschaft.

BILLY Das nennt man Demokratie! Und Freiheit. Aber das Wort ist ja im Moment ziemlich verpönt.

FRANZ Die Unfälle möchte ich dann aber von meinem Krankenbeitrag auch nicht bezahlen!

FREDERICK Von mir kriegt auch kein Raucher mehr meinen Beitrag, genau! Das ist das Beste: Weißt du, mein Onkel, der ist hackedämlich. Dat iss so'n fettes Kalb, ist am saufen, am Scheiße fressen wie'n Weltmeister und hat mir gesagt, dass ich mich mal langsam impfen lassen soll und meinte so, jetzt zum Gesundheitsapostel werden zu müssen. Ich denk': Hat der noch alle Latten auf'm Zaun?

Weißte, der hat sich impfen lassen, damit er wieder in die Kneipe gehen und sich die Hacke volllaufen lassen und besoffen im Auto nach Hause fahren kann! Ich sag' zu ihm: Alter, was willst du mir denn hier bitte über Moral und Ethik erzählen?

FRANZ Und das ist das, was mich so auf die Palme bringt! Und dieser so genannte 'Ethikrat', das ist ja auch 'ne Farce. Die hauen auch Sprüche raus! Alter Schwede.

FREDERICK Aber die Frage ist ja: Was passiert, wenn sich alle impfen lassen, wenn das Soll erfüllt ist? Was kommt denn dann?

FRANZ Also mein Sohn, der ist auch voll Impfbefürworter. Ich habe ihn aber gefragt: Was muss geschehen, damit du deine Einstellung änderst? Weil ich einfach nicht mehr einschätzen kann, ob er mich im Ernstfall vielleicht doch im Stich lassen würde.

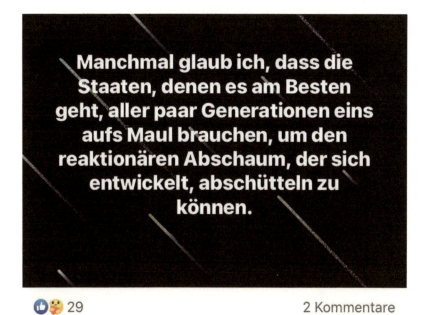

2021 - Statement eines Facebooknutzers

Doch es gibt sie zu unserer großen Trauer:
Die Zweifel an Impfwirkung und an Dauer,
Zweifel an strengeren Kontrollen,
wie sie wohl die meisten in unsrem Land wollen.
Zweifel an Zahlen, die wir vernahmen
und an Informationen, die wir bekamen.
Zweifel von allen erdenklichen Seiten,
die uns nun schon durch die Jahre begleiten.
Zweifel das es um Gesundheit geht,
denn für manch einen Einsamen kam Hilfe zu spät.
Nun- für das eine und andere Kind
vergeht die Zeit so schnell, wie der Wind.
Mit den Freunden gemeinsam die Zeit zu verbringen,
zu lachen, zu albern, zu spielen, zu singen,
das wäre doch das, wofür sie leben,
ob sie uns wohl für das, was wir taten, vergeben?

Auszug aus dem Gedicht 'Zweifel' von Susanna Wüstneck

"Impfen bedeutet Freiheit und Impfverweigerung schränkt unsere Freiheit ein. Ich habe keinerlei Verständnis für Verschwörungsschwurbler, Wissenschaftsfeinde und Corona-Leugner. Mit Sorge beobachte ich außerdem deren steigende Radikalisierung – sie sind ein Sicherheitsrisiko für unsere Republik und ihnen muss konsequent entgegengetreten werden."

Katharina Schulze, Fraktionsvorsitzende im Bayrischen Landtag Die Grünen (13)

20. November 2020 – Facebook-Kommentar des damaligen Gesundheitsministers Jens Spahn

Das System

FREDERICK Ich beuge mich dem System, wenn ich mich impfen lassen muss und lasse dann eine Sache mit mir machen, hinter der ich nicht stehe. Ob mir jetzt dadurch was passiert oder nicht, ist völlig nebensächlich. Ich glaube auch nicht, dass wir tot umfallen, aber vielleicht werden diese mRNA- Impfstoffe bei irgendwem Krebs auslösen, auch ein bisschen vermehrt, vielleicht auch nicht, das weiß ich alles gar nicht, kann ich auch gar nicht beurteilen. Dafür beschäftige ich mich zu wenig damit.

BILLY Da können wir uns ja dann austauschen, wenn's soweit ist.

FREDERICK Ja, genau. Wer weiß, was damit passiert. Vielleicht haben die Leute auch irgendwelche Psychosen. Es weiß ja kein Mensch, was da irgendwie passieren kann. Und es wird ja auch nicht wirklich darüber aufgeklärt, was da eigentlich drin ist.

Und es kann doch nicht sein, dass die Regierung nicht irgendeinen Vorteil davon hat, wenn die so viel Druck machen? Und das ist nicht die Gesundheit der Bevölkerung!

FRANZ Nein, mit Sicherheit nicht!

FREDERICK Jeder verdient mit kranken Menschen Geld, deswegen ist niemand daran interessiert die Bevölkerung gesund zu halten! Das muss man wissen, wenn man über sowas überhaupt diskutieren will.

RONJA Aber wenn alle krank wären, könnten sie ja auch nicht so viel Geld in die Kassen tun.

FREDERICK Ja, aber das System, was wir gerade haben, ist todkrank. Das kann so eh nicht weitergehen, da muss irgendein Bruch reinkommen und irgendeiner wird sich einen Plan gemacht haben, was nach diesem Bruch passiert. Ich weiß das nicht. Ich fahr' nur LKW.

Ich hab' von Betriebswirtschaft, Volkswirtschaft leider keine Ahnung. Aber für mich stinkt das bis zum Himmel. Aber dann denke ich mir auch wieder: Es hat schon andere Menschen gegeben, die mussten sich ihrem Schicksal ergeben und es gibt immer wieder Menschen, die müssen sich Zwängen von Regierungsseite oder staatlicher Seite unterjochen und das ist ziemlich schlimm und von daher ist das mit so einer scheiß Impfung noch harmlos.

BILLY Ja schon aber vielleicht müssen wir uns dann alle halbe Jahre boostern lassen und dann immer so weiter?

FREDERICK Ja genau, dann haste diesen Stempel aber der ist nur ein Jahr gültig. Was ist denn dann? Dann geht die ganze Scheiße wieder von vorne los oder wie?

FRANZ Und Lauterbach wird Gesundheitsminister.

FREDERICK Ja, schöne Scheiße.

BILLY ...der dafür gesorgt hat, dass die Kliniken privatisiert werden!

FREDERICK 3000 Krankenhäuser sind zugemacht worden während dieser Pandemie! Und dann wundern die sich alle, dass die irgendwie keine Intensivbetten mehr haben? Ich hab' da neulich eine interessante Reportage auf WDR 5 drüber gehört, nämlich über eine Leiterin von irgend so einem Rat: Die Krankenhäuser müssen schließen, weil das Bezahlsystem, also die Fallpauschale, die Krankenhäuser in die Knie zwingt. Die Großen schließen sich zusammen, kaufen billig ihr Material ein, also Knieprothesen, Hüftprothesen, was auch immer und bekommen dadurch günstige Einkaufspreise und machen überhaupt erstmal Plus an so einer Fallpauschale. Weil die Fallpauschale an sich, die ist kostendeckend, d.h. kleine Krankenhäuser, die keinen Zusammenschluss haben, verdienen dann auch nichts. Also ist das ganze System doch nur darauf ausgelegt, kleine Krankenhäuser dicht zu machen. Da haben die nicht mal ein Hehl draus gemacht. Die wollen ja zentralisieren!

RONJA Der eventuell werdende Justizminister hat sogar Jura studiert, hieß es.

FREDERICK Und der neue Chefarzt hat sogar Medizin studiert!

"Das sei ..."eine gute Charakterisierung für Rechtsextreme, die die Pandemie als willkommenen Anlass nutzen, um gegen den Staat zu hetzen" sagte Kretschmann am Dienstag in Stuttgart. "Bei bürgerlichen Impfgegnern sei die Verweigerungshaltung dagegen oft eine Frage der Weltanschauung" so der Regierungschef. Er "wisse aus eigener Erfahrung, dass Argumente da nichts nutzen."

Winfried Kretschmann, Ministerpräsident von Baden-Württemberg
Bündnis 90/Die Grünen (14)

"Eine kleine, gewaltbereite Minderheit hat sich von unserer Gesellschaft, unserer Demokratie, unserem Gemeinwesen und unserem Staat abgewandt, nicht nur von Wissenschaft, Rationalität und Vernunft." Die Regierung werde es sich nicht gefallen lassen, dass eine 'winzige Minderheit von enthemmten Extremisten' der Gesellschaft ihren Willen aufzwingt. "Unsere Gesellschaft ist nicht gespalten."

Es sei eine winzige Minderheit der Hasserfüllten, die mit Fackelmärschen und Gewalt angreife. Ihnen werden wir mit allen Mitteln des Rechtsstaates entgegentreten.

"Unsere Demokratie ist eine wehrhafte Demokratie."

Olaf Scholz, deutscher Bundeskanzler (15)

Trixi wohnt genau zwischen Maren & Johann und Adelheid

Die Zeiten, sie kommen und sie geh'n,
und die Kinder sollen das Ganze versteh'n.
Doch die Zeit läuft für Kinder nicht so, wie für den,
der im Leben schon so vieles mehr geseh'n.
Coronakinder lassen sich spalten,
denn für sie ist's normal, Abstand zu halten.
Sie suchen die Mimik im and'ren Gesicht,
doch die Maske verdeckt sie, sie finden sie nicht.
So könnten die Kinder verlernen das Wissen
um des Freundes Lächeln, es nicht mehr vermissen.
Und ist es denn richtig, sie zu beschämen,
damit sie die Impfung und Maske hinnehmen?

Auszug aus dem Gedicht 'Zweifel' von Susanna Wüstneck

"Klare Kante, klare Richtung. Impfgegner müssen fühlbar Nachteile haben und im Grunde, in gewisser Weise kann man sich nicht länger mit denen beschäftigen. Das ist so, die kann man nicht nach Madagaskar verfrachten. Was soll man machen? Aber mit denen sich weiter beschäftigen und zu sagen: Habt ihr nicht doch einen Grund und: Muss man das nicht doch aus eurer DDR-Sozialisation erklären?' Oder: Ist es eine Gruppe, denen die Disposition über ihr Leben abhandengekommen sind?

Es ist egal, welche Gründe und welche Erklärungen es hier dafür gibt."

Professor Heinz Bude, Soziologe, Professur für Makrosoziologie
Universität Kassel (16)

Die Weihnachtszeit war in diesem Jahr noch etwas bedrückender für uns und es ließen sich die Ausgrenzungen und Diffamierungen, denen die Ungeimpften und Maßnahmenkritiker permanent ausgesetzt waren, immer schwerer wegstecken.

Der Wald wurde langsam zu unserem besten Freund. Wir gingen, egal wie das Wetter war, nun täglich einmal, manchmal mit Rudi und Elli, oft aber auch zu zweit durch den Wald, sprachen uns die Seelennöte aus dem Herzen, entdeckten Naturphänomene und hatten mit der Zeit den Eindruck, dass uns der Wald wie ein guter Freund aufnimmt und beruhigt. Die Bäume hörten uns geduldig zu, schauten liebevoll auf uns, zeigten uns Pflanzenkreise und wir hörten sie beinahe sagen: Bleibt ruhig und lasst die Zeit vergehen.

Das gab uns wieder ein wenig Zuversicht und wenigstens für Augenblicke die nötige Gelassenheit, um den Maßnahmenbefürwortenden Verwandten und Bekannten nicht allzu aggressiv entgegenzutreten. Unser Gefühl von Hilflosigkeit und Wut quälte uns sehr und wir fühlten uns sehr verletzt. Doch es wurde schwieriger und wir fühlten uns oft gegenseitig angegriffen. Einige unserer Mitmenschen zogen sich sogar ganz zurück oder behaupteten, wir würden uns langsam radikalisieren. So entfernten sie sich mit der Zeit immer mehr und mehr von uns und wir von ihnen. Trixi lebt auch im Dorf. Ihr Haus steht genau zwischen Maren & Johanns und Adelheids Haus. Trixi ist jemand, die gern allein lebt und es genügt ihr ab und an mit anderen zusammen zu sein. Sie ist unglaublich gutmütig und respektiert jede Entscheidung anderer, was immer es auch ist. Sie hat sich, obwohl sie sich in dieser Zeit eigentlich nur mit Geimpften umgeben hat, gegen die Impfung entschieden.

So war sie eine Ungeimpfte im Kreis der Geimpften. Anfeindungen, die sie immer mal auf Grund dieser persönlichen Entscheidung erlebt, kann sie nur sehr schwer aushalten. Es macht sie traurig und ratlos. Dennoch versuchte sie mit ihren geimpften Freunden zurechtzukommen, ohne den Kontakt abzubrechen. Nach fast zwei Jahren trafen wir uns im Wald und sie fragte uns, ob wir nicht langsam auch überlegen, auf die Montagsdemos zu gehen. Die Diskussion zur Impfpflicht mache ihr große Sorgen. Wir luden sie herzlich ein, bei uns einmal vorbei zu kommen, um uns dazu mal auszutauschen.

" Es braucht jetzt:

Eine Verschärfung der Kontaktbeschränkungen der ungeimpften Erwachsenen: möglich sollen nur noch Treffen zwischen Mitgliedern eines Haushalts mit maximal einer weiteren erwachsenen Person sein, Kinder werden nicht mitgezählt.

Den Handel endlich für Ungeimpfte schließen: 2G im Einzelhandel mit Ausnahme der Grundversorgung sowie 2Gplus im touristischen Beherbergungswesen, in der Gastronomie und bei körpernahen Dienstleistungen, die Absage aller Sport-, Kultur- und Freizeitveranstaltungen mit Publikum – und ja das schmerzt uns sehr, aber wir müssen Mobilität und Kontakte vermeiden, wo es nur geht. Die 25% Auslastungsregel bei Kunst und Kultur ist gerade für kleine Spielstätten nicht rentabel – da ist runterfahren und selbstverständlich ein finanzieller Ausgleich zielführender."

Katharina Schulze, Fraktionsvorsitzende im Bayrischen Landtag Die Grünen (17)

Es stellt sich die Frage: Darf das, was sie sagen
Grundlage sein, mal zu hinterfragen,
warum die Anordnungen zu den Beschlüssen,
wegen der Zahlen hier wirklich sein müssen?
Und wenn man sich in den Zweifeln verirrt,
weil man im Zweifel gezwungen wird
richtig und "solidarisch" zu handeln,
dann wird sich die Stimmung der Menschen wandeln.
Und das obwohl der Karl prophezeit:
Die Impfpflicht basiert auf Freiwilligkeit!
Es werden die Menschen, die sich davor grämen
dann endlich (also) 'ne Impfung zu sich nehmen.
So wird ein jeder, (also) der erst keine nimmt,
nun (also) wohl doch zufrieden gestimmt.
Denn die Impflicht (also) führt- da weiß man Bescheid
zu einer Art Impffzwangfreiwilligkeit.

Auszug aus dem Gedicht 'Zweifel' von Susanna Wüstneck

"Es wird ja niemand gegen seinen Willen geimpft. Selbst die Impfpflicht führt ja dazu, dass man sich zum Schluss freiwillig impfen lässt."

Prof. Lauterbach, deutscher Bundesgesundheitsminister **(18)**

Impfwerbung Autobahnraststätte

Impfwerbung Karnevalsverein

10. Januar 2022

Ich lebe so allein

Gesprächspartner: TRIXI, BILLY (SIBYLLE), FRANZ

TRIXI Ich lebe so allein und zurückgezogen aber irgendwie brauch' ich auch immer drei, vier Partys im Jahr, so mal richtig in der Menge sein! Und da hab' ich gerade das Gefühl, dass diese ganzen ängstlichen Leute, die werden wohl nur noch Geboostertenpartys machen.

BILLY Schöner Begriff: Geboostertenpartys (alle lachen)!

TRIXI Irgendwie brauche ich jetzt auch mal ein paar mehr Ungeimpfte um mich. Ich kenne ja eigentlich keine Ungeimpften. Ich beweg' mich ja nur unter Geimpften. Die machen ja immer alle so (zeigt eine abweisende Handhaltung). Das strengt auf Dauer ganz schön an.

BILLY Man will ja auch nicht voreinander steh'n und immer so viel Angst haben! Selbst so liebe Freunde wie Cornelia und Valentin, die haben wir wirklich gerne und die waren auch schon mal hier aber die sind wirklich extrem ängstlich, sodass schon eine Umarmung ganz schwierig ist. Cornelia war früher immer ein ganz körperlicher Mensch und hat Umarmungen regelrecht geliebt. Aber ihre Angst ist einfach zu groß, um eine Umarmung zu riskieren. Das ist echt traurig!

FRANZ Und dann sind die noch mehrfach geimpft, das versteh' ich ja überhaupt nicht mehr.

TRIXI Ich hoffe das bleibt bei den beiden nicht so. Ich hoffe, das kommt wieder. Nicht dass sich alle nur noch so begrüßen (zeigt eine Faust)!

BILLY Ja so mit der Faust, das iss ja auch ne Geste, wa?

TRIXI Ja, das mit der Faust, das ist so…

FRANZ Das geht gar nicht!

TRIXI Das iss so widerlich!

FRANZ Ich muss ehrlich sagen, wir haben z.B. auf die Sessionsituation in Käutzchengrund schon einen ziemlichen Hals. Ich fühle mich da so richtig rausgekickt. Aber es gibt auch so Leute, wie mein Bruder z.B., die sagen: "Ja, ich weiß auch nicht, ich sage die Sessions nicht mehr an, das ist mir zu heikel." Der hat wirklich Angst. Wir haben uns ja neulich getroffen und sind spazieren gegangen. Und es ist schon so, dass wir wirklich aufeinander achten und die Ängste respektieren. Auch wenn er in Bezug auf Corona ganz anderer Meinung ist als ich. Aber das ist o.k. für mich. Es gibt aber eben auch Leute, die mich bewusst rauskicken, weil ich nicht geimpft bin. Und da bin ich wirklich nachtragend.

BILLY Naja aber ich glaube nicht, dass du da bewusst rausgekickt wirst. Ich glaube eher, dass Malte zum Beispiel einfach eine Höllenangst hat. Der denkt jetzt nicht an Dich, wenn der das sagt mit der 2 G Regelung.

TRIXI Also bei der einen Session, als wir noch dabei sein durften, haben wir ja mal am Tisch gesessen und hatten eben auch 'n Gespräch über Corona und geimpft oder nich' geimpft und da fand' ich, dass Malte sich da irgendwo ein Stück offen gemacht hat.

BILLY Ich glaube dem war gar nicht klar, dass du bei 2 G dann nicht rein darfst.

Wahrscheinlich werden sie sich später, wenn's wieder geht, fragen, wo wir wohl abgeblieben sind. Die können sich scheinbar nicht vorstellen, dass es in ihrem Umfeld Leute gibt, die sich nicht impfen lassen.

FRANZ Ja, genau.

BILLY Das sind ja immer nur die Nazis. Das sind wir doch nicht.

Impfempfehlung der STIKO für 5 bis 11-jährige Kinder (19)

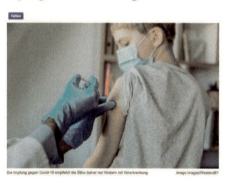

2021 Prof. Dr. med. Wolf-Dieter Ludwig,
Leiter der Arzneimittelkommission der deutschen Ärzteschaft zur Diskussion
um die Zulassung der Impfstoffe für Kinder und Jugendliche

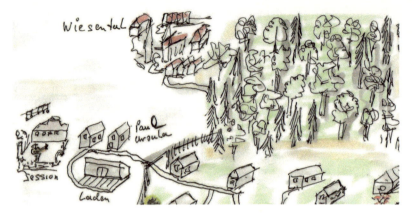

Paul und Ursula wohnen am Dorfrand von Käutzchengrund, unweit von Lauras Heimatstadt Wiesental

Franka und Leo wohnen in der Nähe von Käutzchengrund, in Sendberg

Leo, Franka, Laura, Ursula und Paul gehören zu unseren Musikerfreunden in der Gegend. Ursula und Paul wohnen am Dorfrand und Leo und Franka in Sendberg, unweit von Käutzchengrund. Laura lebt in Wiesental, man braucht bis dorthin etwa eine halbe Stunde mit dem Auto. Früher gab es eine Musiksession im Dorf und alle fünf gehören zu den Mitbegründern. Von Beginn der Pandemie an hatten sie eine äußerst kritische Haltung zu den Maßnahmen der Bundesregierung geäußert und wurden deswegen auch von uns zunächst misstrauisch beäugt. In den sozialen Medien war Paul aber der Aktivste.

Nachdem wir erfuhren, dass auch Paul bei der ersten Berliner Demo dabei war und die 'Qualitätsmedien', wie sie sich selbst nennen, davon berichteten, dass sich viele Reichsbürger und Nazis dort versammelt hätten, waren wir zunächst entsetzt und empört, dass Paul, Franka und Leo dort mitgelaufen waren.

Ich wollte in Erfahrung bringen, warum sie dabei waren und schrieb Paul eine email, um nachzufragen. Die Antwort war elend lang und sehr komplex, voller Berichte, Zahlen und aus für mich unübersichtlichen Quellen dieser Berichterstattung. Das alles überforderte mich und so schlief der Kontakt zu ihm und den anderen erstmal ein.

Erst im Sommer 2021 sahen wir sie wieder, zunächst nur Leo und Franka, später auch Ursula, Laura und Paul. Das war während der Zeit, wo unser geliebtes Kronenstadtfestival stattfand oder besser gesagt wegen Corona nicht mehr stattfand. Wir trafen uns in einer der Rudolstädter Kneipen, in der wir am Ende der Festivaltage immer eingekehrt waren.

Die Atmosphäre dort hatte sich während der Coronazeit immer noch angefühlt, als gäbe es keine Pandemie. Fast alle rauchten, keiner trug Maske oder hielt gar Abstand zu anderen Kneipengästen und es herrschte eine fröhliche Stimmung. Fast wie früher. Es schien, als würden sich die Thüringer nicht allzu sehr um die Regeln scheren und die Ordnungsbeamten keine Lust haben, mit den Leuten ins Gericht zu gehen. Ab und an flackerte bei Franz und mir (Billy) der Gedanke hoch, dass wir uns hier bei einem der Gäste anstecken könnten, sollte ein Coronakranker unter den Gästen sein. Doch das Wiedersehen mit Paul, Ursula und Laura war uns sehr wichtig. Immerhin sind sie unsere Freunde und es gab viel zu klären.

Nun gut, wir hatten Glück, es war niemand krank und so blieben auch wir gesund. Die Gespräche waren äußerst spannend, wir hörten uns gegenseitig respektvoll zu und der Umgang miteinander war liebevoll.

Später tauschten wir uns mit Trixi darüber aus, ab wann man sich wohl ansteckt, wer wen am ehesten ansteckt und ob es Sinn machen würde, eine Ansteckung zu riskieren, damit man nach der Genesung wieder freier leben dürfte, denn der Gedanke, wenigstens für kurze Zeit nicht zu den 'Ausgeschlossenen' zu gehören, war verlockend und nahm uns ein wenig den seelischen Druck.

So nach und nach hatten alle, ob geimpft oder ungeimpft, mit dem Virus zu kämpfen und man konnte eigentlich im Verlauf der Krankheit keine Zuordnungen bezüglich des Impfschutzes machen. Manch ein Geimpfter hatte einen milden Verlauf, einige Geimpfte einen schwereren. Genauso verlief es bei den Ungeimpften. Keiner von uns wurde so schwer krank, dass er in einem Krankenhaus oder gar auf einer Intensivstation landete. Auch keiner der Freunde aus Hanger und anderen großen Städten wurden so schwer krank, dass sie in ein Krankenhaus mussten.

Vielleicht sorgte ja die Omikronvariante für einen milderen Verlauf. Möglicherweise gab es aber auch die überaus große Bedrohung, von der immerzu geredet wurde, in dem Maße gar nicht. Wir wussten es nicht. Doch wir fühlten, dass etwas im Gange war, wogegen einige Forscher und Ärzte nicht mehr ankamen.

Der ehemalige Chefarzt im Helios-Klinikum Berlin-Buch und Vorsitzender der Arzneimittelkommission der deutschen Ärzteschaft, Professor Wolf-Dieter Ludwig, äußerte beispielsweise zu Beginn der Impfkampagne noch große Bedenken bezüglich der fehlenden Aufklärung und des Einsatzes der Corona-Impfung für Erwachsene und vor allem für Kinder und Jugendliche.

Lange Zeit vor Corona lernte ich Professor Ludwig im Helios-Klinikum Berlin-Buch kennen. Er war während meines Krankenhausaufenthalts dort noch leitender Facharzt für Innere Medizin, Hämatologie, internistische Onkologie und Transfusionsmedizin und Chefarzt dieser Klinik.

Ich wurde, auf Grund meiner Krebserkrankung, in dieser Klinik über einige Monate mit Chemotherapie und Retuximabgaben – ein so genannter monoklonaler Maus-Mensch Antikörper- behandelt und erhielt später noch eine Hochdosis-Chemotherapie. Am Schluss wurde noch eine Stammzellmobilisierung durchgeführt.

Danach sollte ich noch eine Ganzkörperbestrahlung bekommen, doch ich brach, nach mehrmaligen Beratungsgesprächen mit meiner Onkologin und dem Ärzteteam von Professor Ludwig die Therapie ab, weil ich fürchtete, dass ich diese Behandlung nicht überleben würde. Niemand dieser Ärzte drängte mich damals zu irgendeinem Schritt, denn die letzte Entscheidung sollte bei mir verbleiben.

Ich bekam bezüglich der möglichen Nebenwirkungen oder Langzeitschäden damals mehrere ausführliche Beratungen, die mich zu dieser ganz persönlichen Entscheidung führten. Im Anschluss an meine Krebstherapie hatte ich mit großer Dankbarkeit einen Dokumentarfilm über das Leben und Sterben und dieses überaus umsichtige Team gedreht und u.a. auch mit Professor Ludwig ein sehr spannendes Interview geführt. In diesem Gespräch sprach er über die Selbst- und Mitbestimmung seiner Patienten als einen hohen Wert, sprach von Patienten, die bezüglich ihrer Behandlung keine eigenen Entscheidungen treffen wollen und von denjenigen Patienten, die mitarbeiten. Er verriet mir dabei auch, dass ihm die Patienten, die ihre persönlichen Entscheidungen für oder gegen eine Behandlung treffen, lieber wären, denn die Behandlung selbst birgt immer die Gefahr von stärkeren Nebenwirkungen, die nicht zu unterschätzen wären. Schon damals war er Vorsitzender der Arzneimittelkommission der deutschen Ärzteschaft und setzte sich nun auch während der Coronazeit in dieser Funktion mit den neuen Impfstoffen auseinander. Er warnte anfänglich vor einem überhasteten Einsatz von Medikamenten, die nicht lange genug geprüft werden konnten, wie es bei dem Covid-Impfstoff der Fall war. Kinder ab 5 Jahren impfen zu wollen hielt er aber für besonders bedenklich. Doch es schien niemanden der Entscheider zu interessieren.

Später relativierte er seine Haltung zu den Impfstoffen für Erwachsene, soweit ich weiß aber nicht zu den Kinderimpfungen. Am 15.12.2021 wurde dann eine Impfempfehlung für Kinder mit Vorerkrankungen von der STIKO ausgesprochen. (20/21)

Impfgegner

FRANZ Ich will mich auch nicht so positionieren und nur noch mit Ungeimpften zusammen sein.

TRIXI Also ich hatte ja das Problem, dass ich keine Lust hatte mit unvorsichtigen Leuten zusammen zu sein. Ich habe schon immer Respekt vor Corona gehabt und auch Angst krank zu werden. Ich rauche und habe Morgenhusten und ich bin ja auch über 60 und so. Deshalb wollte ich irgendwie nicht mit Leuten zusammen sein, die das jetzt leugnen und die sagen, die müssen überhaupt nicht aufpassen. Und wenn Leute, so wie ihr, das ernst nehmen, dann ist das was anderes.

BILLY Also ich kenne gar keine Coronaleugner. Und Zweifel an der Echtheit der Berichte in den Medien und die Suche nach möglichen Antworten müssen doch erlaubt sein in einer Demokratie! Jedenfalls habe ich gemerkt, dass die Kritiker genauso vorsichtig sind, wie jeder andere auch, wenn's drauf ankommt. Also Franka und Leo zum Beispiel, die würden im Moment natürlich auch niemanden zu sich reinlassen, die haben ja gerade Corona.

TRIXI Ja, die gibt es vielleicht auch, aber diese Gegner, die sich dann irgendwie treffen, da möchte ich nicht dabei sein.

FRANZ Ja, so geht's uns auch. Das wollte ich auch nicht. Ich gehöre da auch nicht hin. Ich bin kein Coronaleugner!

BILLY Also ich bin ja mal bei einem illegalen Musiktreffen gewesen - Auweia, wie das klingt? Bin ich jetzt 'ne Kriminelle? (Allgemeines Gelächter). Naja, wir wurden jedenfalls mehrmals eingeladen und da dachte ich, ich fahre mal dahin. Dort lag wirklich eine besondere Stimmung in der Luft. So befreiend irgendwie. Fast wie früher und doch hatte es was, dieses Unerlaubte. Und manche haben so Lieder gesungen, die man jetzt auf den Demos singt. Das kannte ich ja noch nicht. Aber das jetzt nicht mehr alle dabei sind, fand ich auch irgendwie bedrükkend.

Ich habe schon mal überlegt, mal ein Treffen zu organisieren, wo man mit interessierten Leuten über eine positive Zukunft nachdenkt.

FRANZ Ja, das wäre cool. Tolerant und positiv denkend.

BILLY Und nach einem Ausweg suchend.

TRIXI Ja gut aber dann müsste man den Tatsachen, wie wir sie jetzt gerade erleben, auch ins Auge blicken und das Negative auch benennen.

BILLY Ja klar, aber eben mit der Überlegung, daraus was Gutes zu machen, also wie eine Lösung aus dieser Misere aussehen könnte. Da würde man sowieso durch ein Tal müssen. Wir sind ja schon im Tal und es wird sicher auch noch tiefer runtergehen, aber ich habe so das Gefühl, dass diese Bewegung jetzt immer größer wird, weil ich ja nicht die Einzige bin. Diese ganzen Schauspieler z.B., die da bei 'Alles dicht machen' oder 'Alles auf den Tisch' aktiv waren oder Ulrike Guerót, diese Politikwissenschaftlerin, die hat ja einen super Blick da drauf und analysiert die Vorgänge wirklich gut. Deshalb glaube ich, dass das nicht mehr allzu lang so weitergehen kann. Das war ja zur DDR-Zeit auch nicht so. Allerdings hat das auch eine Weile gedauert, fällt mir gerade ein (lachen), 40 Jahre…

TRIXI Also ich glaube, wenn die Impfpflicht nicht kommen sollte und es wird ein schöner, warmer Sommer, dann gibt es eine Chance. Da haben die anderen auch wahrscheinlich nicht mehr so viel Angst und wenn sowieso schon mal die Angst genommen ist, das Omikron nicht so schlimm ist, dann könnte man im Sommer auch irgendwie wieder zusammenfinden. Vielleicht, in dem man ganz gezielt daran arbeitet.

FRANZ Naja, ja.

TRIXI Also im Moment, glaube ich, kann man nicht viel machen.

BILLY Paul sagte dazu: Naja, im Sommer lassen sie uns wieder ein bisschen von der Leine und dann kommt wieder der Winter.

TRIXI Ja, aber wenn wir im Sommer schon mal wieder zusammengekommen sind letztendlich alle? Draußen, mit ein bisschen Abstand…

BILLY Ich weiß nicht recht. Im letzten Sommer sind auch nicht alle wieder zusammengekommen…Das hat ja leider nicht funktioniert. Nur bei den Folkern waren alle irgendwie trotzdem beieinander, die ganze Zeit. Vielleicht ist es für die anderen noch zu früh.

FRANZ Das war witzig: Wir waren ja im September da auf dem Folkbüttenfestival. Da saßen wir morgens mit allen beim Frühstück zusammen. Jetzt saßen an diesem Tisch vielleicht so 15-18 Leute unterschiedlicher Anschauungen. Einerseits gab es die absoluten Impfbefürworter aber eben auch Maßnahmenkritiker, Impfskeptiker und Verschwörungstheoretiker (lacht herzhaft).

BILLY Alle waren da und alle hatten sich lieb (lacht herzhaft).

FRANZ Und wir hatten Spaß wie Bolle.

TRIXI Ach, klasse!

FRANZ Wir haben so gelacht!!

BILLY Ja, das war irgendwie total nett, weil wir uns einfach mögen, unabhängig von diesem Coronascheiß. Das hat funktioniert und jetzt gibt's aber 2G und jetzt ist das alles vorbei. Jetzt können wir eben nicht mehr zusammen sein. Naja, vielleicht wird's im Sommer ja auch wieder gehen.

TRIXI Draußen können die kein 2G machen.

Im Laufe der Zeit entfernten wir uns immer mehr vom Leben der Anderen und umgekehrt. Es entstanden Gerüchte über die Gründe für unser Wegbleiben von der Käutzchengrunder Musiksession. So wurde für die Session einerseits die 2 G-Regelung geplant, andererseits wunderten sich die Planer später über unser Wegbleiben. Einerseits wurden wir von einigen unserer Mitmenschen dem rechten Spektrum zugeordnet, andererseits interessierten sie sich jedoch nicht für das, was sich auf den Montagsdemos oder auf unseren illegalen Treffen mit Gleichgesinnten tatsächlich abspielt.

Die Politik wie auch die so genannten Qualitätsmedien sprühten mit der Zeit regelrecht Gift und Galle gegen Kritiker und Ungeimpfte und es schien ihnen ein großes Anliegen zu sein, diese Art der Verunglimpfung gegen sämtliche 'Ausgestoßene' excessiv zu zelebrieren.

Viele unserer Mitmenschen betrachteten die Ungeimpften und Kritiker plötzlich kaum noch als individuelle Persönlichkeiten und in den öffentlich - rechtlichen Medien wurden sie zunehmend als homogene, demokratiegefährdende Gruppe dargestellt, die aus Gründen der Solidarität ungehemmt ausgegrenzt, diffamiert und beschimpft werden durfte.

Das taten dann auch einige unserer Mitmenschen. Und dies augenscheinlich mit großem Enthusiasmus. So feierten sie sich selbst gern mal als Helden, zeigten Fotos ihrer geimpften Oberarme und ließen sich von ihren Mitstreitern dafür huldigen. Es kam in den sozialen Netzwerken nur allzu oft zu Beschimpfungen in herrenmenschenartiger Manier. So stellten viele von ihnen die Kritiker mit regelrechter Begeisterung öffentlich an den Pranger. Wer versuchte sich gegen diese Form der Verunglimpfung zur Wehr zu setzen, diente als Beweis dafür, dass der Mythos Querdenker stimmte, ganz unabhängig davon, in welcher Form der Protest stattfand.

Sie galten demnach pauschal als Feinde der Demokratie und als umstritten, wenn nicht sogar als rechtsoffen, denn sie äußerten Meinungen, die zuweilen mit denen der politischen Rechten, die in der Öffentlichkeit ausschließlich bei der AFD verortet wurde, übereinstimmten. Lediglich der Vizevorsitzende der FDP, Wolfgang Kubicki, einige Vertreter der Linken und der AFD kritisierten den diffamierenden Umgang mit der Gruppe der Maßnahmenkritiker und stimmten später gegen die Pläne zur allgemeinen Impfpflicht. So wuchs bei vielen Kritikern das Misstrauen gegenüber den etablierten Parteien und das Vertrauen zu denjenigen Parteienvertretern, Wissenschaftlern, Philosophen und Künstlern, bei denen sie ihre Rechte auf Selbstbestimmung und Mitsprache vertreten sahen, unabhängig davon ob es Vertreter linker oder rechter Gruppierungen waren. Besonders in den sozialen Netzwerken war die Stimmung äußerst angespannt und führte in der Regel bei kritischen Berichten, etwa zu den Impftoten oder den von Nebenwirkungen der Impfung betroffenen Menschen, zu einem Shitstorm. Auch die Stimmung in den öffentlich-rechtlichen Medien fühlte sich für Kritiker der Maßnahmen und Ungeimpfte immer bedrohlicher an. Auf öffentliche Kritik folgte mitunter eine regelrechte Hetzjagd und manch ein Kritiker hatte am Ende aus fadenscheinigen Gründen seine Arbeit verloren oder keinerlei Kontakt mehr zu den anderen Familienmitgliedern oder ehemaligen Freunden und Bekannten.

In Mariental drohte einer kleineren Broschüre, die seit einigen Jahrzehnten erfolgreich existiert, die Schließung, weil aus Sicht der Marientaler SPD, den JUSOS und der DKP die Berichte zu den Montagsdemos nicht medienkonform genug waren. Bei diesen so genannten 'Gegendemos', die die unterschiedlichen Parteien organisierten, wurde zu Vertragsbrüchen seitens der Geldgeber und Investoren dieser Broschüre aufgerufen, sodass sich die Herausgeber gezwungen sahen, sich ab sofort mit weiteren nichtkonformen Medienberichten zurückzuhalten. Falschaussagen von Politikern und Journalisten wurden öffentlich verbreitet und von vielen Menschen als vermeintliche Wahrheit hingenommen, solange es gegen Maßnahmenkritiker ging. Und selbst dann, wenn Falschaussagen – wie etwa im Fall der (22)

Kampagne 'Alles dicht machen' von der Zeitung später zurückgenommen wurden, nutzte den Betroffenen dieses Fehlereingeständnis nichts mehr, denn die Leser waren auf die Erstbehauptung fokussiert, nicht aber auf die Korrektur der Aussage. (23 a/b/c)

So nahmen die meisten Leser etwaige Entschuldigungen durch die Zeitung gar nicht mehr wahr und es blieb bei dem Mythos der rechtsoffenen Künstlergruppe.

Geschichten wurden verdreht und es fand in vielen Bereichen eine regelrechte Schuldumkehrung statt. Wir versuchten bei all diesen Beobachtungen den Kontakt zu einigen nahen Mitmenschen nicht ganz abbrechen zu lassen. Es machte aus unserer Sicht keinen Sinn, die Gruppe der Maßnahmenbefürworter als homogen zu betrachten. Sind es doch genauso unterschiedliche Charaktere und Gründe, die zu deren Zurückhaltung oder auch Aggression uns gegenüber führte, wie in der Gruppe der Kritiker.

Also geht endlich los aber eins zwei fix
und holt euch (also) endlich den rettenden Piks!
Er gibt Euch die Freiheit ins Kino zu geh'n,
um spannende, tolle Filme zu seh'n!
Konzerte und Bier oder Wein in 'ner Kneipe!
Ihr fühlt Euch dann auch auf der richtigen Seite!
Es scheint, der Schritt zum Glück ist nicht groß.
Warum greift ihr nicht zu? Was ist mit euch los?
Und außerdem seid ihr geschützt vor Problemen,
wie wir sie in anderen Ländern wahrnehmen,
Die Menschen, die dort auf die Straße geh'n,
müssen ohne den Lohn nun weiterseh'n.
Wir müssen es tun, es ist unsre Pflicht,
denn sonst überleben wir diese Zeit nicht!
Das ist eine deutliche und klare Sprache,
denn es ist doch auch für die gute Sache!

Auszug aus dem Gedicht 'Zweifel' von Susanna Wüstneck

Ansteckung

TRIXI Die stecken sich nur noch untereinander an, weil die ja mit Ungeimpften gar nicht mehr in Berührung kommen!

FRANZ Ja und wenn dann nur mit Getesteten, ne.

TRIXI Aber was ich auch nicht ganz einordnen kann: Bei den ganzen Montagsspaziergängen müssten sich doch tierisch viele anstecken?

BILLY Ja aber das ist ja draußen. Da passiert das ja nicht so schnell wie in Innenräumen.

FRANZ Und mit Maske, ne.

BILLY Das war ja auch so verrückt: Ich wurde von der Leiterin der Kita, wo ich immer Musik mache, gefragt, ob ich ihr Lichterfest mit dem Akkordeon begleiten würde. Das habe ich natürlich gemacht und bin da hingefahren. Und als ich da ankam, warteten die Eltern schon mit ihren Kindern draußen vor der Tür der Kita. Alle hatten FFP 2 Masken im Gesicht. Weißte wie das aussah? Die Kinder haben ihre Eltern angekuckt, als wären das Marsmenschen und genauso sahen sie ja auch aus. Oh man, das sah wirklich irgendwie schaurig aus. Da war so viel Angst zu spüren. Die Kitaeltern sind eigentlich wirklich alle ganz nett und haben sich bei mir wirklich ganz herzlich bedankt. Die verstehen aber irgendwie nicht, dass sie ihre Kinder in eine so schwierige Situation bringen, wenn sie im Freien mit diesen schrecklichen Masken herumlaufen.

TRIXI Hätte man den Menschen besser nicht so viel Angst gemacht.

BILLY Vielleicht hätten wir davon dann gar nicht so viel mitbekommen.

FRANZ Das ist schon wirklich schräg, ne.

TRIXI Die haben in den Krankenhäusern ja Anfangs gar nicht registriert, wer geimpft ist und wer ungeimpft ist. Irgendwann haben sie es ja dann gemacht. Das ist doch sehr wichtig! Und jetzt macht das RKI das nicht mehr. Die haben angegeben, dass jetzt bei 50 % der Krankenhauseinweisungen der Impfstatus unbekannt ist. Ja, was soll das denn? 50 % …? 40 % sind geimpft, 10 % sind ungeimpft und 50 % Status unbekannt?

FRANZ Und die wurden auf die Ungeimpften gerechnet. In Hamburg und in Bayern.

TRIXI Die wurden vorher auf die Ungeimpften gerechnet und dann haben sie eine kurze Zeit lang mal gesagt: Geimpfte – Ungeimpfte und

Unbekannt und da waren dann mal so 10 % Unbekannt, warum auch immer. Wenn jemand ins Krankenhaus geht, wie kann da der Impfstatus unbekannt sein? Das muss man doch wohl fragen! Ist doch wohl 'ne wichtige Info! Wenn man mit Covid ins Krankenhaus kommt!

BILLY Versteh' ich auch nicht. Vor allem wenn man auf dieser Grundlage dann abstruse Behauptungen aufstellt.

TRIXI Die unterschlagen ganz klar diese wichtigen Informationen, weil das im Moment so viele Geimpfte betrifft, da unterschlagen die Daten.

BILLY Und dann kommt ja das Argument, es sind ja auch mehr Menschen geimpft worden.

TRIXI Klar, man muss das ins Verhältnis setzen.

FRANZ Das war aber nicht der Deal, dass sich das prozentual danach widerspiegelt. Der Deal war, dass eben keine Geimpften auf den Intensivstationen landen, oder wenn überhaupt mal, dann nur ganz, ganz wenige. Aber ich meine, es ist ja auch müßig.

TRIXI Kuck dir Israel an, die sind doch schon bei der vierten Impfung, die haben Inzidenzen…

FRANZ Ja und doppelt so viele Tote, wie letztes Jahr ohne Impfung. Das wissen wir ja nun auch alles, aber wie verhält man sich jetzt so? Also ich hatte so für mich gedacht: Wir haben ja draußen noch ein paar Projekte, die wir machen wollten. Dann hält man sich erstmal so über Wasser. Aber ab März, da will ich schon den LKW fertig haben und dann will ich hier mal raus. Musst ja irgendwas vorhaben. Weil die Festivals ja sicherlich für mich nicht zugänglich sind. Ich komme ja nirgendwo mehr rein.

Wir spielen mit den Baskers nächstes Wochenende in der Schweiz und in Österreich. Ja gut, da spielt dann jemand anderes. Ich bin draußen! Musikmäßig. Und mit unseren Jungs, die waren jetzt am Wochenende auf einem Musikfestival und wir haben schön hier gesessen und die Bilder angekuckt. Die sind beide geimpft, war ja 2 G. Wer will kann sich ja zusätzlich noch testen, hieß es. Nicht mal alle 2 G plus! Die werden's wahrscheinlich alle gemacht haben.

BILLY Also zumindest der Eine, der dann auf Facebook geschrieben hat, dass er Corona hat – das ist echt 'n ganz ganz übler Typ…

FRANZ Ja, so ein richtiger Impfnazi!

BILLY Der ist geimpft, geboostert und was weiß ich und der hetzt gegen die Ungeimpften auf wirklich unerträgliche Art und Weise. Ich mein', den anderen gönne ich das ja auch, also so ist das ja nicht. Die sollen ja gern ihren Spaß haben. Aber das ist schon hart, wenn man nicht mehr dabei sein darf.

TRIXI Aber hast du nicht irgendwelche Vorerkrankungen, irgendwas, was vielleicht...

BILLY Nee, leider ist Franz bisher sehr, sehr gesund durchs Leben gekommen (lacht).

FRANZ Nein, ich müsste mich impfen lassen aber ich würde mich da auch nicht herausmogeln wollen.

TRIXI Wieso, sich von der Impfpflicht befreien lassen, warum willst du das denn nicht?

FRANZ Ja, also ich fand's z.B. auch sehr tough von Leo, dass er nicht mal einen Nachweis seiner Coronainfektion machen lassen wollte. Er wollte nicht einen Status haben, um wieder am Leben teilnehmen zu dürfen. Fand ich sehr tough und auch sehr logisch.

BILLY Ja, eigentlich konsequent.

FRANZ Aber dann hat er's doch anders gemacht.

BILLY Naja, weil es ihm so schlecht ging, dass er zum Arzt musste. Und die haben ihm das dann bestätigt.

FRANZ Ja, weil er musste...

TRIXI Wie, der hatte Corona und musste deshalb zum Arzt?

BILLY Ja, die haben gerade Corona. Jedenfalls ging's ihm nicht so gut und dann mussten die zum Arzt und haben da was Merkwürdiges festgestellt. Das die Corona hatten, hat nämlich scheinbar dort überhaupt niemanden interessiert. Die saßen beide mit Corona im Wartezimmer, zusammen mit den anderen Patienten und haben sich echt gefragt: Wenn das so eine Welt bewegend, schreckliche, schlimme Krankheit ist, wie kann es dann sein, dass sie ins Wartezimmer geschickt wurden, zu den anderen Patienten?

TRIXI Haben Franka und Leo denn wenigstens Medikamente oder so bekommen?

BILLY Nein, gar nichts haben die bekommen. Die schicken dich nach Hause und du darfst erstmal ganz schwer krank werden, wenn du Pech hast, bevor man dir hilft.

TRIXI Haben die denn von sich aus was?

BILLY Ja, wir haben auch was mitgeschickt.

FRANZ Von Elli und Rudi hatten wir ein paar Hausmittel.

BILLY Und eine Freundin von Leo hatte ihm noch Elektrolyte gespritzt, damit er wieder auf die Beine kommt. Aber weißte, dann wundern die sich, dass man sich selber kümmert und zwar mit alternativen Mitteln! (lacht) Also das ist so unglaublich!

FRANZ Ja und sich die Informationen aus dem Netz holt. Man ist das eine kranke Gesellschaft!

Jedenfalls wollen wir im Sommer irgendwie wohin fahren. Aber ich weiß auch nicht, ob das gehen wird. Ich darf ja in kein Restaurant.

BILLY Ach was, ich glaube, wir können trotzdem einen schönen Urlaub machen. Wir können vor unserem Bus sitzen oder auf einer Mauer am Strand, was weiß ich.

TRIXI Ich glaube man darf doch dann auch draußen in Restaurants wieder sitzen.

FRANZ Ja, vielleicht.

BILLY Ja, genau! Oder wir machen's wie die Franzosen. Dort haben sich die Ungeimpften vor die Cafés auf eine Decke gesetzt und Picknick gemacht. Das fand ich ja auch 'ne tolle Art zu demonstrieren.

TRIXI Ich glaube nicht, dass die damit durchkommen.

BILLY Wir haben ja schon eine indirekte Impfpflicht. Aber noch nicht mit Geldbußen und Gefängnisandrohung.

TRIXI Stimmt auch wieder, und ich weiß auch gar nicht, was man als Ungeimpfte macht, wenn man mal in der Stadt ist? Wenn ich z.B. mal pinkeln muss? Darf ich dann in einem Restaurant auf die Toilette? Und die öffentlichen Toiletten sind ja teilweise jetzt auch aus Hygienegründen zu. Ja, wo soll ich denn hin? Ich habe schon gedacht, einen Antrag zu stellen: Dixiklos für Ungeimpfte oder so (alle lachen).

FRANZ Du, ich hatte das in Berlin! Ich wäre beinahe geplatzt! Ich musste dringend auf's Klo und richtig scheißen da, ne. Und ich dachte, ich sterbe! Es war nichts zu machen!

BILLY Schrecklich! Und den ganzen Weg haben wir Obst und Gemüse gegessen und da.. auweia…

FRANZ Und irgendwo war dann so eine Baustelle mit einem Dixiklo. Du ich war kurz vorm platzen, ich hatte solche Schmerzen!

BILLY Also ich finde, dass das ja schon unterlassene Hilfeleistung ist!

FRANZ Ja, das war echt scheiße.

TRIXI Auch Ungeimpfte haben eine Notdurft, also…

In einem Urteil des Anfang Dezember 2021 von der Bundesregierung beschlossenen Zutrittsverbot im Einzelhandel für Ungeimpfte, wurde der Beschluss, dass Ungeimpfte u.a. auch nicht mehr in Baumärkte durften, durch das Verwaltungsgericht gekippt. Die Formulierung, was zum täglichen Bedarf tatsächlich gehört, fiele zu lasch aus, hieß es. Konkret erklärte man diese Entscheidung wie folgt: "Das Infektionsschutzgesetz gebe vor, dass sich die Reichweite von Ausnahmeregelungen – wie hier für die "Ladengeschäfte zur Deckung des täglichen Bedarfs" – mit hinreichender Klarheit aus der Verordnung selbst ergeben müsse und nicht auf die Ebene des Normenvollzugs und dessen gerichtlicher Kontrolle verlagert werden dürfe." So war es dort auch für Ungeimpfte weiter möglich, in Geschäften, wie beispielsweise Baumärkten einzukaufen. (24)

Der Vorstandsvorsitzende des Weltärztebundes, Frank Ulrich Montgomery äußerte daraufhin in der 'Welt' vom 27.12.2021: "Ich stoße mich daran, dass kleine Richterlein sich hinstellen und wie gerade in Niedersachsen 2G im Einzelhandel kippen, weil sie es nicht für verhältnismäßig halten".

Die Beschlüsse zur 2G-Regel, die in den anderen Bundesländern durchgesetzt wurden, öffneten Tor und Tür für Diskriminierungen gegen Ungeimpfte. Doch kaum einer unserer Mitmenschen stellte diese Beschlüsse und deren 'Nebenwirkungen' für unsere Gemeinschaft tatsächlich in Frage. Diejenigen, die dennoch etwas Unbehagen spürten, äußerten lediglich in geschützten Räumen ein vorsichtiges Unverständnis für diese Entscheidungen.

Franz hatte sich in dieser Zeit einige Materialien und Arbeitsmittel bei Dikenbau, einem Baumarkt in Sendberg, besorgen müssen, um seine Arbeit, von der er lebt, überhaupt machen zu können. Jedoch wurde er, weil er ungeimpft war, dort nicht eingelassen. Zu Hause angekommen schickte er seine Kundenkarte zu Dikenbau zurück und erklärte ihnen ganz zurecht empört seine Situation. Jahrzehntelang war er dort ein guter Kunde, doch diese Form der Ausgrenzung und Demütigung war für ihn kaum zu ertragen. Der Chef dieser Firma antwortete mit Verständnis und begründete sein Handeln damit, dass er "… leider den Regelungen Folge zu leisten hat." Hohe Geldstrafen drohten ihm, wenn er sich nicht an die neuen Bestimmungen hielte, meinte er. Auf Grund dieser Drohungen knickten die meisten Ladenbesitzer ein und ließen sich zu solch diskriminierenden Handlungen hinreißen.

Schild vor einer Tischlerei

Baumarkt

FRANZ Aber für mich ist es im Moment besonders schlimm: Ich komme in keinen Baumarkt mehr rein!

TRIXI Musste nach Niedersachsen fahren!

FRANZ Ja, Niedersachsen, da geht das, d.h. Osnabrück oder was?

BILLY Ja, die kleinen Richterlein haben's gekippt.

FRANZ Es gibt ja hier in Sendberg den Baumarkt Dünnerhoff, da kannst du rein, weil die Baustoffgroßhandel sind.

TRIXI Ah ja. Also du hast einen Gewerbeschein?

FRANZ Ja, den hatte ich auch vorgezeigt. Früher war das ja auch möglich!

TRIXI Dann kannst du in alle Großhandel?

BILLY Ja, aber nicht in den Baumarkt.

FRANZ Also Dikenbau habe ich ja die Karte zurückgeschickt, weil die mich nicht reingelassen haben.

TRIXI Ja, dann musst du bestellen oder nach Niedersachsen fahren.

FRANZ Ich brauche ja keine großen Mengen, eher hier noch ein Kleinteil und dann da noch was, da noch'n paar Schräubchen und da noch'n paar Haken. Sowas brauche ich für meinen Job. Ich kaufe ja nicht immer im Internet tausender Pakete! Ich brauche nur ein paar Sachen, weil ich ja Alleinunterhalter bin (lacht).

BILLY Alleinunterhalter iss jut (lacht)!

FRANZ Also das nervt wirklich!

BILLY Das ist wirklich so diskriminierend für Franzi.

Ich selbst lebte einst, es ist lange her,
in der solidarischen DDR,
wo man nach der guten Sache strebte
und ein sozialistisches Leben lebte.
Als Jungpioniere wollte man von uns wissen,
ob wir wohl kämpften bei Hindernissen.
Man fragte uns Kinder: Seid ihr bereit?
Wir wussten zwar nicht genau Bescheid,
wozu uns Bereitschaft und Einsatz wohl nützt,
doch sie meinten, dann wären wir alle geschützt.
Und außerdem wär' es wichtig zu sagen,
dass wir solidarisch sind, ohne zu fragen.
Um deutlich und klar zu demonstrieren,
dass wir auf der richtigen Seite lawieren.
Die Antwort war damals, wie jetzt, in der Krise:
Immer bereit zu sein war die Devise.
So seid auch jetzt zu allem bereit,
es ist doch so wichtig in dieser Zeit!
Denn das Einzige, wonach wir jetzt streben
ist der furchtlose Kampf ums Überleben!

Auszug aus dem Gedicht 'Zweifel' von Susanna Wüstneck

2021 Glückskekstext: "Du bist auf dem richtigen Weg."

Musik war immer unser Lebenselixier und verband die Gruppe der Musizierenden in der Gegend miteinander. Nun aber gab es eine große Spaltung, die sich auch unter uns Musikern bemerkbar machte. Die eine Gruppe waren die Maßnahmenbefürworter, die andere diejenigen, die die Maßnahmen kritisch hinterfragten oder grundsätzlich für falsch hielten.

Es gab auch in diesem Bereich gegenseitige Beschimpfungen, angeheizt durch die z.T. menschenverachtenden Sätze vieler Politiker und die diffamierenden Statements, die beinahe täglich in den öffentlich-rechtlichen Medien zu hören waren. Mit der zunehmenden Aggressivität des Staates und der Medien gegen die Kritiker, wurden wir langsam selbst Teil dieser Gruppierung. Wir versuchten uns immer wieder zu hinterfragen, ob wir vielleicht falsch abgebogen wären. Doch es gab keinen Weg zurück und das Misstrauen gegenüber denjenigen, die uns hetzten, tat sein Übriges dazu. Und wenn auch die Maßnahmen und deren Umsetzung, die in unserem Land zur Bekämpfung der Pandemie beschlossen wurden, weit weniger menschenunwürdige Folgen hatten, als in anderen Ländern, so machte uns das, was wir diesbezüglich global wahrnahmen, sehr große Sorgen. Schon im April 2020 machte David Beasley, der Chef des 'World Food Programme' (WFP) darauf aufmerksam, dass sich die Zahl der derzeit weltweit 135 Millionen hungernden Menschen infolge der Corona- Restriktionen möglicherweise verdoppeln würde. Nicht nur in Afrika, auch im nahen Osten verschärften die Lockdowns die Armut. " In den Ländern des globalen Südens (...) drohen weit mehr Menschen an den Folgen der Maßnahmen gegen die Corona-Pandemie zu sterben als am Virus selbst. Weil Hilfsorganisationen, wie das WFP sie nicht mehr erreichen können." so Baesley. "Die nun drohende Hungerkatastrophe zu verhindern ist ein Wettlauf mit der Zeit." berichtete "Die Zeit" am 3. Mai 2020. Weltweit wurden harte, z.T. menschenverachtende Coronaregeln eingeführt. So waren beispielsweise auf Mallorca Hubschrauber gegen Badegäste im Einsatz. In der Slowakei wurden Ausgangssperren verhängt und Zwangstestungen bei nahezu der gesamten Bevölkerung durchgeführt. In Großbritannien, Frankreich, Deutschland, China und den USA wurden Drohnen zur Corona-Überwachung der Menschen oder dem Aufspüren von Infizierten eingesetzt, in Helsinki sogar Spürhunde am Flughafen. In Indonesien wurden Maskenverweigerer öffentlich bestraft, indem sie in einem Sarg eine Minute lang "probeliegen" mussten oder Gräber schaufeln, die Nationalhymne singen und dabei Turnübungen machen mussten. Sie wurden zur Teilnahme an einer COVID-19-Beerdigung oder in einer orangefarbenen Warnweste mit der Aufschrift "Verletzer des Gesundheitsprotokolls" zum Reinigen öffentlicher Räume gezwungen. In Ghana drohten Bürgern zwischen vier und zehn Jahren Gefängnis oder eine hohe Geldstrafe bei Nichteinhaltung der Vorschriften, in Indien bekamen maskenlose Passanten, Straßenverkäufer und Rikschafahrer Schlagstöcke zu spüren, mussten Kniebeuge machen, wurden von Beamten mit Helmen in Form eines Coronavirus erschreckt. Touristen mussten wegen unerlaubten Spaziergangs 500 mal schreiben: "Ich habe mich nicht an die Ausgangssperre gehalten und das tut mir sehr Leid". usw. u.s.f.. (25/26)

Aber auch in Deutschland war, wie etwa in Sachsen, eine Zwangseinweisung in die Psychiatrie für Quarantäneverweigerer vorgesehen, in Baden-Württemberg gab es für die Verweigerer Krankenhaus-Zwangseinweisungen, in Berlin wurden bis zu 5000 € Bußgeld gegen Quarantänebrecher verhängt, die Polizei durfte bei einer Meldung durch die Nachbarn ohne Durchsuchungsbeschluss in private Wohnungen eindringen usw., usf. (27/28)

Paul und Ursula waren inzwischen Mitglieder der neuen Partei 'Die Basis', die sich während der Coronazeit gebildet hatte. Franz und ich saßen oft zwischen den Stühlen, denn wir konnten die Ängste und die Verweigerung, sich in die Diskussion mit den anderen zu begeben, irgendwie verstehen. Es fühlte sich auch für uns zu Beginn der Pandemie beunruhigend an, dass die anderen so früh schon diesen so anderen Weg beschritten hatten. Auch wir waren zunächst verärgert über die Kritiker der Maßnahmen, hielten sie anfänglich einfach nur für egoistisch, denn sie würden doch die anderen gefährden. Ohne mit ihnen geredet zu haben, hatten wir unsere Meinung und machten uns rar. Das ist alles lange her und die Kontaktaufnahme und Auseinandersetzung mit ihnen brachte wieder Licht ins Dunkel, so dass wir ihre Beweggründe immer besser verstanden und einzuordnen wussten.

Für die Käutzchengrunder Musiksession wurde durch die Maßnahmenbefürworter der Gruppe zunächst die 3 G-Regel und später dann die 2 G- Regel beschlossen, sodass es bald zwei Musiktreffen gab. Wir trafen uns in der Regel nur noch mit der Maßnahmenkritiker-Gruppe. Dort lernten wir dann wiederum sehr spannende Menschen kennen, die auf Grund ihrer Entscheidungen inzwischen genauso aus dem öffentlichen Leben ausgeschlossen waren, wie wir. Einige hatten die alten Freunde ganz und gar verloren und sogar die Familie mied sie. Andere erzählten von extremen Diffamierungen und Schikanen, die sie auf ihren Arbeitsplätzen erlitten, weil sie sich nicht impfen lassen wollten. Es entwickelte sich eine Art Subkultur. Illegale Hauskonzerte wurden organisiert, mit Buffet und Disko im Anschluss. Auch wir besuchten diese Konzerte und später gaben Paul, Laura, Leo, Franz und ich dort selbst unsere Bühnenprogramme zum Besten. Das alles fühlte sich endlich wieder etwas leichter an, weil wir alle irgendwie in einem Boot saßen. Auch wenn wir den Theorien der anderen nicht immer folgen konnten, fühlten wir uns miteinander irgendwie verbunden.

16. Januar 2022
HASHO, der Blueser

Gesprächspartner: PAUL, URSULA, BILLY (SIBYLLE), FRANZ

FRANZ Hasho Pedorwansky von Ackermann, der iss'n ganz übler Geselle. Den treffen wir immer mal beim Musik machen. Vor solchen Leuten hab' ich richtig Angst. Das sind so richtige Arschlöcher und dem würde ich auch nicht verzeihen. Ich bin da sehr nachtragend, was das angeht. Weißte, es gibt so viele Leute, die in diesem ganzen Gewusel mehr oder weniger unbedarft sind und irgendeinen Weg einschlagen und dann aber manchmal selbst kapieren: Ach scheiße, irgendwie habe ich mich verrannt. Das war ja jetzt auch in unserer Band so – die anderen beiden sind ja voll geboostert und wir beiden eben nicht. Trotzdem proben wir noch.

Die beiden anderen waren ja auf einem Musikworkshop eingeladen, der 2 G angeordnet hatte. Billy hätte da ja hingehen können.

BILLY Ich geh nicht ohne dich dahin!

FRANZ Die beiden anderen waren jedenfalls dort. Naja, sollen wir jetzt verletzt sein? Nein, das gönne ich ihnen natürlich. Jetzt kommen die wieder und dann schickt Karsten uns ein Bild, was wir irgendwann vor Corona auf einem Gig aufgenommen hatten. Auf diesem Foto habe ich so einen ausgestopften Fuchskopf auf dem Kopf, wie so 'ne Mütze. Ich hatte das so aus Spaß dort aufgesetzt. Er schickt mir also dieses Bild. Und dann vergleicht er das mit diesem Bild von diesem Typen, der da bei dem Sturm aufs Kapitol dabei war. Der mit den Hörnern. Ich denke mal, dass er sich nichts dabei gedacht hat. Aber das ist für mich eben das Problem. Ich meine, sich in dieser Situation keine Gedanken darüber zu machen, dass die gerade von dem Workshop wiederkommen, an dem wir nicht teilnehmen durften, das war schon sehr unbedacht und verletzend.

BILLY Ja, das hat echt weh getan.

PAUL Na der meint das wahrscheinlich auch nicht so.

FRANZ Ne, bestimmt nicht.

BILLY Nein, das glaube ich auch nicht. Aber ich finde, dass er das wissen muss, dass das im Moment so nicht geht. Das ist in so einer bedrohlichen Situation einfach nicht mehr lustig und ein bisschen unsensibel ist das auch, finde ich.

PAUL Wenn Menschen Kritik abhaben können, also sich Kritik anhören können, dann geht es ja weiter.

BILLY Ja, das kann er.

FRANZ Karsten ist ja im Krankenhaus im Personalrat tätig, d.h. er wird jetzt auch die Kündigungen der nichtgeimpften Pfleger und Pflegerinnen aussprechen müssen. Viel Spaß!

BILLY Ja! Viel Spaß! Obwohl er meinte, dass das mit den Kündigungen so nicht stimmt. Die müssen das an das Gesundheitsamt melden. Und die entscheiden dann, netter Weise, darüber, ob derjenige bleiben kann oder gehen muss.

PAUL Ich meine die Zeit, die hat ja auch ein bisschen für uns gearbeitet. Weil es jetzt einfach immer skurriler wird. Und die Ereignisse und die Beschlüsse und all das ganze Zeug. Selbst meine 92- jährige Mutter sitzt vor'm Fernseher und sagt: "Komisch, ich versteh' das nicht! Den ganzen Tag ist Corona und jetzt sind nun schon fast alle geimpft und trotzdem wird das immer schlimmer." sagt sie.

FRANZ Das spüren auch viele. Auch die, die sich impfen lassen haben.

BILLY Ja, jeder Mensch müsste es doch so langsam sehen. Ich glaube auch.

FRANZ …dass sie eigentlich verarscht wurden. Aber es kann auch sein, dass die denken, sie sitzen am Roulette-Tisch und setzen ihre Steine und dann verlieren sie. Und dann setzen sie nochmal, weil sie denken: Ich muss doch irgendwann gewinnen. Das ist wohl so'n typischer Mechanismus. Deshalb können die ungestraft so weitermachen.

BILLY Da gibt's auch ein tolles Video von einer Künstlergruppe. In dem Film kriechen Menschen mit Spritzen auf ihrem Rücken in grünen und weißen Ganzkörperanzügen eine Rennstrecke entlang und versuchen das Ziel zu erreichen. Das hatte mich an ein Computerspiel erinnert, was ich als Jugendliche ganz zu Beginn der Computerspielezeit gespielt hatte. Kennt ihr das? 'Prinz' hieß das. Da bist du immer auf verschiedene Ebenen gekommen und dann musstest du aufpassen, dass dir nicht der Kopf abgehackt wird. Und wenn du das verhindern konntest, ging's auf der nächsten Stufe weiter. Und dann haste immer gedacht: o.k., jetzt geht's weiter. Und irgendwann wird das Ziel erreicht sein. Aber es gab gar kein Ziel.

PAUL (lacht)

BILLY Ich denke manchmal, dass die Mentalitäten in den verschiedenen Ländern auch sehr unterschiedlich sind. Also in Deutschland wird immer alles 120%tig gemacht und dann wird sich auch feste dran gehalten. Während in Kenia ziemlich viele Leute krank geworden sind aber kaum einer schwer. War das Kenia?

PAUL Ja, Kenia! Kenia war das und Nairobi.

BILLY Ja und Südafrika, genau. Die haben ja ähnliche Regeln, wie wir. Da hat sich nur keiner dran gehalten. Die sind einfach auch zu arm für sowas.

PAUL Genau. In den Slums kannst du dich nicht an Regeln halten.

BILLY In der Türkei ist es ja auch so, dass die ihre Sachen verkaufen müssen, ob die jetzt 'n Lockdown haben oder nicht, weil sie sonst keinen Lebensunterhalt mehr verdienen. Das ist viel existentieller, als hier.

URSULA Es wird ja in Deutschland behauptet, wir Deutschen seien auch echt am besten durchgekommen.

FRANZ Ja (verdreht die Augen).

URSULA Und das ist so ein merkwürdiger Stolz. Da dreht sich bei mir alles um.

BILLY Und das stimmt nicht mal!

FRANZ Ja, ja genau.

BILLY Und so arrogant auch, ne. Dabei wurde sich ja gar nicht wirklich umgekuckt: Was ist denn in den anderen Ländern gelaufen? Also soweit ich weiß haben die das in Schweden ganz anders gemacht und vor allem auch die Kinder ganz in Ruhe gelassen. Sind die Zahlen dort deswegen höher, als bei uns? Das ist doch die Frage!

PAUL Vor der Coronazeit habe ich mal in der Frankfurter Rundschau einen Artikel über eine Studie über eine dieser Millionenstädte, Lagers hieß die, glaube ich, gelesen. Lagers liegt in Nigeria und ist eine der größten Städte der Welt. Da ging es darum, dass die Leute Corona gar nicht als ihr Hauptproblem sehen. Natürlich gibt's hier Corona aber eigentlich geht es hier ums Überleben und zwar nicht wegen Corona! Dann haben die Bluttests gemacht und festgestellt, dass die meisten Leute Corona gehabt haben aber dass das keiner gemerkt hat. Die waren wohl krank und so aber die waren einfach krank. Und vorher waren die auch krank. Und waren wieder froh, als sie wieder gesund waren.

Mit dieser Tatsache hat sich bisher kein Wissenschaftler auseinandergesetzt, im Gegenteil. UNICEF macht sogar riesige Impfkampagnen, wo es heißt: Wir impfen alle! Wir impfen die Welt. So könnte man ja eigentlich denken, die haben zwar Corona aber eigentlich kein Coronaproblem, sag' ich mal. Wir müssen die aber impfen. Aber wenn wir die Patente auf Impfungen aufgeben, damit die umsonst geimpft werden können, so jedenfalls sagt das die Linke Politik – dann impfen die alle – und dann haben die ja eigentlich erst ein offizielles Coronaproblem. Da könnte man schon fast der Meinung sein: Corona kommt von der Impfung, wenn man mal ehrlich ist.

FRANZ Neben China sind wir im Moment das Land mit den meisten Maßnahmen und Regelungen. Alle anderen um uns herum haben schon längst gelockert. Und das meine ich eben mit diesen Regelungen. Das Ziel war ja zu Anfang 'flatten the curve' und nicht: Alle müssen geimpft sein, dann sind wir damit durch. Es wurden auch gar keine anderen Wege zugelassen. Man hat von Anfang an gar nicht über andere Wege nachgedacht.

BILLY Und jetzt sind die anderen Wege total verpönt. Ich sehe da in letzter Zeit gehäuft Berichte, in denen es um so genannte rechte Esoteriker geht. Das kommt mir komisch vor.

Warum wird da nicht mehr differenziert berichtet? Das ist doch Wahnsinn! Warum wirft man dieses Jahrtausende alte Wissen einfach weg und behauptet, dass alle, die sich nicht allein auf die Schulmedizin verlassen, aus dem so genannten rechten Spektrum kämen?

URSULA Ja hier, Vegetarier, Veganer, alles Nazis.

BILLY Und man soll jetzt an die Wissenschaft glauben? Seit wann muss man an die Wissenschaft glauben? Ich dachte, das hat was mit Wissen und forschen - also suchen - zu tun, nicht mit Glauben! O.k., man glaubte an den Marxismus-Leninismus (lacht). Das ist so verrückt. Und wer ist denn jetzt eigentlich der Wissenschaftler, an den man glauben soll und an wen soll man nicht glauben? Es gibt doch ganz viele unterschiedliche?

PAUL Es gibt keinen unwissenschaftlicheren Satz, als zu sagen 'Ich glaube an die Wissenschaft'.

URSULA Das war auch verrückt: Als wir das zweite Mal auf der Demo in Mariental waren mussten wir am Markt stoppen, weil wir dann die Masken aufsetzen mussten, ne. Fast überall im öffentlichen Raum galt ja gerade 2 G. Wir trafen jedenfalls dort auf ein älteres Ehepaar, die total schick angezogen waren.

Er war so Mitte 80 und sie war bedeutend jünger, vielleicht so 15 Jahre jünger. Sie war aber auch ein bisschen größer als er. Und die sahen so aus, als wären sie gerade aus einer dieser teuren Geschäfte rausgekommen. Ja und dann standen die da und konnten nicht über die Straße gehen, weil wir als Demonstranten da irgendwie alles dicht gemacht haben. Wir waren ja ca. 300 Leute.

Und dann sagt der alte Herr zu mir: Jetzt sagen sie mal, gegen was demonstrieren sie denn? In dieser Konstellation wird ja in der Regel gern alles missverstanden, was man sagt, deshalb wollte ich eigentlich gar nicht darauf antworten aber ich erklärte dem Herrn dann doch, dass wir hier für unsere Grundrechte demonstrieren. Und sie sehen das ja, hier ist ja überall 2G und wir dürfen hier gar nichts mehr. Aber wir sind ja ganz normale Menschen, wir sind Steuerzahler, wir arbeiten, wir zahlen unsere Krankenversicherungsbeiträge und wir tragen ja hier zu dem ganzen Wesen des Staates bei und jetzt dürfen wir nichts mehr. Und das finden wir nicht korrekt und deswegen demonstrieren wir.

Und da hatte ich den Eindruck, dass der so eine Antwort gar nicht erwartet hatte. Und dann sagt der zu mir: Na warum lassen sie sich denn nicht einfach impfen? Und dann erklärte ich ihm, dass ich mir Sorgen mache, wegen möglicher Nebenwirkungen. Es ist ja nur eine bedingte Zulassung.

Und dann meinte ich noch: Vielleicht gehen sie mal selber nochmal zum Arzt und schauen, ob bei ihnen alles so in Ordnung ist. Und dann hatte ich den Eindruck, er war ein bisschen überrascht.

Aber dann kam sie. Eine große Frau mit weißem Kleid und einer großen Hutkrempe, die sich in dem Moment noch etwas größer machte und meinte: Impfen ist Zivilisation und das was sie machen ist Terrorismus! (großes Gelächter)

Und dann habe ich die ganze Nacht über diese merkwürdige Situation nachgedacht und mir vorgestellt, wie die beiden darüber reden und er sowas zu ihr sagt, wie: O.k. ich bin ja auch ganz bei dir, Impfen ist ja auch wirklich Zivilisation aber dass du dieser Frau gesagt hast, sie ist eine Terroristin, das fand' ich nicht richtig... ne. (Gelächter)

FRANZ Im Moment denke ich ja, dass ich bis März noch die Füße stillhalten will. Der Januar ist ja eigentlich so gut wie rum und dann...

PAUL Dann lässte dich impfen! (allgemeines Lachen)

FRANZ Nee, aber ich bin dann einfach raus.

BILLY Dazu gibt's auch'n schönen Cartoon: Ich bin raus... Da stehen Leute auf einem Brett. Auf der einen Seite, über dem Abgrund, die Politiker und auf der anderen Seite die Leute, die durch ihr Eigengewicht das Gleichgewicht halten. Aber einer dreht sich um und sagt: Ich bin raus! Das ist so super!

PAUL Raus aus'm Panikmodus.

FRANZ Ja, genau!

BILLY Na aus allem, aus diesem ganzen Wahnsinn.

FRANZ Ich will einfach nicht mehr diskutieren und dafür lieber so ein halbes Jahr durch Europa oder so.

URSULA Aber Franz, das ist ja die Frage. Wir haben jetzt z.B. diese Gruppe gebildet. Menschen für Menschen heißen die. Wir sind jetzt 40 Mitglieder. Jedenfalls hatte eine junge Frau ein Plakat entwickelt, wo dieser Versöhnungsgedanke zwischen Geimpften und Ungeimpften abgebildet war. Dieses Bild hatte ein sehr kantiges Layout. So kantige Finger und erinnerte mich irgendwie an diese DDR-Plakate.

BILLY So Sozialistische Einheitspartei Deutschland-Hände, wa?

URSULA Ja! Genau. Und inhaltlich ging's immer darum zwei Menschen darzustellen: Geimpft und nicht geimpft. Der Mann war geimpft, die Frau war nicht geimpft, die fassten das Kind an und das Kind stand für Toleranz. Da habe ich echt meine Probleme, wenn man das Kind als Bindeglied einsetzt.

BILLY Ja, das sollte nicht das Kind übernehmen müssen.

URSULA Aber es gibt halt diesen starken Versöhnungsgedanken. Jetzt wird aber Ende nächster Woche im Bundestag über die Impfpflicht beraten. Das ist die Realität. Zu sagen 'Ich bin raus' ist doch komplett an der Realität vorbei. Es gibt ja schon die Masernimpfpflicht für Kitakinder. In allen pflegerischen, pädagogischen Bereichen müssen die Kinder geimpft sein. Wenn die aber diese Impfung von einem Todimpfstoff zu einem mRNA-Impfstoff verändern, dann brauchen die die Coronaimpfung gar nicht mehr.

Und das ist meine Befürchtung. Deshalb will ich mich auf gar keinen Fall impfen lassen, also schon aus politischem Protest nicht. Wir wollten das ja schon vor zwei Jahren machen, durch Europa reisen, ne.. Ich befürchte aber, dass es möglicherweise so ist, dass wir zuhause sitzen werden, weil wir nicht mehr am gesellschaftlichen Leben teilnehmen dürfen.

PAUL Dann geh' ich aber nachts heimlich raus.

FRANZ Es geht ja nicht nur um die Impfpflicht. Die haben ja Tür und Tor geöffnet für alles. Die verschleudern das ganze Staatsgeld und dann klappt der Scheiß zusammen, so würde ich das eher sehen.

BILLY Aber der Versöhnungsgedanke bezieht sich bei mir eher darauf, dass es sinnvoll wäre, miteinander auszukommen, weil wir doch jeden brauchen. Das werden jetzt nicht alles Revolutionäre sein aber trotzdem werden sie nicht mehr unsere Gegner sein. Im Moment habe ich das Gefühl, dass ganz viele Leute unsere Gegner sind. Also richtige Gegner, die uns aus unterschiedlichen Gründen bekämpfen.

URSULA Ich habe während dieser Zeit mal eine Frau kennengelernt, die Saskia. Die hat total Angst, dass wir irgendwann im Internierungslager landen und dass wir, wie bei den Chinesen, dann irgendwo nur noch auf der rechten Seite liegen dürfen und da die ganze Nacht bewacht werden. Und ich bin dann mal in diese Gedanken reingegangen und hab' gedacht: Na ach du scheiße!

BILLY Ja, das, was da in China läuft, ist echt gruselig!

URSULA Ja eben... und ich war immer schon Coronakritiker.

FRANZ Also das Essen finde ich ganz lecker (alle lachen).

BILLY Ich kenne auch eine tolle Musikerin, Gong Linna heißt die. Die ist allerdings in den Westen gegangen zu ihrem deutschen Ehemann. Es ist halt immer das System und nicht die Menschen.

FRANZ Diese Leute so zu drangsalieren ist wohl eine typische Kombination aus Extremkapitalismus und Kommunismus.

BILLY Das ist ja kein Kommunismus. Das ist Diktatur.

Im Januar 2022 wurden die so genannten Coronaschutzverordnungen noch etwas ausgeweiteter formuliert. Im öffentlichen Nah- und Fernverkehr mussten medizinische Masken getragen werden, in Innenräumen, in denen mehrere Personen zusammentreffen, im Freien in Warteschlangen, Anstell-Bereichen und unmittelbar an Verkaufsständen, Kassenbereichen oder ähnlichen Dienstleistungsschaltern, im Freien, soweit die zuständige Behörde dies für konkret benannte Bereiche ausdrücklich anordnet, und bei öffentlichen Veranstaltungen. Ausnahmsweise auf die Maske verzichten durfte man bei privaten Treffen in Privaträumen und beim Essen. Nur noch immunisierte und getestete Personen (3 G) durften ihren Beruf ausüben, studieren, zur Schule gehen, Jugendangebote nutzen, Beerdigungen und Trauungen beiwohnen, in Ladengeschäfte und Märkte. Ungeimpfte (im Fachjargon 'nicht immunisierte Personen') durften im öffentlichen und privaten Raum aus privaten Gründen mit anderen Personen nur innerhalb des eigenen Hausstandes ohne Personenbegrenzung zusammen sein, über den eigenen Hausstand hinaus mit höchstens zwei Personen aus einem weiteren Hausstand, wobei Kinder bis einschließlich 13 Jahren hiervon ausgenommen waren, wenn dies zur Begleitung minderjähriger und unterstützungsbedürftiger Personen, aus zwingenden betreuungsrelevanten Gründen oder zur Wahrnehmung von Sorge- oder Umgangsrechten erforderlich ist oder soweit es sich um eine Versammlung oder Veranstaltung handelt, zu der auch nicht immunisierte Personen Zugang haben. Usw. usw. usw. (29)

Ungeimpfte waren demnach inzwischen von nahezu allem ausgeschlossen und konnten gerade noch mit einer Maske in die Lebensmittelgeschäfte gehen, ohne allzu sehr behelligt zu werden. Jeden Arbeitstag mussten sie sich testen lassen und bei Arbeitsbesprechungen wurde stets das Fenster weit geöffnet, sobald ein Ungeimpfter im Raum saß.

All das führte dazu, dass viele von ihnen an den Arbeitsstellen mit Regelungen und Vorschriften schikaniert werden konnten und von ihren Freunden mitunter von Geburtstagsfeiern und privaten Treffen ausgeschlossen wurden. Manch ein guter Freund wollte mit Ungeimpften nicht mehr in einem Raum sein und schreckte bei Begegnungen zurück. Im Fernsehen gab es Anleitungen, wie man mit Ungeimpften und so genannten Coronaleugnern umgehen sollte und täglich gab es Schreckensnachrichten über die große Zahl der Coronakranken und an Corona Verstorbenen. Diese Zahlen wurden in kein Verhältnis gesetzt, welches die tatsächliche Gefahr erkennen ließ.

Zu den Nebenwirkungen der Impfung gab es kaum Informationen. Es gab Beschränkungen, die, auf Grund von Beschwerden 'aufmerksamer' Mitbürger, geradezu groteske Formen annahmen. So durfte man, um den auf 1,50 m festgelegten Mindestabstand zu anderen einzuhalten, beispielsweise nur im Uhrzeigersinn um den Olchinger See herumlaufen. (30)

Zudem gab es weitere Beschränkungen, die in ihrer Unlogik manch einen dazu hinreißen ließ, sie einfach nicht mehr zu befolgen. Die Winterrodler durften mit ihren Kindern nur mit Maske rodeln. Es gab regelrechte Verfolgungsjagden gegen diejenigen, die ohne Maske rodelten. Anderswo gab es Maskenpflicht für andere Außenbereiche. Die Polizei verfolgte die neuen 'Straffälligen' mitunter mit Blaulicht und Sirene. Ganze Polizeimannschaften wurden auf Grund der Annahme, dass sich dort zu viele Menschen aufhalten würden, von außenstehenden Passanten zu Razzien in Wohnungen gerufen.

All das fühlte sich äußerst beunruhigend an und unsere Waldspaziergänge reichten kaum noch aus, um all dies wegzustecken. Doch es waren immerhin Momente, die unser Seelenleben ein wenig abfederten und uns alle Gedanken und Ereignisse sortieren ließen. Es war Winter und deshalb verabredeten wir uns in unserem Haus, um gemeinsam zu Essen, Filme zu schauen und uns über diese schier unerträgliche Situation auszutauschen.

20. Januar 2022

Wo sind die mehrfach Geimpften?

Gesprächspartner: ELLI, RUDI, TRIXI, ADELHEID, BILLY (SIBYLLE), FRANZ

FRANZ Manchmal habe ich eine tierische Wut und könnte dann regelrecht um mich schlagen. Ich finde das so erniedrigend. Vor allem weil sich ja nichts bewegt. Alles läuft weiter und ich glaube langsam, die werden 2G nie zurücknehmen. Warum auch? Weil… puh. Der Rest soll sich impfen lassen und dann bleibt das so.

ELLI Nein, das bleibt nicht so, die müssen sich immer wieder impfen lassen und das ist ja dann keine Impfmedikation, das wäre dann eine Dauermedikation.

TRIXI Habt ihr gesehen, wie der (Lauterbach) immer so wegnickt? Das ist echt zum Schießen! Der kuckt dann immer so (fällt nach vorn - alle lachen). Und das macht der irgendwie so ein paarmal in einer halben Stunde.

ADELHEID Manchmal schlägt er auch auf den Tisch.

TRIXI Ja, der schlägt so auf den Tisch und dann kommt der wieder hoch!

BILLY Als ob der irgendwie Drogen genommen hat oder so.

FRANZ Man sagt ja schon, er hätte schon lange nichts mehr nüchtern betrachtet (alle lachen).

TRIXI Ja, schon lange nichts mehr. Jetzt hat der ja noch einmal bei Markus Lanz ganz klar gesagt, dass wir diese ganzen Maßnahmen nur machen, um die Ungeimpften zu schützen. Weil der Trend, dass es die Pandemie der Ungeimpften sei, ging ja schon ein bisschen zurück.

BILLY Das ist so verlogen! Mann!

RUDI Das ist aber sehr rücksichtsvoll…

TRIXI Das die Geimpften da nochmal so einen Hals kriegen auf die Ungeimpften, das ist doch dann auch klar.

ADELHEID Ja, natürlich!

BILLY Und die Ungeimpften auch. Ich meine, der sperrt uns hier ein! Und dass wir das, was wir hier machen, also die Kommunikation und Nähe zu Freunden, eigentlich nicht dürften ist ungeheuerlich!

TRIXI Ja. Wenn jetzt hier einer vom Ordnungsamt kommt, dann müssen wir richtig dick bezahlen!

BILLY Ich bin doch kein Kleinkind, was man auf diese Weise gängeln darf! Der Spahn hatte z.B. sowas gesagt, wie: 'Das will ich hier nicht erleben!'. Ey, wir sind doch nicht mehr im Zeitalter der schwarzen Pädagogik! Fehlte nur noch, dass er den Ausspruch 'Mein liebes Freundchen' hinzufügt (alle lachen)!

FRANZ Ich habe auch zu Anfang gedacht, dass es nicht logisch ist, wenn man jetzt sagt: Ja, das ist alles geplant. Da fahren die unser ganzes Land wirtschaftlich fast vor die Wand, wo die sich doch eigentlich von dem Geld, was erwirtschaftet wird, die Taschen voll machen. Manche behaupteten ja, das sei ein geplanter finanzieller Deal. Das fand ich irgendwie nicht logisch. Wenn du aber jetzt im Nachhinein siehst...

TRIXI ...wer daran verdient hat...

FRANZ ...das die Reichsten innerhalb dieser zwei Jahre doppelt so reich sind, wie vorher...

BILLY Und nichts davon abgeben...

FRANZ ...und 168 Millionen in die Armut gerutscht sind, denk' ich: au, irgendwas hat also doch funktioniert. Es geht denen nicht darum, ob ein kleiner Handwerker oder eine Friseurin oder sonst wer überlebt. Die haben die Staatskassen geöffnet! Die großen Firmen haben sofort ein paar Millionen gekriegt, haben Kurzarbeit angemeldet, haben nochmal Geld gekriegt und haben die besten Umsätze geschrieben. Die haben gesagt: So, ihr könnt euch bedienen, ob Masken, ob Spritzen, ob was weiß ich. Nehmt was ihr braucht und ob dabei jetzt bei uns hier ein paar Handwerker untergehen, das hat die doch gar nicht interessiert. So ungefähr muss das gelaufen sein.

BILLY Da ist sie doch – die Verschwörungstheorie!

FRANZ Ja, ja.

BILLY Vielleicht ist das kein geplanter Deal, sondern eher eine Art turbokapitalistischer Trend.

TRIXI Also wenn das geplant worden wäre, finde ich, dann hätten die das doch so geplant, das es nachher nicht rauskommt, dass die's geplant haben.

FRANZ Ja, da ist was dran. Da müssten ja wenig Leute viel wissen und das dann nicht nach außen tragen. Und da würde man nicht so eine Pfeife wie Jens Spahn mit integrieren. Aber trotzdem, laut dieser Verschwörungstheorie ist Spahn dabei, die Baerbock ist dabei, die sind alle bei diesem Treffen gewesen.

TRIXI Die sind ja auch bei diesen Young Global Leaders, die der Klaus Schwab 1971 schon gegründet hatte.

FRANZ Genau, die sind dort eingeladen gewesen.

TRIXI Und die sind hier vom Weltwirtschaftsforum und die kriegen da eine Gehirnwäsche bei den Young Global Leaders.

FRANZ Ja und auch viel Geld.

TRIXI Ich habe mir das angekuckt, die werden da ein paar Jahre richtig getrimmt!

BILLY Der Puppenspieler Hatzius hatte in einem Slot mit seiner Möhre auch diese Seite erwähnt, die ist ganz offiziell. Das kann jeder lesen. Die habe ich mir mal angekuckt. Da kriegst du echt das Fürchten!

FRANZ Ja, da geht's um Digitalisierung.

BILLY Ja, um Digitalisierung und das ist wirklich keine Verschwörungstheorie oder eben genau das, je nachdem wie man's betrachten will. Da steht wirklich drin, dass das doch eine gute Sache wäre, dass wir voll auf Digitalisierung umstellen. Dann brauchen wir keine Papiere mehr, wenn wir irgendwohin fliegen wollen. Wir finden das alles in der Gesichtserkennung, die ganzen Informationen über uns, also wer du bist, welche Impfungen du hast und sowas alles. Dann brauchst du keinen Ausweis mehr. Und ehrlich gesagt, ich glaube, die Leute werden das mitmachen, weil die das so praktisch finden.

TRIXI Und wenn du umkippst, kann jeder Arzt deine ganze Vorgeschichte, deine psychischen Voraussetzungen und all sowas erkennen.

FRANZ Ich habe auch erst gedacht: Das sind da so 10 Leute, die sich da ganz geheim was ausgedacht haben. Nein, das scheint so ein Mainstream in dieser Szene zu sein.

ADELHEID Ich glaube auch.

BILLY Alles kommt ja immer irgendwie in Wellen, egal, was die Leute erfinden. Aber das dauert immer eine Weile. Deswegen habe ich ja auch ein bisschen Angst, weil ich immer mal wieder diese Parallelen sehe. Parallelen zu DDR-Zeiten aber auch Parallelen zu Filmen über die erste Zeit des Nationalsozialismus, wo sich die Betroffenen wohl auch gedacht haben müssen: Nein, wird schon irgendwie werden. Das kann ja nicht sein! Und dann kamen sie irgendwann nach Theresienstadt, wie meine Urgroßtante. Aber sie glaubten immer noch daran, dass es nicht sein kann, dass ihnen noch Schlimmeres widerfahren könnte, obwohl man in ihren Briefen die Furcht ganz genau spürt. Und ehrlich gesagt, davor habe ich ein bisschen Angst. Ich will das natürlich auch nicht direkt vergleichen aber trotzdem kommen mir solche Bilder. Das kann ich gar nicht verhindern. Dieses unheimliche Gefühl.

ADELHEID Naja, wir haben diese Geschichte, die tragen wir in uns.

BILLY Kann schon sein, dass das damit zusammenhängt. Aber ich find's ziemlich gruselig.

TRIXI Aber gerade auf Grund dieser Geschichte dürfte eine demokratische Regierung nicht so mit einer Minderheit umgehen. Gerade weil die diese Geschichte haben, dürfte das so nicht passieren.

FRANZ Nein, eigentlich nicht.

TRIXI Aber letztendlich frage ich mich z.B. bei der Baerbock und so, ob das wirklich Demokraten sind? Also ich glaube diese Young Global Leaders z.B. Die gehen schon ins Diktatorische.

FRANZ Das sehe ich auch so. Demokratie ist eben auch scheiße schwer.

(Es geht) .."darum, weshalb eine Minderheit der Gesellschaft eine nebenwirkungsfreie Impfung nicht will, obwohl sie gratis ist und ihr Leben und das vieler anderer retten kann"

Prof. Karl Lauterbach, Deutscher Bundesgesundheitsminister SPD (31)

Verschwörungstheoretiker

TRIXI Ich habe mal erlebt, wie so ein eigentlich ganz nettes Pärchen auf diese Sendung zum Umgang mit Verschwörungstheorikern zu sprechen kam und wie mich ein Freund, der geimpft ist, mit diesen 10 Punkten dann missionieren wollte, wegen dem Impfen. Ich meine, ich bin ja eigentlich kein Verschwörungstheoretiker. Ich kucke mir alles von allen Seiten an und will mich nicht impfen lassen, das nicht, nein. Und dann diese Art, wie der mit mir umgegangen ist! Das war so demütigend!

FRANZ Was sie so gelernt haben (lautes allgemeines Gelächter).

TRIXI Das kann ich überhaupt nicht haben, wenn mich jemand therapieren will!

BILLY Hast du das gesehen, diese Sendung, wo man das erklärt hat? Wie geht man denn damit um?

TRIXI Also diesen Film da habe ich dann nicht gesehen, ich konnte das einfach nicht.

BILLY Das wäre ja mal interessant. Dann weißte auch, warum die mit dir so umgehen.

TRIXI Also diese 10 Punkte, was man vermeiden sollte und so, das habe ich mir angekuckt. Zunächst soll man innerlich ruhig bleiben (alle schweigen und lauschen gespannt auf den nächsten Punkt). Dann soll man den anderen wohl reden lassen, nichts bestätigen und nicht widersprechen, nicht widersprechen (alle lachen laut)! Das ist das Gebot und dann soll man irgendwie geschickt versuchen das Gespräch so umzulenken, dass man den anderen dann missioniert.

BILLY Krass

ADELHEID Schrecklich!

TRIXI Heinz-Jürgen zum Beispiel, der geht so mit mir um. Ich kann das nicht mehr aushalten (lautes allgemeines Prusten und Lachen).

Und ich merk' dann richtig, wie er sich immer so… zurücknimmt und beruhigt und dann irgendwie so tut, als würde er mir zuhören. Er macht das ganz genau so, wie es im Film beschrieben wird.

BILLY Nach Schema F. Ja, das kann ich mir gut vorstellen.

TRIXI Der hat sich das intensiv angekuckt.

BILLY Ja, der Heinz-Jürgen ist ganz, ganz gebildet in dieser Hinsicht (lautes Lachen)!

Ist ja auch 'n ganz supersensibler auch, ne.

TRIXI Aber das jemand einfach nur Recht haben will, findet man auch bei einem bestimmten Facebook-Account. Den ich meine, der war ja eine Zeit lang ziemlich kleinlaut und jetzt, wo Spanien und England und Schottland das Virus zum Erkältungsvirus erklären, hatte ich das Gefühl, es geht ihm sehr viel darum, Recht zu haben.

BILLY Aber das kann man ja auch verstehen. Ich meine…

FRANZ Ich weiß, wen du meinst. Aber was man da fairerweise sagen muss ist, dass alles, was bis jetzt aus seiner Richtung kam, auch eingetroffen ist. Ich verstehe, wenn er sagt, die Wahrheit kommt eines Tages sowieso ans Licht, die Zahlen sind alle falsch, die Ergebnisse sind alle falsch. Es wurde nicht richtig recherchiert. Man hat also Leute entlassen und jetzt kommen auch die Nebenwirkungen. Man muss sich das mal auf der Zunge zergehen lassen: Die haben festgestellt dass es 926 Prozent Steigerung an Herzmuskelerkrankungen gibt. 926 %!

ADELHEID Es ist unglaublich!

TRIXI Ja, ganz fitte, junge Sportler.

FRANZ …die umfallen wie die Fliegen.

TRIXI Unglaublich!

FRANZ Ja.

BILLY Und trotzdem behaupten die offiziellen Medien dass das angeblich nichts mit der Impfung zu tun hat. Die lassen sich immer wieder ganz absurde Ausreden einfallen. Das scheint eine wirklich große Lüge zu sein, die man uns hier auftischt!

FRANZ Aber die werden auch kippen.

TRIXI Ich glaube nicht, dass das aufgedeckt wird. Da hören die eher dann ganz auf zu impfen, wegen der Haftung. Eigentlich ist die Regierung ja haftbar, weil der Hersteller ja nicht haftbar gemacht werden kann.

FRANZ Der Hersteller auf keinen Fall, die haben die Verträge.

BILLY Ich habe mal irgendwo gelesen, dass das über die Steuergelder finanziert werden soll. Im Schadensfall ist also die Gemeinschaft dann wieder dabei.

FRANZ Ja, auf jeden Fall, die Regierung üBernimmt, wenn's die Impfpflicht gibt, sowieso. Und da bist du als Ungeimpfter genauso mit drin im Boot.

TRIXI Booaah ich habe total viel Angst davor, dass jetzt auf einmal ganz viel kranke Leute, z.B. wenn das mit der Impfung wirklich…

FRANZ …wenn das schieflaufen sollte.

TRIXI Wenn das schiefläuft. Und dann da die ganzen Ungeimpften die ganze Arbeit machen müssen (lautes Lachen). Da habe ich mir gedacht: Mensch lass dich doch besser impfen!

FRANZ Weißte Trixi, wir verpissen uns dann einfach!

ADELHEID Schöner Gedanke (alle lachen)! Ihr vergesst aber bitte nicht, dass das jetzt gegen uns Geimpfte geht?

BILLY Naja, ich habe ja doch immer noch die Hoffnung, wie am Anfang auch, dass die beiden, die das da entwickelt haben, dass das jetzt nicht eine fahrlässige Sache ist.

FRANZ Das wäre schon heftig.

BILLY Also sonst hätte ich das jetzt nicht gemacht mit der Impfung.

TRIXI Es haben schon sehr viele Leute wirklich starke Nebenwirkungen, auch im Vergleich zu anderen Impfungen.

BILLY Ja, aber das trifft ja nicht jeden.

TRIXI Ich glaube das sind 6x mehr Nebenwirkungen, als bei allen Impfungen der letzten 20 Jahre zusammen, habe ich mal gelesen.

FRANZ Also ich wollte für mich nicht die Verantwortung übernehmen, weder dass ich jemandem von der Impfung abgeraten, noch jemandem zu der Impfung geraten habe.

TRIXI Also ich hätte ein schlechtes Gewissen, wenn ich etwas über Impfnebenwirkungen weiß und einer Freundin, die mich fragt, nicht davon erzähle. Stell dir vor, sie würde dem Lauterbach glauben, dass es keine Nebenwirkungen gibt und fragt mich, wie ich das sehe! Dann würde ich ihr sagen, was ich darüber weiß. Das könnte ich doch nicht verschweigen.

BILLY Das musst du ja auch nicht.

FRANZ Dann könntest du sagen: Ich habe mich nicht impfen lassen, weil ich Angst vor diesen Nebenwirkungen habe. Das wäre meine Wahrheit aber eben keine Missionierung. Das gilt ja dann auch nicht für jeden. Also ich habe einerseits mittlerweile Angst vor dieser Impfung, wenn ich z.B. an Siegrun denke, die nach der Impfung 6 Wochen lang eine äußerst schmerzhafte Gürtelrose hatte, darauf hätte ich keinen Bock.

TRIXI Ich bin ja Allergiker und habe wirklich echt Respekt davor, dass das was mit mir machen würde.

FRANZ Am Anfang habe ich nie Angst vor sowas gehabt. So mit Tetanus und dann tut das mal eine Stunde weh und dann iss auch gut, aber mittlerweile hab' ich wirklich ein bisschen Angst, also ich selbst jetzt so….

Aber wovor ich noch viel mehr Angst habe ist dieser Staat. Seit ich 35 bin, bin ich selbständig und habe immer Angst davor gehabt, dass dieser Staat mir alles, was ich erwirtschaftet habe, wieder wegnimmt. Die nehmen dir das Letzte! Die pressen dich aus, wenn's irgendwie geht.

Weißte und jetzt lese ich z.B. dass sie Tinyhäuser verbieten wollen, weil die eben, so wie in diesem Ökodorf Sieben Linden, nicht den Ökostandards entsprechen.

Ein Holzhaus wie unseres ist nicht genug isoliert, dass du darin leben darfst. Also müssen die Dinger verboten werden, weil Niedrigenergiehäuser die Zukunft sind. Es gibt noch Bestandschutz usw. aber keine neuen Tinyhäuser mehr. Was sind das für Entwicklungen? Dann Benzinkosten und Energiekosten: Paul hat gesagt, dass er jetzt 168 € Gaspreis im Monat mehr bezahlen muss. Die haben eine Gaspreiserhöhung gekriegt und zahlen jetzt 500 € im Monat! An Heizkosten! An Gasheizkosten! Das ist wie die Miete!

Dann der Strompreis: Ein großer Stromhändler in Hellingen hat Pleite gemacht. Es gibt ja tausend kleine, privatisierte Stromhändler, die erzeugen ja keinen Strom, sondern die kaufen Strom und verkaufen das an ihre Kunden. Dann geht so eine Firma Pleite und dann gibt es ja die Grundversorgung. Du musst ja grundversorgt werden können.

Aber in Hellingen sind 40.000 Haushalte und 1.000 Haushalte oder 1.200 Haushalte, die von dieser Pleitefirma betroffen sind. Die müssen jetzt von dem anderen Stromeinkäufer, der ja auch eingekauft hat und an seine 40.000 anderen Haushalte da verteilt, mit übernommen werden. Jetzt verteilen die das aber nicht um und sagen: O.k., alle 40.000 müssen jetzt jeweils 5 Cent mehr zahlen. Die Tausend, die übernommen werden, zahlen jetzt nicht anstatt um die 0,30 Cent pro Kw/h, sondern die zahlen 1 €! D.h. du kriegst einen Strompreis, der mehr als dreifach so hoch ist! Wir zahlen jetzt 220 €! Wenn uns das passieren würde, dass unser Stromanbieter Pleite macht und den Strom bei so einem teuren Anbieter nehmen müssen, dann zahlen wir 680 € Strom jeden Monat! Damit wir überhaupt Strom haben. Und das sind so Sachen, die können dir von heut auf morgen passieren.

BILLY Deswegen müssen wir uns hier was anderes überlegen.

FRANZ Scheiße, ich hab' einen Bammel vor diesem Staat!

BILLY Deswegen Holz aus'm Wald oder so irgendwie zur Not.

FRANZ Ich habe so eine Angst vor diesem Staat, was hier passieren könnte. Das geht mir wirklich so.

BILLY Und das ist ja noch nicht die Spitze des Eisbergs. Wenn du dir andere Länder ansiehst, dann weißte, was der Staat so alles machen kann. Das ist ja hier noch alles moderat, im Vergleich.

FRANZ Oder wenn du die Bilder von der Demo siehst. Da sind wirklich Leute, die sind älter, als wir, was viel heißen will und die werden da von 6 Polizisten drangsaliert. Unvorstellbar!

BILLY Brutal!!

FRANZ Das ist schon irgendwie einfach unverhältnismäßig. Und das sind so Sachen, die, ja die mich oft so umtreiben und dann kann ich nicht schlafen und denke: Booaahh, nee komm, das ist jetzt hier nicht soweit, das bildest du dir auch ein.

BILLY Wir sind ja hier auf unserer Insel und wir verstehen uns gut und bekommen ja nur über die Nachrichten mit, was so entschieden wird und wer was gesagt und beschlossen hat. Die Umsetzung ins reale Leben kriegen wir ja nur mit, wenn wir mal rausgehen und da wir das meiste gar nicht mehr dürfen, ist das eben eher selten, dass wir das mitkriegen. Hat ja irgendwie also auch sein Gutes (allgemeines Gelächter).

TRIXI Ich kriege das von meinem Berg aus gar nicht mit. Hin und wieder komme ich da raus und dann erschrecke ich mich auch.

BILLY Aber manchmal musste ja auch raus, nutzt ja allet nüscht (lacht).

TRIXI Ich war neulich bei der Bank, weil ich noch etwas mit dem Konto meiner Mutter abzuwickeln hatte. Und da galt für ein Beratungsgespräch die 3G Regel.

Da brauchte ich also einen Test. Und weil ich kein Smartphone benutze hatte ich halt einen ausgedruckten Test mit. Und für das Beratungsgespräch musste ich zu einer Absperrung. Die Absperrung wurde nur dann geöffnet, wenn man seinen Test vorwies. Also habe ich dem Mann meinen Ausdruck gegeben und dann sagte der ganz laut: Was ist das, was sie mir da geben? Und ich: Ja kucken sie doch mal rein, das ist mein Negativtest (gespannte Stille)! Und dann sagte ich noch: Das ist doch richtig, es ist doch 3G? Und er: Ja, ja aber (Pause) ganz laut: Sind sie denn nicht geimpft?

ADELHEID Oaahhh, das ist ja unverschämt!

TRIXI Ja, das ist doch total unverschämt! Und alle recken die Köpfe, weißte. Wo isse? Ja wo isse, ja wer ist hier nicht geimpft? Boaahh und dann wollte ich erst sagen: Na hören sie mal, was spielt das für eine Rolle? Bei 3G kann ich ja trotzdem auch mit einem Test rein! Aber ich habe dann einfach gesagt, dass ich nicht geimpft bin.

Dann kuckte er sich das an, als hätte er das noch nie gesehen. Und dann bat er mich doch rein.

BILLY Da hat die Bank nun schon dein Geld, an dem die fröhlich verdienen und dann sowas! Ist ja echt nett!

TRIXI Also ich fand das so schrecklich, diese ganze Behandlung!

ADELHEID Schrecklich, ne.

BILLY Ja , das ist auch schrecklich... Also wenn jemand mal irgendwie über die Stränge schlägt, weil er nicht weiß wie das geht, dann kann man das ja noch irgendwie aushalten. Aber ich habe das Gefühl, das ist ein gesellschaftlicher Konsens, dass die Leute jetzt so miteinander umgehen dürfen.

FRANZ Ja, das ist das Schlimme!

TRIXI Ja, ich hab' manchmal den Eindruck, dass denen das irgendwie Spaß macht.

BILLY Ich hatte, als nicht Geboosterte, im Krankenhaus so etwas Ähnliches erlebt. Da stand ich am Anmeldungstresen und wurde von der Krankenschwester angemacht, weil ich noch nicht das 3. Mal geimpft war. Vor allen anderen Patienten! Auch wenn ich vielleicht nicht die Mutigste bin aber ich finde man sollte in solchen Situationen den Mund aufmachen. Und zwar genauso laut, weißte. Weil das sonst salonfähig wird und die Leute dann denken: Ah, so geht das jetzt, da müssen wir uns ganz brav verhalten. So fühlte sich das auch in der DDR – Zeit an. Wer nicht für die gute Sache war, der war draußen. Und die anderen denken, sie können dann genauso laut mitschimpfen.

FRANZ Und das Verrückte ist ja, dass das nichts mit einer freien Entscheidung zu tun hat, ob er sich lieber impfen lässt, weil er Angst vor dieser Krankheit hat oder so. Es gibt ja auch Untersuchungen, die sagen, naja vor einem schweren Verlauf wird's ja wahrscheinlich doch ein bisschen schützen. Das wissen wir ja alle nicht so genau.

BILLY Nein, das hat gar nichts mit der Impfung zu tun. Das empfinde ich auch so.

FRANZ Also mir ist das völlig egal, ob jemand geimpft oder nicht geimpft ist. Für mich ist nur interessant, wie er sich in der Gesellschaft verhält. Und ich finde die Regierungen haben uns nicht zu erziehen. Ich komme mir manchmal vor wie ein kleiner Junge. Was bilden die sich ein!

BILLY Wirklich! Ich finde das auch total unverschämt, wenn der Lauterbach sagt, er verhindert jetzt, dass die Leute krank werden. Was fällt dem ein? Warum sollen die Leute denn nicht krank werden dürfen? Das kann doch nicht wahr sein! Menschen werden krank und wieder gesund. Und Menschen sterben auch.

TRIXI Alles, was wir jetzt machen, hat der gesagt, ist nur dafür da, die Ungeimpften zu schützen.

FRANZ Ja, na schönen Dank.

BILLY Sowas Verlogenes! So ein widerlicher Typ!

TRIXI Das hat der die letzten Tage bei Markus Lanz gesagt.

BILLY Ich will nicht von dem geschützt werden! Das ist doch nicht mein Vater!

FRANZ Nee, das mach ich schon (allgemeines lachen).

BILLY Ja Paps (alle lachen).

FRANZ Aber viele wollen auch, dass der Staat das regelt, damit sie nicht selbst entscheiden müssen, welchen Weg sie gehen.

ADELHEID Das ist so eine Grundhaltung.

FRANZ Ja, die Leute rufen so schnell nach Regelungen und Verboten. Das ist echt traurig.

BILLY Ich meine, manche Regeln sind ja auch sinnvoll, so ist das ja nicht. Z.B. sollte man lautes Motorradfahren und Hundebellen verbieten, oder Franz (lacht laut)?

FRANZ Unbedingt (alle lachen)!

Es kam die Zeit, wo wir einsahen, dass wir uns zur Wehr setzen und diejenigen unterstützen sollten, die das schon so lange tun. Im Bundestag bereitete man die allgemeine Impfpflicht vor und die Umsetzung der Impfpflicht für diejenigen, die im Pflegebereich arbeiteten.

Alles fühlte sich immer bedrohlicher an und die Fronten zu den Mitmenschen, die keine der Maßnahmen tatsächlich in Frage stellten, verhärteten sich immer mehr. Die Impfpflichtpläne der Bundesregierung wurde von ihnen, wenn überhaupt, nur am Rande wahrgenommen oder als das einzig Richtige unterstützt.

Kaum einer war bereit uns dabei zu helfen, diesen massiven Eingriff in die körperliche Unversehrtheit zu verhindern. Die Atmosphäre erlaubte es nicht einmal, sich kritisch dazu zu äußern, wenn man nicht als Nazi und Coronaleugner eingestuft werden wollte. Die Menschen verloren in der Auseinandersetzung mit diesen Themen mitunter jede Achtung voreinander.

Der Spott und die Verunglimpfung der Kritiker und Ungeimpften setzte sich immer ungehemmter fort und auch die Stimmung in der Bevölkerung gab ihnen weiterhin Rückenwind. Die Kampagne 'Alles dicht machen' wurde von der Kampagne 'Alles auf den Tisch' abgelöst und brachte tatsächlich, wenn man es sich denn anschaute, einiges auf den Tisch, was schieflief. Doch unsere Mitmenschen wollten von all dem nichts wissen. So bereiteten wir uns darauf vor, nun auch selbst zu den Montagsdemos zu gehen. Unsere Freundin Paula, die in Mariental lebt, ging schon eine Weile hin und konnte uns davon erzählen.

Paula wohnt mit Christian in Mariental, an dem Ort, wo auch die Montagsdemos stattfanden

So schreit die Antifa den Demonstranten entgegen:
'Solltet ihr es tatsächlich erwägen
an den Entscheidungen was zu beklagen,
dann werden wir euch das Richtige sagen:

Wir sind der Kampf um Gerechtigkeit
und haben für solch einen Mist keine Zeit,
dann schreien wir euch einfach glatt ins Gesicht:
Sterben sollt ihr, wir brauchen euch nicht!'

Menschen am Straßenrand stimmen mit ein,
rufen direkt in die Demo hinein,
um zu beweisen, wie richtig sie sind.
Parolen wie: 'Ihr Nazis, verpisst Euch geschwind!

Ihr Antisemiten, ihr Leugner und mehr,
geht doch ganz einfach dorthin,
woher ihr gekommen seid, hirnlos und leer,
wie ihr nun mal seid, das ist doch nicht schwer!'

Doch der Zug geht weiter mit klaren Zielen,
die vermutlich nicht jedem im Lande gefielen,
es geht gegen Ausgrenzung und selbst abwägen wollen,
ob sie sich nicht oder doch impfen sollen.

Auch sie wünschen sich, dass die Nazis verschwinden,
auf ihren Plakaten, da kann man es finden,
in großen Lettern steht's deutlich und klar:
'Nazis hier raus, denn ihr seid 'ne Gefahr'.

So steh'n sich die Leute manchmal gegenüber
und schreien sich ähnliche Ziele hinüber.
Man fragt sich, was ist mit uns nur geschehen,
dass wir Menschen uns einfach nicht mehr verstehen?

Auszug aus dem Gedicht 'Zweifel' von Susanna Wüstneck

Montagsdemo in Mariental

Schilder Demonstrierender der Montagsdemo in Mariengrund 2021

22. Januar 2022
Psycholsozialer Dienst
Gesprächspartner: ELLI, PAULA, FRANZ, BILLY (SIBYLLE)

BILLY Sag mal Paula, hast du mit deinem Chef noch geredet wegen deines Jobs?

PAULA Naja, ich hatte ja beim Psychosozialen Zentrum eineinhalb Jahre gearbeitet und dann dort aufgehört, weil vieles nicht mehr gepasst hat. Die hatten einfach zu strikte Anweisungen mit denen ich einfach auch nicht konform gegangen bin. Das konnte ich nicht mehr. Das habe ich dann auch meinem Chef erklären wollen. Weil, ich finde das so schade, dass die da im PSZ die Leute so hängen lassen. Da sitzen die Patienten ganz alleine in der Wohnung und brauchen Hilfe und der Betreuer kommt nicht mehr in die Wohnung!

FRANZ Ja…

PAULA …oder nimmt die nicht mehr im Auto mit, wenn sie nicht geimpft sind! Da habe ich mich halt da kurz echauffiert und gemerkt, dass ich da total gegen eine Betonwand renne! Ich rede dagegen und da geht nichts durch! Der sitzt da und kuckt mich mit leerem Blick an. Und dann habe ich mich verabschiedet und dann hat der gesagt: Nimm dich in acht vor den Infizierten! Da hab' ich gedacht: Blickt der eigentlich noch, wen er jetzt vor sich hat?

ELLI Da hättest du jetzt vielleicht sagen können: Oh, bist du infiziert? Ach, das habe ich gar nicht gewusst! In dieser Hinsicht müssten wir eigentlich mal schlagfertiger werden.

PAULA Aber das bringt alles nichts, das kommt alles nicht mehr an. Aber beim Zahnarzt hatte ich neulich so ein ähnliches Erlebnis, wie Billy. Das war auch so krass: Ich komme zur Tür 'rein und die Sprechstundenhilfe sagt in wirklich barschem Ton: Bleiben sie bitte draußen, hier ist schon jemand. Dann öffnete sie kurze Zeit später die Tür. Dann bin ich auf die Theke zu und dann ist die vor mir zurückgewichen. Obwohl da Plexiglas dazwischen war! Und dann bekam ich die Anweisung, ich soll die Karte da auf das Lesegerät legen. Weißte: Legen sie das mal da auf das Lesegerät!

BILLY Oh man, puhh.

PAULA Und dann hat sie gesagt: "Jetzt desinfizieren sie sich die Hände (barscher Tonfall)! Und dann setzen sie sich!"

BILLY Schön die Hände waschen, nach'm pullern, Händewaschen, ja fein!

PAULA Genau! Und dann setzen sie sich ins Wartezimmer! Und dann kam ich irgendwann aus dem Wartezimmer ins Sprechzimmer und dann war da die nächste Tante, die dann gesagt hat, ich soll meinen Hut auf den Stuhl legen! Dann ging es zum Röntgen und zur Anweisung: Jetzt legen sie ihre Tasche bitte auf den Stuhl, dann warten sie bitte einen Moment bis der Gang frei ist, dann sage ich ihnen Bescheid. Also du hast quasi jeden Millimeter, jeden Schritt vorgeschrieben bekommen. Bis ich dann zum Schluss zu dem Arzt gesagt habe: Also das ist eine Zumutung, diese Umgangsart aushalten zu müssen. Wenn dir ein Mensch so begegnet und du kommst zum Zahnarzt und du hast Angst, dann willst du doch nur noch rückwärts wieder raus!

FRANZ Ich glaube, dass die Leute das ja auch machen, weil ganz viele Leute das so wollen. Die kommen dann dahin und sagen: Boaahh, die haben so aufgepasst! Die waren so korrekt mit den Maßnahmen! Also da fühle ich mich wohl. Das ist für mich das Schlimmste. Sie wollen einfach eine Regelung von außen, weil sie selbst so verloren sind und vor lauter Angst den Boden unter den Füßen verloren haben. Deshalb rufen die so dringend nach einer Regelung.

BILLY Ich glaube, die krauchen alle auf dem Zahnfleisch mit diesen Vorschriften und diesen Ängsten, die man ihnen macht. Also die haben alle so eine Angst oder Angst was falsch zu machen, dass sie Strafgelder bezahlen müssen und das führt dazu, dass die halt so reagieren.

FRANZ Die haben auch strenge Vorgaben gekriegt.

ELLI Ja aber es gibt auch Ärzte, wie z.B. meinen Zahnarzt, das ist ein Freund und der ist nicht geimpft. Und wir sind ja heute auch mal gespannt, was die jetzt erzählen, weil die auch nicht wissen, was sie jetzt machen müssen und ob sie das aussitzen können. Du musst dich ja eigentlich als Arzt impfen.

PAULA Das sind schon irgendwie großartige Menschen, die sich das dann auch trauen. Aber ehrlich gesagt, ich glaube auch nicht wirklich an diesen Druck.

Es gibt z.B. auf der Zirkelstraße einen syrischen Friseur. Da steht ein Schild an der Tür: Bitte ziehen sie die Maske auf! Da haben die wahrscheinlich mal Stress gekriegt, weil sie vielleicht Leute mal ohne Maske frisiert haben. Und da bin ich mal reingegangen, um zu fragen: Sagt mal, schneidet ihr auch gesunden Menschen die Haare? Und dann haben die sich kurz auf syrisch ausgetauscht, haben genickt und seither geh' ich da rein und lass mich frisieren. Das gibt's auch.

ELLI Das ist eine schöne Frage.

BILLY Gut formuliert!

PAULA Ich glaube, dass das wirklich dieses kollektive Trauma ist. Wir haben alle Schuldgefühle. Und da wird irgendwas angetriggert durch diese Angstmache und jeder meint jetzt, dass er da jetzt besonders aufpassen muss, besonders korrekt sein muss, ein besonders guter Mensch sein muss, um zu überleben, also irgendwie läuft da so ein Ding im Hintergrund.

BILLY Ja, das könnte sein.

PAULA Diese alte Gehorsamkeit.

FRANZ Ich erlebe das bei mir auch manchmal. Wenn ich irgendwo einkaufen gehe, dann setze ich meine Maske schon 20 Meter vorher auf, bevor ich muss, damit ich also möglichst da nicht irgendwo anecke, mit meinem 'Nicht- Geimpft- Status' so...whuaaaaa, jetzt muss ich aufpassen und so.

PAULA Du fühlst dich schuldig.

FRANZ Ja, ja und das schleicht so mit.

FRANZ Wie macht ihr das eigentlich mit Christian und so, der muss doch als Pfleger auch irgendwie klarkommen?

PAULA Christian hat seinen Job deswegen aufgegeben. Der hat das wirklich radikal aufgegeben.

FRANZ Echt? Und wie macht ihr das jetzt? Macht ihr was anderes dann?

PAULA Er hat einen Auflösungsvertrag gekriegt. Über ein halbes Jahr war er über seinen Arbeitgeber noch abgesichert und im Moment ist er krankgeschrieben und kriegt eben noch Krankengeld. Das kann also auslaufen.

FRANZ Da hat er also dann nochmal ein bisschen Zeit. Mmmhh.

PAULA Aber das war so erschreckend. Da ist mir dann auch so viel bewusst geworden. Der hat mir neulich ein Bild gezeigt, das er vor etwa einem Jahr gemacht hatte. Da sieht man Christian im Ganzkörpergummianzug. Der sah aus wie ein Astronaut. So war der auf der Station unterwegs mit so einer dicken Brille, Gummihandschuhen. Und da hat er sich fotografiert, weil das so absurd war.

BILLY Ja (lacht). Das fühlt sich wahrscheinlich an, wie in einem Science Fiction Film.

PAULA Zu der Zeit kam er immer abends nach Hause und hatte die Faxen so dicke. Dann sagte er immer: Ich kann doch so mit den Menschen nicht umgehen! Das sind alles psychisch kranke Menschen, die sind über 60, die haben auch noch Pflegebedarf.

BILLY Die kriegen den Horror!

FRANZ Unvorstellbar!

PAULA Und dann musste er mit dem Wattestäbchen auch noch in der Nase rumpuhlen und dann hat er mitgekriegt, wie seine Kolleginnen das dann teilweise auch noch richtig brutal gemacht haben, bis das dann manchmal sogar geblutet hat. Und die Leute haben geweint!

ELLI Ja, die sind abhängig, diese Menschen.

PAULA Und dann hat er gesagt: Die haben ja so schon eigentlich kaum Zeit übrig für die Patienten. Die Ärzte nehmen die Patienten nicht wirklich ernst. Keiner fragt die mal je richtig nach ihrem Leben und nach ihrer Geschichte und so. Aber jetzt geht's nur noch um Corona. Von morgens bis abends werden jetzt Statistiken geschrieben und Gummihandschuhe bestellt und dann muss man die Wattestäbchen von A nach B tragen und so weiter.

ELLI Bloß keine Verwechslungen.

PAULA Also nur noch Schmalspur. Und dann kamen noch zwei Sachen dazu. Er musste einmal eine Patientin vom Baum schneiden, die sich erhängt hat und mit der er vorher auch ein paar Gespräche hatte. In den Gesprächen hatte er schon mitgekriegt, dass die echt schon nah dran ist. Und irgendwann hat man ihm gesagt, er soll sich selber testen – ständig, jeden Tag.

FRANZ Ja, jeden Tag, muss ich auch.

PAULA Das hat er dann einfach irgendwann nicht mehr gemacht und hatte dann wiederum ein schlechtes Gewissen. Als er das dann seiner Pflegedienstleiterin gebeichtet hat, hat sich bei ihr der Schalter umgelegt und sie ist von einem menschlichen, mitfühlenden Wesen regelrecht zu einer Maschine mutiert. Also die hat dann nur noch mit Paragraphen argumentiert: Das muss ich melden! Und: Das hättest du! Und: Ich bin erschüttert, dass du mich belogen hast! Und mit einem Mal war die Situation wirklich eiskalt.

Und dann hat er gesagt: Das mache ich nicht mehr mit! Daraufhin gab es ein Anhörungsgespräch. Da waren dann sieben oder acht Kollegen aus allen möglichen Abteilungen da und ich bin dann auch mit ihm hin. Und dann hat er ganz emotional gesagt: Also er hat diesen Job nicht gelernt um jetzt hier wie ein Roboter bei den Leuten da ständig diese Stäbchen in die Nase zu bohren und hat diese ganzen Situationen geschildert und gesagt: Das kann er mit seinem Gewissen nicht mehr vereinbaren und er möchte jetzt, dass sie ihm da irgendein Ausstiegsmodell anbieten. Und die saßen dann wirklich mit offenem Mund da. Denen ist richtig die Kinnlade runtergeklappt, weil die alle gedacht haben: Boaahh, wow, da schmeißt jemand jetzt wirklich seinen Job und verzichtet auf dieses Gehalt, weil er das nicht mehr ertragen kann!

FRANZ Ich meine, wenn du in der Gesellschaft eine so schwierige Situation hast, z.B. Hunger oder Krieg, dann sind das natürlich immer Randgruppen oder auch die ärmeren Leute, die es als erstes trifft. Also diejenigen, die finanziell wenig Bewegungsfreiheit haben oder die auf Grund von Krankheit, Behinderung oder so, abhängig sind.

Aber dass das nicht thematisiert wird, das finde ich so empörend, also immer unter der Voraussetzung, wir haben irgendwas, wie eine wirklich bedrohliche Pandemie. Das sollte man sich ja auch nochmal genauer anschauen. Und das verstehe ich nicht. Ich meine, wenn es wirklich so eine Pandemie ist, dann ist das so, dass die schwerkranken Menschen am meisten darunter leiden, weil die sich da eben nicht so schnell rausziehen können. Die darf man doch nicht einfach so hängen lassen, finde ich.

BILLY In dem Fall sogar im wahrsten Sinne...

FRANZ Ja! Also wenn du viel Geld hast, dann bestellst du dir alles, was du brauchst und dann bleibst du Zuhause. Aber das können die ja alles nicht, wenn die abhängig sind. Aber das man das nicht thematisiert und so tut, als wenn alles irgendwie...

ELLI ...zum Schutz für die Menschen gemacht wird...

FRANZ Ja! Das verstehe ich nicht!

ELLI Das ist so krass.

PAULA Das ist dieser krasse Betrug, der da stattfindet.

ELLI Wo ist das denn ein Schutz? Das ist doch menschenunwürdig oder?!

FRANZ Und das war ganz zu Anfang, wo die Menschen ganz alleine gestorben sind...Ganz schlimm war das.

(Betroffenes Schweigen)

FRANZ Bist du denn auch unterwegs, so spaziergang- oder demomäßig?

PAULA Also ich war jetzt seit Anfang Dezember jeden Montag da. Ich war noch nie so ein großer Demonstrierer, weil ich diese Menschenmassen eigentlich nicht gut aushalten kann. Ich habe mich immer irgendwie davor gefürchtet und dann Parolen brüllen und so, das ist überhaupt nicht mein Ding. Aber da (lächelt), bei diesen Montagsdemos in Mariental habe ich das Gefühl, du kommst dahin und dann ist da plötzlich eine ganz andere Stimmung.

ELLI Du kommst in deine Welt sozusagen?

PAULA Man trifft sich auf dem Domplatz und dann gehst du da rein und plötzlich merkst du, du spürst es.

FRANZ Ja, dass die eine ganz andere geistige Ebene haben.

PAULA …ohne dass jemand was sagt. Das ist wie so ein Gefühl, booaaahh.

BILLY Wie ist denn das mit den Gegendemos und so? Hast du das auch mitgekriegt?

PAULA Das… (lacht ein wenig). Das iss'n Schauspiel, wirklich! Die werden auch immer aggressiver. Die stehen am Straßenrand.

ELLI Auch die Parteien, die SPD, die Grünen auch?

PAULA Ja, die auch. Aber die sind ja noch einigermaßen friedlich! Aber die Antifa: Schwarz vermummt, alles so Bürschchen, 16/ 17/ 18 Jahre alt. Und die brüllen sich ihren Frust von der Seele und das hat alles natürlich null Komma null mit der Realität zu tun! Aber die brüllen in einem Tonfall, da friert dir das Blut in den Adern. Du hast das Gefühl, die würden dich jetzt umbringen, wenn sie's könnten. Und dann stehen aber so drei kleine Männlein da mit riesigen Plakaten dabei und dann stehen so im Halbkreis etwa die dreifache Anzahl von Polizisten drum rum, um die abzuschirmen, weil die einen derartigen Stress verbreiten. Also wenn da Reden gehalten werden, das sind ja alles ganz friedfertige Leute, sehr harmonisch gemeinte Sätze, die da fallen, da ist gar nichts Aggressives! Da brüllen die dann so rein, dass du dein eigenes Wort nicht mehr verstehst. Und dann sind das aber nur eine Hand voll Leute aber die haben eine derartige Macht, weil sie so laut sind.

BILLY Und wie sieht's mit Nazis aus?

PAULA Kein einziger Nazi läuft da mit. Das sind alles ganz normale, friedfertige Menschen. Die haben ja noch nicht mal Plakate dabei oder wenn, dann steht da drauf: Geimpft oder ungeimpft, ihr seid alle willkommen. Das steht da auf den Schildern. Oder auch 'Nazis raus'.

FRANZ Aber was ich auch gut finde, ist: Wir sind die rote Linie. Der Scholz hatte ja gesagt, für ihn gibt's keine rote Linie. Also wie kann man das als Kanzler in einer Demokratie als Antrittsrede von sich geben?

BILLY Das mit dem Waffenarsenal fand ich noch schlimmer: Wir haben ein Waffenarsenal und das werden wir benutzen! Oder wenn er von Regime spricht!! Das fand ich auch ganz schön gruselig.

PAULA Überhaupt die Kriegssprache, es ist ja überall nur noch Kriegssprache!

FRANZ Und wie informiert ihr euch dann? Über andere Kanäle oder so? Oder wie macht ihr das?

PAULA Also ich informiere mich eigentlich gar nicht. Der Christian liest ziemlich viel und zeigt mir dann immer mal wieder was (lacht). Aber ich will das gar nicht hören, weil ich dann eine Zeit lang festgestellt habe, dass mich, wenn ich Nachrichten höre, also die Art und Weise, wie das aufbereitet ist, das findet einen Weg zu mir. Das muss ich mir dann erst danach wieder mühsam ausschleichen. Dann denke ich immer, nein, das stimmt doch gar nicht und so. Also das ist so eine Rhetorik, die dringt in den Menschen ein und das kann ich mir nicht mehr anhören!

FRANZ Das machen wir auch nicht mehr.

BILLY Ich schon manchmal, ich will dann wissen, was und in welchem Zusammenhang die was gesagt haben.

PAULA Manchmal kuck ich mir Nachrichten an, ohne Ton und dann stelle ich fest: Ich sehe den Leuten die Lüge schon an.

FRANZ (lacht) Ja, das ist wirklich so.

BILLY Cool! Nachrichten ohne Ton …muss ich auch mal machen (lacht mit)!

PAULA Wirklich, die Leute…

FRANZ Und die neue Naziuniform ist ein blauer Anzug mit rotem Schlips. Booaaahh, wenn ich das sehe und dann diese Hemdkragen, das ist so eindeutig!

PAULA Ich habe das gerade Elli erzählt, dass ich mit einer Freundinnentruppe, mit denen ich schon seit 50 Jahren zugange bin quasi, jetzt gerade so einen Bruch erlebe. Da habe ich richtig gekämpft.

FRANZ Die zu erhalten, oder?

PAULA Ja. Genau. Und im Endeffekt haben die mir jetzt gesagt: So, dann ist es jetzt vorbei. Also dann wollen wir dich auch nicht mehr sehen.

ELLI Du hast ja denen gegenüber regelrecht dein Inneres nach außen gestülpt.

PAULA Naja, genau. Ich habe das alles auf den Tisch gelegt und ganz aus dem Herzen gesprochen. Und dann kam da nur, also wirklich eiskalt kam dann zurück: Nee, also Ungeimpfte. Wir können das nicht mehr in Kauf nehmen Ungeimpfte zu treffen, weil, was weiß ich, meine Mutter ist 82 oder irgendwie so.

BILLY Krass!

PAULA Also auch gar nicht mehr vernünftig. Ich habe dann gesagt: Aber es muss doch reichen, wenn ich einen negativen PCR-Test jetzt gemacht habe, dann muss ich mich doch mit euch treffen können!

FRANZ Ja, sowas wäre doch gut.

PAULA Und dann haben die gesagt: Nein, wir treffen uns nicht mehr mit Ungeimpften!

BILLY Ja, das hat meine Freundin Bine auch erlebt, mit ihrer Freundin Claudi. Nicht ganz so bösartig aber ausgeschlossen wurde sie auch von einer Geburtstagsfeier.

PAULA Und dann habe ich gefragt, warum. Und dann hat mir meine Therapeutin, die auch auf der Linie ist, jetzt erklärt, dass Geimpfte ja eine wesentlich niedrigere Viruslast in sich tragen.

FRANZ Haben die gedacht?

PAULA Und dann habe ich gedacht: Hää und was hat das jetzt damit zu tun, warum sollte ich die dann jetzt...

BILLY ...anstecken, wenn du gesund bist. Das ist doch dann eher andersherum, dass die dich mehr gefährden könnten.

PAULA Also wenn, dann betrifft das doch eher mich.

FRANZ Ja, genau, die sind doch die Ungetesteten und nicht du.

BILLY Da ist echt keine Logik drin.

FELLI Du musst dir andere Tankstellen suchen.

BILLY Ja, genau, such' dir andere Tankstellen.

PAULA Diese Tankstellen gibt es ja schon. Der Christian, der wollte anfangs gar nicht mit auf diese Montagsdemos, weil der immer gedacht hat, da ist doch so viel Polizei und er hat ja auch so ein Schuldgefühl in sich, das dann getriggert wird. In dem Moment, wo er einen Polizisten sieht, fragt der sich sofort: Hab' ich was falsch gemacht? Muss ich jetzt die Maske aufsetzen? Und dann bin ich eben das erste Mal alleine hingegangen und kam so euphorisch zurück, weil es einen so sehr stärkt, wenn Menschen einfach so sind wie man selbst und man sich gar nicht erklären muss. Ich muss da kein einziges Argument bringen, die Leute lächeln mich an und ich merke, da ist eine Verbundenheit und ein Zusammenhalt. Das ist was ganz magisches. Da läuft man mit tausend Menschen durch die Stadt und die großen Straßen sind dann gesperrt. Also läuft man mitten auf der großen Straße und manche haben Kerzchen dabei und alles drum rum ist dunkel. Dann stehen da so Passanten auf der Straße, die kucken, manche filmen, das ist irgendwie wirklich jede Woche auch ein Event. Richtig, richtig gut. Also wenn ihr mal was braucht um euch ein bisschen zu stärken oder Mut zu fassen, das ist genau die richtige Veranstaltung.

FRANZ Wir hatten schon mal an Wiesental oder Olmen gedacht. Das ist nicht ganz so groß aber auch etwas ruhiger wohl irgendwie. Was ich nicht gerne machen wollte ist mit 10 Leuten oder 8 Leuten durch Käutzchengrund laufen, das ist mir dann doch nicht so.

PAULA (lacht)

BILLY Nee!

ELLI Sendberg! Durch Sendberg!

FRANZ Ja, Sendberg, noch besser (lacht laut, alle lachen mit). Aber Mariental wäre auch noch was, also gefühlsmäßig würde ich nach Mariental gehen.

BILLY Also ich werde das auch bald machen, das weiß ich.

PAULA Neulich habe ich über diesen Typen, der das ursprünglich ins Leben gerufen hat, einen Film gesehen. Das ist ein ganz junger Student. Und da kuck ich so und war ganz gebannt, weil der auch wirklich ganz tolle Sachen sagt und gar nicht aggressiv und ganz toll! Und dann schwenkt die Kamera auf den Platz und wer steht da? Leo und Franka! Voll am klatschen. Das war toll!

Montagsdemo Antifa-Gegenlicht

Montagsdemo, Schild der Demonstranten

Die montäglichen Demogänge erwiesen sich tatsächlich als eine Art Entspannung und Paulas Beschreibungen trafen den Nagel gewissermaßen auf den Kopf. Es wurde Musik gespielt und die Demonstranten begannen zu tanzen, zu lachen und sich gegenseitig ihre Geschichten zu erzählen. Einmal sprach mich ein älterer Herr an und erzählte mir, dass er sich immer gegen alles hat impfen lassen und dass er nur diese eine Impfung lieber nicht bekommen möchte, deshalb wäre er hier. Dann schnappte er sich von einem anderen Demonstranten ein Schild, auf dem "Niemand hat das Recht uns zu entmündigen" geschrieben stand und ging damit erhobenen Hauptes durch die demonstrierende Menge.

Eine Lehrerin erzählte mir davon, dass sie sich Sorgen macht, wegen der Impfung und auch darum, dass sie hier gesehen und wiedererkannt werden könnte, gibt es doch Repressalien zu befürchten. Gerade sie, als Lehrerin, dürfe ja eigentlich nicht hier sein. Doch die Angst vor einer drohenden Impfpflicht lies ihr keine Wahl. Die Stimmung unter uns Demonstrierenden war regelrecht liebevoll und wenn einer von uns wegen irgendwelcher z.T. schikanösen Kontrollvorgänge allzu lange von der Polizei aufgehalten wurde, blieben auch alle anderen stehen und warteten. Niemand wurde in einer solchen Situation allein gelassen.

Am Straßenrand standen Menschen, die uns begeistert zuwinkten, Fotos oder Videos machten. Und es gab Leute, die uns wütende Sätze entgegenschrien, uns als Nazis, Egoisten und Coronaleugner beschimpften. Stets versammelten sich Mitglieder der JUSOS, der Grünen, der SPD und anderer Parteiorganisationen vor Ort, um unseren Protest zu stören. Einmal kam eine aufgeregte Frau vom Straßenrand auf mich zu und brüllte mir entgegen: "Geh' doch zu deinen Nazifreunden!" Ich fragte nach, wo die denn seien und dass ich nicht recht weiß, was sie meinte. Darauf kam keine gut recherchierte Antwort, wusste sie es doch selbst nicht so genau.

An der nächsten Ecke schenkte mir ein Restaurantbesitzer eine Blume und sagte, dass er es schade findet, nicht mitgehen zu können aber er hätte noch keinen Feierabend. Als die anderen Demonstranten das mitbekamen, wurde herzlich geklatscht und gejubelt.

Einige der Zuschauer klatschten und freuten sich, tanzten mit oder hielten Kerzen in der Hand, andere schimpften auf uns ein.

Auch die Antifa stand allmontäglich am Straßenrand und brüllte herum. Sie riefen uns entgegen, dass sie selbst durchgeimpft wären und uns den Tod wünschten, hielten Transparente in der Hand, auf denen "Gegen Nazis" oder "Nazis raus" zu lesen war und bemerkten nicht einmal, dass wir gar keine waren, ja gar Schilder in den Händen hielten, auf denen genau dasselbe geschrieben stand, wie auf ihren Schildern.

Einmal griff uns einer der Antifa-Jungs tätlich an und wollte jemandem das Transparent entreißen. Glücklicherweise ging die Polizei sofort dazwischen. Auch in den Reihen der Polizei beobachteten wir unterschiedliche Haltungen. Sie sollten kontrollieren, ob wir die Masken ordnungsgemäß aufgesetzt hatten, waren aber dabei einigermaßen umgänglich. Von anderen Demos hörten wir von z.T. brutaler, unverhältnismäßiger Polizeigewalt. Manch eine Einheit prügelte regelrecht auf die Demonstrierenden ein, auf junge Menschen genauso wie auf ältere. Es wurden die Menschen mitunter in eine Ecke gedrängt oder man ging gar mit Wasserwerfern auf die Menge los, so die Erlebnisberichte. Auf unserer Demo jedenfalls ging es diesbezüglich relativ gesittet zu.

Manch einer hatte sogar vorsichtiges Verständnis, wenn jemand die Maske ein wenig zu tief aufgesetzt hatte, sie also z.B. etwas unter die Nase schob, weil die Brille beschlug und sie deswegen nicht genug sehen konnten. Alle, die nicht an der Demo teilnahmen, brauchten im Freien auch keine aufzusetzen. So ergab sich ein bizarres Bild von maskierten Demoteilnehmern und Leuten ohne Maske, deren Wege die Demo kreuzten.

Die Demos dauerten etwa 2 Stunden und die Maske verursachte, auf Grund des Schweißes, der sich nach einer Zeit unter ihr bildete, ein leichtes Unwohlsein. Wir hatten immer mehrere dabei, um sie von Zeit zu Zeit zu wechseln. Die jungen Männer und Frauen, die zu den Antifa-Leuten gehörten, brüllten uns, wie jeden Montag, ihre Drohungen entgegen. Das waren Sprechchöre mit den Worten "Dumm wie Scheiße, dumm wie Brot, heute Schwurbler, morgen tot", "Durchgeimpfte Antifa" oder "Ihr seid so lächerlich". Sie blendeten uns mit ihren Taschenlampen, fotografierten uns und zeigten uns den Stinkefinger. Auch "Wer mit Nazis mitmarschiert, der hat wirklich nichts kapiert" oder "Für eine Impfpflicht" war zu hören. Einmal ergab sich eine besonders groteske Situation, die für allgemeines Gelächter unter den Demonstranten sorgte: Als sie uns wieder einmal "Nazis raus, Nazis raus!" entgegenschrien, antworteten wir fröhlich mit "Nazis raus! Nazis raus". Das wiederum erzürnte die Jungs und Mädels von der Antifa-Seite so sehr, dass sie uns wiederum "Ihr seid doof, Ihr seid doof!" entgegenschleuderten. Natürlich mussten wir alle lachen, es war einfach zu komisch.

Einmal winkte ich einer der jungen Frauen von der Antifa lächelnd zu. Sie dürfte nicht viel älter, als 16 gewesen sein, genau wie die umstehenden jungen Männer und Frauen. Sie winkte freundlich zurück und ich hatte den Eindruck, sie hatte versehentlich in dem Moment vergessen, dass sie sich vorgenommen hatte, uns als etwas zu betrachten, das man bekämpfen müsste. Ich fragte mich, was sie wohl dazu bewegt, friedlich demonstrierende Menschen auf diese Weise angehen zu wollen. Montag für Montag. Vielleicht wollten sie ja in Wirklichkeit auch endlich mal wieder etwas Aufregendes erleben, wollten ihren Frust herausschreien und es hatte womöglich weniger mit uns zu tun, als mit ihnen selbst. So war die Stimmung gemischt und doch hoffnungsvoll und man fühlte sich einfach nicht mehr so allein

Ein Restaurantbesitzer überreicht den Demonstrierenden der Montagsdemo Blumen

2021 Facebook-Statement der JUSOs zu den Montagsdemos

Und jetzt, nach den zwei Jahren schon
warten nun alle auf ihren Lohn für die Zeit,
seit so viele solidarisch beachten,
was die Regelwerke uns allen brachten.
Doch das System ist da ziemlich am Ende,
doch niemand beklagt es, dass man behände,
Pflegeberufe nicht mehr beachtet,
und Pflegende als 'Personal' betrachtet.
Es wäre doch richtig, ne Lösung zu finden,
denn Pflegende sind dabei zu verschwinden!
Wir sollten sie schützen, statt jene zu meiden,
die sich nicht gern für die Impfung entscheiden.
Sie hatten, trotz Engpass, sich niemals geziert
und den Notstand der Pflege auch nicht fabriziert,
Sie pflegten die Menschen, das ist doch bekannt,
unermüdlich, voll Liebe und mit Herz und Verstand!
Gerade als das mit dem Virus begann,
da haben sie ihre Arbeit getan.
Sie taten's für uns und eines war klar:
Sie brachten sich damit selbst in Gefahr!
Doch was war es nochmal, das große Ziel?
Das uns in Gedanken so gut gefiel?
Flatten the curve? Triage vermeiden?
Weniger Angst und weniger Leiden?

Gesünder leben? Wenig Schwein, wenig Rind?
Gemüse und Obst und Zeit für das Kind?
Wärme und Umsicht und Hoffnung und Mut?
War es denn das, was uns so gut tut?
Kann es denn sein, dass wir gar nicht mehr wissen,
wofür wir uns eigentlich einsetzen müssen?
Ist es denn richtig die zu beschimpfen,
die sich Sorgen machen wegen dem Impfen?

> Viele von ihnen halten sich doch
> an Regeln und Normen und was weiß ich noch.
> Es geht ihnen nur darum mündig zu bleiben
> und über den Körper selbst zu entscheiden.
> Und um ihre Kinder und die Demokratie.
> So kritisch und sorgenvoll war'n wir noch nie.
> Das die Braunen mitmischen, auch wenn's keiner mag,
> geschieht auf der Straße und im Bundestag.
>
> Auszug aus dem Gedicht 'Zweifel' von Susanna Wüstneck

Nun war es soweit. Die einrichtungsbezogene Impfpflicht wurde im Bundestag diskutiert und unsere Freundin Elli musste darüber nachdenken, wie sie wohl damit am besten umgeht. Am 16. März 2022 trat sie dann tatsächlich in Kraft. (32)

Einrichtungen und Unternehmen waren demnach verpflichtet, jene Mitarbeiterinnen und Mitarbeiter an die Gesundheitsämter zu melden, die entweder keinen Impf-, Genesenen- oder Kontraindikationsnachweis vorgelegt hatten oder bei denen Zweifel an der Echtheit oder Richtigkeit des Nachweises bestanden. Um die Übermittlung an die Gesundheitsämter so einfach wie möglich zu halten, stellte das Ministerium für Soziales, Gesundheit und Integration Baden-Württemberg ein landeseinheitliches und datensicheres digitales Meldeportal zur Verfügung.

Das bedeutete im Endeffekt nicht nur, dass es keinerlei Möglichkeiten mehr gab, seine persönlichen Entscheidungen bezüglich möglicher ärztlicher Eingriffe in Bezug auf diese Impfung, für sich zu behalten. Es bedeutete auch, dass die Vorgesetzten dieser Mitarbeiter und Mitarbeiterinnen das Recht hatten, diese persönlichen Entscheidungen an öffentliche Stellen weiterzugeben. Diese Beschlüsse öffneten neue Türen zu diffamierenden Verhaltensweisen und Äußerungen gegenüber diesen Kollegen und Kolleginnen. Manch ein Chef blieb menschlich, andere ließen ihren ureigenen Bedürfnissen nach einem starken Machtgefühl freien Lauf. Ich hörte von unglaublich schikanösen Begebenheiten, hörte von Mitarbeiterinnen, die entlassen wurden, noch bevor das Gesundheitsamt irgendetwas entschieden hatte und dann, zunächst ohne versichert zu sein, ohne Arbeit waren. Ich hörte von Mitarbeitern, die ihre Kollegen verrieten oder zumindest deren Situation nicht ernst nahmen und das Thema damit abtaten, dass sie sich doch impfen lassen könnten, um aus der Misere herauszukommen. Viele taten es dann tatsächlich auf Grund dieses enormen Druckes. Alles fühlte sich ziemlich apokalyptisch und hoffnungslos an.

Es sah also ganz so aus, als müssten die Mitarbeiter einer solchen Pflegeeinrichtung ihren Pflegeberuf für eine unbestimmte Zeit aufgeben.

Weil sie ungeimpft waren.

Elli hatte viele Tage und Nächte gegrübelt und manchmal kamen ihr die Tränen. Immerhin hatte sie viele Jahre in diesem Beruf gearbeitet. Sie erzählte uns oft von ihren Erlebnissen mit den schwerstbehinderten Menschen, die sich immer auf sie gefreut hatten. Ab und an nahm sie ihre Handpan mit und spielte den Bewohnern darauf etwas vor. Die Handpan ist ein melodisch-perkussives Musikinstrument und ähnelt einem nach außen gewölbtem Wok. Die Töne liegen auf den Klangfeldern der oberen Halbschale und erzeugen unterschiedliche Klänge. Unaufdringliche und doch klare, rhythmische und verhaltene. Das ist auch der Grund, weshalb Ellis Handpan-Spiel bei den Bewohnern immer für Begeisterung sorgte. Elli betreute ihre Bewohner liebevoll, pflegte sie, fütterte sie, brachte sie ins Bett. Viele Jahre lang. Dann plante man die einrichtungsbezogene Impfpflicht und sie musste hinnehmen, dass das Gesundheitsamt darüber bestimmen würde, ob sie bleiben kann oder gehen muss. Doch sie fand einen guten Weg, um rechtzeitig wegzugehen, damit sie diese Entscheidung als nicht allzu demütigend empfinden musste.

2021 Schmierereien an einer Wand/Zeitzeugenfoto in Waltrop

Facebookpost 2022

1. Die Verfassungsbeschwerde ist nicht offensichtlich unbegründet.

Zwar begegnet die Einführung einer einrichtungs- und unternehmensbezogenen Nachweispflicht in § 20a IfSG als solche unter Berücksichtigung der in diesem Verfahren eingeholten Stellungnahmen vor allem der sachkundigen Dritten zum Zeitpunkt dieser Entscheidung keinen durchgreifenden verfassungsrechtlichen Bedenken. Es bestehen aber jedenfalls Zweifel an der Verfassungsmäßigkeit der in § 20a IfSG gewählten gesetzlichen Regelungstechnik. Es handelt sich hier um eine doppelte dynamische Verweisung, da zunächst der Gesetzgeber auf die COVID-19-Schutzmaßnahmen-Ausnahmenverordnung verweist, die ihrerseits aber dann zur Konkretisierung der Anforderungen an den vorzulegenden Impf- oder Genesenennachweis auf Internetseiten des Paul-Ehrlich-Instituts und des Robert Koch-Instituts verweist. Insoweit stellt sich die Frage, ob und inwieweit eine bindende Außenwirkung der dynamisch in Bezug genommenen Regelwerke der genannten Bundesinstitute hier noch eine hinreichende Grundlage im Gesetz findet. Sollte dies der Fall sein, bedarf es weiterer Aufklärung, ob und inwieweit ein tragfähiger Sachgrund auch dafür vorliegt, dass nicht dem Verordnungsgeber selbst die Konkretisierung des vorzulegenden Impf- oder Genesenennachweises übertragen ist, sondern dies den genannten Bundesinstituten überlassen wird.

2. Die danach gebotene Folgenabwägung rechtfertigt aber nicht den Erlass einer einstweiligen Anordnung.

a) Erginge die einstweilige Anordnung nicht und hätte die Verfassungsbeschwerde später Erfolg, sind die Nachteile, die sich aus der Anwendung der angegriffenen Regelungen ergeben, von besonderem Gewicht. Kommen Betroffene der ihnen in § 20a Abs. 2 Satz 1 IfSG auferlegten Nachweispflicht nach und willigen in eine Impfung ein, löst dies körperliche Reaktionen aus und kann ihr körperliches Wohlbefinden jedenfalls vorübergehend beeinträchtigen. Im Einzelfall können auch schwerwiegende Impfnebenwirkungen eintreten, die im extremen Ausnahmefall auch tödlich sein können. Eine erfolgte Impfung ist auch im Falle eines Erfolgs der Verfassungsbeschwerde irreversibel. Allerdings verlangt das Gesetz den Betroffenen nicht unausweichlich ab, sich impfen zu lassen. Für jene, die eine Impfung vermeiden wollen, kann dies zwar vorübergehend mit einem Wechsel der bislang ausgeübten Tätigkeit oder des Arbeitsplatzes oder sogar mit der Aufgabe des Berufs verbunden sein. Dass die in der begrenzten Zeit bis zur Entscheidung über die Verfassungsbeschwerde möglicherweise eintretenden beruflichen Nachteile irreversibel oder auch nur sehr erschwert revidierbar sind oder sonst sehr schwer wiegen, haben die Beschwerdeführenden jedoch nicht dargelegt; dies ist auch sonst – jedenfalls für den genannten Zeitraum – nicht ersichtlich. Wirtschaftliche Nachteile, die Einzelnen durch den Vollzug eines Gesetzes entstehen, sind daneben grundsätzlich nicht geeignet, die Aussetzung der Anwendung von Normen zu begründen.

Auszug aus dem Urteil des Bundesverfassungsgerichts zum Eilantrag gegen die Impfpflicht im Pflegebereich (33)

26. Januar 2022

Versicherung

Gesprächspartner: ELLI, FRANZ, BILLY (SIBYLLE)

ELLI Ratet mal wieviel Ungeimpfte es jetzt nur noch in Heiligengrad gibt? 4 mit mir.

FRANZ 4 Ungeimpfte insgesamt? Durch den Druck, ne. Und deswegen wollen die noch 'ne Impfpflicht? Was soll das denn?

BILLY Ja, das verstehe ich auch nicht.

ELLI Aber mein Chef war eigentlich trotzdem ganz nett. Der meinte noch: "Dann sind sie ja wenigstens versichert, wenn sie das mit dem Sabbatical machen. Aber über Sonderurlaub können wir ja nachher nochmal reden, wenn das ein bisschen länger so geht!" Und dann meinte er: Wir bleiben in Verbindung.

FRANZ (lacht)

BILLY Also haben die ganz normal reagiert?

ELLI Ja. Der findet das wohl auch total scheiße mit der Impfpflicht für Pfleger, weil die nicht nur die Ungeimpften, sondern auch die einmal Geimpften, die zweimal Geimpften, die Geboosterten und die, die seit 6 Monaten genesen sind, melden müssen.

BILLY Die Genesenen haben ja jetzt auch wieder kürzer den Genesenenstatus.

ELLI Wenn man nicht im Bundestag arbeitet, weil da kann man länger genesen sein (lacht).

FRANZ Ja, hast du das auch gehört? Die dürfen 6 Monate...Ey booaaahh, das fand ich ja, also solche Dinge noch mehr bitte!

ELLI Ja, noch'n paar davon, noch'n paar davon!

FRANZ Ja, jede Menge von sowas, bis sie die zum Mond schießen, so lange (lacht)!

BILLY Ja, die sollen ruhig auch an die Geimpften 'ran, damit hier auch wirklich der Druck steigt.

ELLI Aber bei mir sind wirklich so Tonnen abgefallen, als ich mich entschieden hatte freiwillig zu gehen, bevor die mich da rausschmeißen.

BILLY Du bist auch ganz schlank geworden!

ELLI Ja, nicht wahr? (lacht) Bis zum 31.12.2022 brauche ich mir überhaupt keine Gedanken mehr zu machen. Bis dahin bin ich noch versichert und könnte dann auch wieder zurückkommen, wenn ich denn wollte.

BILLY Das ist gut!

ELLI Das sind 11 Monate! Am 10.3. ist mein letzter Arbeitstag und dann habe ich Urlaub sozusagen.

BILLY Und wie ist denn das Gespräch abgelaufen?

ELLI Also ich bin so reingekommen und dann haben die gesagt: Na, sie haben ja schon eine super Lösung gefunden, sonst hätten wir Ihnen auch gern Sonderurlaub gegeben.

BILLY Und wie wäre das gewesen mit dem Sonderurlaub? Ist das auch mit Versicherung?

ELLI Das ist halt der Nachteil, dann wäre ich nicht versichert. Ich bin ja deswegen versichert, weil ich das vorher angespart habe. Weil das auf dem Zeitwertkonto ist. Wie so ein Sabbatjahr, weißte? Und dann habe ich ihn noch darauf aufmerksam gemacht, dass die mir zu wenig gezahlt haben, dass das eigentlich mindestens 451 € sein müssen, damit ich auch sozialversicherungspflichtig bin. Und ich hatte ja nur 300 € gekriegt in der Zeit aber das ist gut, weil ich für die 9 Monate dadurch mehr angespart habe.

FRANZ Kannst du also noch länger.

ELLI Sonst hätte ich die 9 Monate nämlich nicht gehabt. Nur durch deren Fehler, ne. Super, ne…durch deren Fehler habe ich jetzt auch mehr Geld und mehr Zeit.

(Alle lachen und freuen sich für sie.)

BILLY Ach schön, Mensch, da gratuliere ich dir! Du solltest ein Fest geben!

FRANZ Ja! Toll!

BILLY Da hast du mit deinem Chef echt Glück gehabt. Ich hab' schon von so furchtbaren Diffamierungen gehört, in Bezug auf diese Impfpflicht im Pflegebereich. Das die die Leute regelrecht drangsalieren und rausschmeißen, ohne Versicherung oder Einkommen und so. Boaahhh, so schlimm! Aber wie gut, dass es auch menschlicher geht!

ELLI Oh man, trotzdem...durch was bin ich da durchgelaufen!

BILLY Echt! Auch durch so viele Tränen, wa?

ELLI Ja. Aber ich geh' da gerade raus!

FRANZ Jau!

ELLI "Und wir bleiben in Verbindung" meinte er "und wenn sich was ändert, es ändert sich ja jetzt täglich was, stündlich fast, ich komme da gar nicht mehr hinterher" sagte der. Und: "Wir müssen damit leben und finden sie das nicht auch komisch; Man begegnet sich schon auf dem Flur und geht sich da aus dem Weg, das ist doch nicht normal oder?"

FRANZ Hat er gesagt?

ELLI Ja.

FRANZ Ja, viele merken wahrscheinlich einfach, dass da was nicht stimmt. Also manche verschanzen sich total und manche fangen ein bisschen an zu grübeln.

ELLI Ich habe ihm dann noch etwas von Selbstfürsorge und dass ich auch Antikörper habe, dass das aber nicht als genesen gilt, erzählt. Das konnte der alles gar nicht fassen. Na jedenfalls habe ich das erstmal geklärt für das Jahr.

FRANZ Hach man, toll!

ELLI Das sind jetzt noch 11 ruhige Monate!

FRANZ Ja, das ist doch toll!

ELLI Dann habe ich endlich meine Ruhe und muss niemanden irgendwas fragen oder mich dauernd testen lassen, ab dem 11. März! Ist das nicht super? (Elli lacht und alle freuen sich mit ihr)

BILLY Naja, wenn die das durchziehen mit der Impfpflicht, dann geht's im Sommer nochmal weiter. Die wollen ja im Sommer dann loslegen mit der allgemeinen Impfpflicht.

ELLI Das mit der allgemeinen Impfpflicht hat mein Chef dann auch erwähnt und da habe ich nur geantwortet: "Wissen sie was? Eins nach dem anderen! Ja, sie haben recht, eins nach dem anderen. Das wäre, wie in eine Glaskugel kucken". Ich sag': "Genauso ist es." Und er sagt: "Also so langsam versteh' ich die Logik auch nicht mehr." Und das ist der Chef von Heiligengrad, also…Und er meinte auch: "Wir sind eigentlich alle auf."

FRANZ Ja, keiner versteht das noch.

ELLI "Wir müssen jetzt noch so viel melden und registrieren. Das Gesundheitsamt ist ja auch überfordert, wie sollen die das regeln" meinte er noch. Und dann sagt er: "Ich habe auch eine hochschwangere Mitarbeiterin und dass die sich jetzt nicht impfen lässt, das finde ich völlig normal!"

FRANZ Naja klar!

BILLY Alles andere ist Unnormal und Wahnsinn!

FRANZ Vor allen Dingen so jemanden zu drängen, also das ist unverantwortlich!

BILLY Ja!

FRANZ Das ist das Allerletzte!

BILLY Und so jemanden zu diskriminieren, das ist…

FRANZ …das ist das Allerallerletzte!

BILLY Na jedenfalls freu' ich mich, dann hast du das ja erstmal hinter dir.

ELLI Ich kannte den ja nun auch nicht so gut und war echt froh, dass der menschlich okay ist.

FRANZ Ja, oh man ey.

ELLI Hoffentlich siegen die Klugen und nicht die Bekloppten.

FRANZ In den letzten Wochen hatte ich mehrere Gespräche hintereinander, wo ich das Gefühl hatte, dass das so ist.

ELLI Die werden auch ein bisschen lockerer oder?

FRANZ Ja, vielleicht. Aber heute ist ja die Debatte im Bundestag. Was in den Nachrichten heute kam war ganz gruselig. Am Schlimmsten finde ich ja die Grünen. Der gesundheitspolitische Sprecher von den Grünen, das ist ein Oberarschloch! Weißte: gespritztes Gemüse darf ich nicht essen und nicht kaufen aber gespritzte Kunden brauchen wir dringend. Was ist denn das für ein Schwachsinn?

BILLY Echt! Das ist so absurd!

FRANZ Ich finde, die müssen wissen, wie man zu diesem Wahlbetrug steht. Ich meine, du wählst so eine Partei und danach kippt die um und behauptet genau das Gegenteil! Und vorher haben die Grünen gesagt: Keine Impfpflicht! Weiß ich genau.

BILLY Alle Parteien haben das gesagt!

ELLI Ja alle. Die FDP ganz laut.

FRANZ Ja. Und deswegen finde ich das nicht okay. Das müssten die eigentlich als Rückantwort wissen, dass man auf keinen Fall sowas nochmal wählt. Aber ooch ey, ich soll mich nu mit Parteien auseinandersetzen (verdreht die Augen).

BILLY Ich glaube, die wissen das auch so.

FRANZ Na, ja.

BILLY Also klar, kannst du denen dann noch Briefe schreiben und so aber scheinbar stört die das ja, vor allem im Bundestag, überhaupt nicht, was die Nicht-Wähler jetzt wollen.

ELLI Ich find's ja eigentlich geil mit dieser 6 und 2 Monate Geschichte da. Das ist so offensichtlich!

BILLY Paul hatte dazu was ganz Lustiges gepostet: Eilmeldung vom RKI: Die Schwangerschaft wird jetzt von 9 Monaten auf 3 Monate gesenkt (alle lachen).

FRANZ Ja das fand ich auch geil! Ach man o man ey.

BILLY Ja, kann man ja mal machen.

ELLI Leute, soll ich euch mal was sagen? Ich muss nur noch 12 Mal arbeiten.

BILLY Nur noch 12 x! Gratuliere! Das ist ja nicht mehr viel!

ELLI Das können wir dann feiern und dann den Urlaub machen!

BILLY (Verabschiedung) Dann schlaf mal gut, du hast ja jetzt den schweren Tag hinter dir und kannst sicher gut schlafen!

ELLI Ja und danke für euer Mitgefühl.

BILLY Unbedingt.

FRANZ Jetzt ist es ja vorbei, jetzt ist ja Schluss mit Mitgefühl (alle lachen).

2G im Außenbereich - 2022:
Für Ungeimpfte ist der Verzehr auf einer Bank im Freien verboten

2022-2G im Außenbereich eines Marktes

Und ja, es ist ein großes Problem,
dass gerade die sich die Freiheit neh'm
genau dieselben Worte zu sagen,
wie jene, die kritisch zu denken wagen.
Doch ist es dann richtig nicht hinzuhören,
wenn Maßnahmenkritiker sich empören?
Ist es richtig, sie pauschal zu beschimpfen,
zu diffamieren und zu zwingen zum Impfen?
Und das, wo dies' Ziel, wie ihr ja wisst,
von Beginn an umstritten gewesen ist.
So sagte einst Gesundheitsminister Spahn,
ihm hätte es gar nicht gut getan,
dass die Leute nicht glaubten, was sie von ihm hörten
und sich wegen Impfpflichtideen empörten.
Das galt in dieser Art Philosophie
zuvor als verschwurbelte Theorie.
Inzwischen ist auch hinlänglich bekannt,
dass die Impfung nicht wirklich vor Ansteckung bannt
und das Virus, ob nun geimpft oder nicht
sich seine Bahn zu den anderen bricht.
Vielleicht nicht so stark, vielleicht nicht so viel,
doch das war zu Anfang doch gar nicht das Ziel!
Glauben sie's eigentlich selbst, wenn sie sagen:
Wir können dem Virus ein Schnippchen schlagen?

Seid ihr denn sicher, dass den Herren im Kragen,
die heute dies tun und morgen das sagen,
eure Gesundheit am Herzen liegt,
Die Regierung euch gut durch die Krise kriegt?

Auszug aus dem Gedicht 'Zweifel' von Susanna Wüstneck

"Jetzt kümmern wir uns um die Nicht-Geimpften und führen eine Impfpflicht ein!"

Hendrik Wüst, Ministerpräsident von Nordrhein- Westfalen CDU (34)

Es wird ja nichts gemacht gegen diese Typen. Genauso wir in vielen Lokalen und Restaurants nicht kontrolliert. Einfach lächerlich

14 Std.   Gefällt mir   Antworten   3

Aber so kennt man die Impfgegner laut schreien 😂👈und betrügen Zum kotzen diese Leute

12 Std.   Gefällt mir   Antworten   1 👍

Sofort anzeigen!!!!!

13 Std.   Gefällt mir   Antworten   3

Warum wird sowas nicht bestraft?

13 Std.   Gefällt mir   Antworten

Ein zentrales Impfregister aufbauen und das ganze hat sich erledigt oder man speichert die Daten auf der Krankenkassenkarte, aber mit digitalen Lösungen hat es Deutschland ja nicht so...

16 Std.   Gefällt mir   Antworten   13 👍🤮

2022 Facebook - Konversation

10. Februar 2022
Keine Entschuldigung
Gesprächspartner: ELLI, FRANZ, BILLY (SIBYLLE)

BILLY Das wird so sein, wie damals, als ich vom Gericht erfahren habe, dass mir das Sorgerecht aberkannt wurde und sich ab jetzt die Stiefmutter um meinen Sohn kümmert. Das war so schrecklich und ich dachte: Wie kann das sein, dass diese Frau jetzt offiziell als Stiefmutter angegeben wird? Was hatte die denn mit meinem Sohn zu tun, habe ich gedacht. Und dann hat meine Mutter gesagt: Ja, diese Frau ist ja jetzt auch die Stiefmutter! Damit wirst du leben müssen.

FRANZ War sie denn offiziell auch schriftlich als Stiefmutter eingetragen?

BILLY Also die Richter und Beamten haben das so beschrieben. Weil sie jetzt eben, als neue Freundin des Vaters, für meinen Sohn verantwortlich war.

FRANZ Also offiziell als gerichtbare Bezeichnung?

BILLY Naja. Es war einfach so zack, Kind weggenommen und da ist die Stiefmutter. Und schwups - alles geklärt und weitermachen. Das ist schon schmerzhaft. Aber es stimmte ja auch und ich musste mich damit abfinden. Und irgendwie konnte ich dann auch mit dieser Demütigung leben, was willst du machen. Genauso werden wir uns damit abfinden müssen, dass wir dann eben wieder in den Baumarkt gehen dürfen, wenn die uns gnädiger Weise wieder reinlassen und das wird auch irgendwie gehen. Ich glaube da wird sich niemand entschuldigen oder so, im Gegenteil.

FRANZ Also was ich mir gut vorstellen könnte ist, dass z.B. die Kellnerin vom Domcafè im Käutzchengrund, diese blonde Frau da, dass die uns herzlich begrüßt und sich freut, dass wir wieder da sind. Das könnte ich mir gut vorstellen. Also manche Leute gehen dann einfach zur Tagesordnung über. Und wenn's auch nur aus Geschäftsinteresse ist.

BILLY Und was denkst du wie das mit der Session sein wird, wenn das vorbei ist mit den Beschränkungen?

FRANZ Ja, das wird schwieriger. Da steht man plötzlich wieder mit Heinz-Jürgen und Malte und diesen ganzen Leuten und macht Musik, als ob nichts gewesen wäre, denke ich. Ich weiß ja auch nicht, wie die sich dann...aber wird man wohl machen, denke ich. Obwohl ich eigentlich gar nicht so wild darauf bin.

ELLI Ja aber Musik machen ist doch euer Lebenselixier, oder?

FRANZ Ja schon. Also die Buskers haben ja jetzt mit Tom van Sanders gespielt, weil ich nicht durfte. Das war aber okay, die haben mich auch vermisst. Aber das war schon vor Corona nicht immer so toll. Der letzte Job z.B. war für mich dermaßen beschissen, dass ich damals so dachte: Puh, sowas brauche ich eigentlich auch nicht.

ELLI Meinst du wegen dem Veranstalter oder was?

FRANZ Nee, die beiden anderen waren so laut, dass ich mit den akustischen Instrumenten einfach nicht durchgekommen bin. Das klang wie bescheuert und dann haben sich in der Pause Leute aus dem Publikum beschwert, dass ich überhaupt nicht zu hören war. Das ist schon irgendwie blöd.

ELLI Na dann war da ja schon eine Störung.

FRANZ Jaja, deswegen ist es mir eigentlich auch gar nicht so schwer gefallen erstmal eben halt nicht zu spielen. Aber ich bin jetzt emotional so angekratzt, so angeschlagen, dass es mir echt schwerfiele, wieder ein gutes Gefühl beim Musik machen zu haben. Ich denke, da kommen wir nur raus, wenn wir es irgendwie angehen. Das dauert aber glaube ich. Und ich spüre das auch Sven und Karsten gegenüber. Also die sind ja freundlich und nett aber...

BILLY Man fühlt sich so im Stich gelassen von ihnen, ne. Wobei die ja wirklich nicht irgendwie aggressiv sind. Die akzeptieren halt die Regeln und dann geht's eben nicht, dann kann man eben nicht zusammen irgendwo spielen.

ELLI Es gibt bei mir auch Beziehungen, da ist genug geblieben und dann gibt's aber welche, die sind so ängstlich, wo ich auch merke: Ach nee, das will ich auch gar nicht mehr. Und dann wieder andere, die mutig sind, wie z.B. Annegret. Da war ich heute morgen auch zum Frühstück, weil das dann ihr Mann nicht mitkriegt. Dabei hat sie mehr Angst mich anzustecken, als andersherum. Aber was soll das, mich könnte jeder anstecken. So ist das nun mal. Ich habe da keine Angst, hab' ich einfach nicht.

FRANZ Manchmal habe ich auch das Gefühl, dass man es nicht von außen merkt, wie es mir wirklich geht und dass es mir so schwerfällt, wieder Spaß am Musik machen zu haben. Weil, so als Beispiel, Sven hat jetzt geschrieben: Ach Mensch, es könnte sich doch jeder mal zwei neue Stücke ausdenken und wir machen dann bei der nächsten Probe ein bisschen was damit. Und dann nehmen wir eine Single auf. Er war der Einzige, der überhaupt mal einen Gedanken an uns verschwendet hat. Fand ich toll, ja machen wir doch mal was! Aber meine erste Reaktion war (verzieht genervt das Gesicht). Wir haben darauf erst gar nicht geantwortet. Billy und Karsten nicht und ich ja auch nicht.

BILLY Ich habe das nicht mal richtig wahrnehmen können, weil das grad nicht Thema ist.

FRANZ Ja genau. Trotzdem ist das 'ne tolle Idee.

BILLY Ich frage mich im Moment auch: Wofür macht man das eigentlich? Ist das jetzt irgendwie für die Band aber wir spielen nirgendwo und die Stimmung ist nicht so. Ich meine, wir sollten das irgendwie trotzdem versuchen, dann wird das auch Spaß machen aber wir haben im Moment echt irgendwie keine Kraft dafür.

FRANZ Das ist ja nicht nur Corona, das ist dieses Wetter und es wäre schon schön, wenn man mal wieder irgendwo draußen eine Tasse Kaffee trinken kann, ohne das Gefühl zu haben: Ja weiß ich jetzt nicht, kann ich hier überhaupt rein, also wirklich ungezwungen.

ELLI Also ich beschreibe das als 'Mensch sein'.

FRANZ/BILLY Ja, genau!

ELLI Gerade heute morgen habe ich gedacht: Ich will endlich mal wieder Mensch sein! Dann habe ich mich total darüber erschrocken, weil ich das vorher gar nicht so wahrgenommen hatte.

FRANZ Ja, wir haben unser Leben ja auch immer so eingerichtet, dass es erträglich war.

BILLY Wenn wir den Wald und die Kinoabende und das alles nicht gehabt hätten, dann wären wir wahrscheinlich echt bald eingegangen.

ELLI Ich habe ja immer gedacht: Ich gehe sowieso selten einkaufen, dann spar ich Geld und solche Sachen. Und heute morgen dachte ich: Oh, ich will wieder Mensch sein! Ich will einfach wieder Mensch sein. Und das ist das Gefühl.

FRANZ Ja, ja, genau so. Ich habe auch immer gedacht, ach was. Wozu Essen gehen. Ach, wir machen es uns hier schön, wir kochen was Leckeres und so und das haben wir ja auch gut hingekriegt.

BILLY Ja aber jetzt kraucht man irgendwie doch langsam auf dem Zahnfleisch. Und das schafft man eben nicht so einfach. Vielleicht sollten wir uns was überlegen, was uns aufmuntert.

ELLI Wie wäre es denn, wenn wir das Hochbeet ein bisschen vorbereiten? Ihr habt ja da noch nichts gemacht?

FRANZ Ja, ich wollte ja Erde bestellen.

ELLI Na das können wir doch zusammen mal, da kann ich euch ein bisschen mitziehen. Wenn ich erstmal aus Holland komme, dann geht es mir hoffentlich wieder so richtig gut (alle lachen)!

BILLY Ja, das wäre doch was Schönes.

Hochbeet im Garten

Es kamen dann neue Bestimmer ins Amt,
die gaben uns vorher eilig bekannt,
dass wir ihnen doch vertrauen sollen,
weil sie keine Impfpflicht durchsetzen wollen.
Jetzt schau'n sie auf Kritiker voller Hohn.
Ihre Maßnahmen sorgen für Separation.
Man entfremdet, die Herzen sind eingefroren.
Sie haben wohl das Ziel aus den Augen verloren.
Das die Braunen den Weg zu den Leuten suchen,
die die Ausgrenzungsmaßnahmen inzwischen verfluchen,
wird genutzt, um endlich zusammen zu fassen:
Man soll die Kritik einfach ganz unterlassen.
Und sich nicht mehr auf die Straßen begeben,
um sich einzusetzen für ein anderes Leben,
als das, womit wir grad klarkommen müssen,
weil es die Regierenden besser wissen.

Auszug aus dem Gedicht 'Zweifel' von Susanna Wüstneck

"Wir, die Unterzeichnenden, wenden uns gegen eine Verharmlosung der sogenannten 'Spaziergänge', die keine zufälligen Treffen oder abendliche Erholungsrunden darstellen, sondern nicht angemeldete Demonstrationen und Aufmärsche."

Thorsten Stolz, Landrat des Main-Kinzig-Kreises (35)

Erneuerung notwendig

 Genesenenzertifikat
Vollständige Genesung
Positiver Test vom 05.04.2022
⚠ **Erneuerung notwendig**

Die technische Laufzeit Ihres Zertifikats läuft bald ab oder ist bereits abgelaufen. Erneuern Sie das Zertifikat, um es weiterhin nutzen zu können.

> Der Vorgang ist ganz unkompliziert und dauert ⓘ nur wenige Minuten. Sie können die Erneuerung auch später in der Detailansicht Ihrer Zertifikate anstoßen.

Jetzt erneuern

Später nachholen

Genesenenzertifikat abgelaufen

Es kam die Zeit, die mich immer intensiver an meine DDR-Vergangenheit erinnerte. Ich war damals alles andere als eine Revoluzzerin aber dennoch spürte nahezu jeder in diesem Land, dass etwas nicht stimmt. Im Grunde waren wir, innerhalb der DDR und den wenigen Ländern, die man ohne große bürokratische Hürden bereisen durfte, in einer Art goldenen Käfig eingesperrt. Und solange man nicht hinaus wollte und sich an die ausgesprochenen und unausgesprochenen Regeln hielt, war alles einigermaßen o.k.. Wir hatten ein schönes Zuhause, Freunde, Kollegen, Arbeit, Sicherheit. Warum also aufbegehren?

Jetzt hatte ich auch immer mehr das Gefühl, man müsse sich an die unausgesprochenen Regeln halten, nicht nur an die ausgesprochenen, deren Anzahl ja eigentlich schon genügte, um sich unwohl, unfrei und gegängelt zu fühlen. Mit der Begründung, wir müssen uns schützen, konnte man plötzlich jede Einschränkung begründen. Die Worte Solidarität und Freiheit inflationierten. Spaziergänge, kritische Sichtweisen zu den angebotenen Zahlen, die konstruktive Auseinandersetzung mit der Schauspielerkampagne 'Alles dicht machen' oder 'Alles auf den Tisch' und später die kritische Auseinandersetzung mit der Geschichte des Ukrainekriegs waren jene unausgesprochenen Regeln, die man genau in dem Moment überschritt, indem man sich mit diesen Themen differenziert auseinandersetzte. Man wagte es kaum nach möglichen Nebenwirkungen zur Impfung zu fragen und viele der Ärzte hatten in Wahrheit eigentlich kein echtes Interesse daran, die Patienten vorher diesbezüglich wahrheitsgetreu und ausführlich zu beraten. Alles war irgendwie schwarz oder weiß, nichts durfte differenziert betrachtet werden, sondern so, wie es die unausgesprochenen und ausgesprochenen Regeln vorgaben.

Zu DDR-Zeiten war es die Partei, die "immer recht" hatte. Jetzt war es die Bundesregierung und ihre persönlichen Wissenschaftsexperten, der so genannte Ethikrat und alle, die auf dieser Linie mitmarschierten. Auf Filmfestivals getraute sich kaum noch einer allzu gesellschaftskritische Filme zu zeigen, weil die Zuschauer möglicherweise einen Shitstorm auslösen könnten. Meine Filmkollegen bemängelten die wenigen kritischen Anmerkungen eines meiner Protagonisten in einem Dokumentarfilm, an dem ich gerade arbeitete. Allein die Tatsache, dass das indonesische Kuratorenteam Ruangrupa ein palästinensisches Künstlerkollektiv zur Documenta Kassel 2022 einlud, führte zu einem Eklat, weil es eine unausgesprochene Regel ist, die Auseinandersetzung mit den unüberwindbaren Gegensätzen – dem "Nie wieder Holocaust", was die Solidarität zu Israel bedingt und einem "Nie wieder Kolonialismus", was wiederum Israel selbst als einen ungerechten kolonialistischen Staat beschreibt - zu vermeiden.

Kulturstaatsministerin Claudia Roth hatte sich nach dem Eklat nicht deutlich genug vom Kuratorenteam und der palästinensischen Künstlergruppe und ihrer Kunst abgegrenzt.

Doch trotzdem sie später in nahezu allen öffentlich-rechtlichen Kanälen Selbstkritik an ihrem Verhalten übte, wurde ihre Rede beim "Jewrovision" in Frankfurt mit Buhrufen quittiert, ohne dass es eine echte und differenzierte Auseinandersetzung dazu gab. Winnetou wurde aus dem ARD- Programm geschmissen, in Udo Jürgens Song "Vielen Dank für die Blumen" wurden ganze Textzeilen von der ARD wegzensiert, die Otto-Shows wurden mit einem Warnhinweis belegt, weil man sich in Bezug auf die Sketche diskriminiert fühlen könnte und Rastalocken galten plötzlich als 'kulturelle Aneignung'. Das Gendern wurde so salonfähig, dass es niemand, ohne ermahnt zu werden, wagen konnte, es nicht zu tun. Ebenso salonfähig wurde es jeder und jeden zu beschimpfen, zu missionieren und umziehen zu wollen, der sich nicht an diese Regeln hielt. Kunst wurde unfreier und alles, was nicht in den Rahmen passte, wurde von den meisten öffentlich-rechtlichen Medien als antisemitisch oder zumindest 'umstritten' bewertet. Man hörte von Entlassungen mit z.T. an den Haaren herbeigezogenen Begründungen derjenigen Hochschulkollegen und Kolleginnen, die sich bezüglich der Coronamaßnahmen kritisch äußerten, wie es beispielsweise der Politikwissenschaftlerin Ulrike Guérot ergangen ist. (36)

Nicht umstritten schienen dagegen sämtliche Entscheidungen der Bundesregierung zu sein.

Plötzlich galt man gemeinhin als rechtsoffen, wenn man sich das eigentlich in einer Demokratie unbedingt notwendige Recht herausnahm, gegen Pläne und Entscheidungen der Regierung zu demonstrieren. Eine Demo musste beantragt werden und wurde oft aus fadenscheinigen Gründen nicht genehmigt. Der Unterschied zu den DDR-Zeiten war, dass nun auch viele unserer Mitmenschen im Sinne dieser Regeln agierten, sie verteidigten und uns dafür aus ihren Kreisen verbannten. Zu DDR-Zeiten hatte man eher das Gefühl mit allen DDR-Bürgern in einem Boot zu sitzen und – bis auf einige engagierte Stasi-Mitarbeiter - bewunderte man den Mut der Widerständler, weil man selbst diesen Mut nicht hatte oder zu bequem war, sich zu bewegen.

11. Februar 2022

Angst vor den Entscheidungen der Grünen

Gesprächspartner: PAUL, FRANZ, BILLY (SIBYLLE)

PAUL Der Dahmen macht mir richtig Angst! Das ist 'n Hardliner.

FRANZ Ja, auch so ein Nerd. Ich meine Lauterbach ist ja auch schon…

PAUL Lauterbach, der ist ja schon ein Satiriker!

FRANZ Aber dieser Dahmen, der macht mir echt Angst.

PAUL Und das bei den Grünen, ey. Also mir tut das so weh. Ausgerechnet die Grünen, das ist für mich, ich meine wat da los ist.

FRANZ Ich habe mich deswegen mit der Friedensini gefetzt, hab' sogar deren Newsletter abgemeldet. Ich will nichts mehr davon wissen. Erst spalten sie die ganze Szene, die noch einigermaßen zu Fuß war und jetzt rufen sie zu einer Demo auf, die sich damit beschäftigt, die Kritiker der Maßnahmen weiter zu diffamieren! Die haben sie doch nicht mehr alle! Boahhh, ich hab' so eine Wut. Dem Hans von der Friedensini hatte ich neulich eine lange Email geschrieben.

PAUL Aber die kapier'n das nicht.

BILLY Sieht ganz so aus im Moment. Traurig ist das!

PAUL Ich hatte mich ja auch mit denen gefetzt.

FRANZ Ja, das hab' ich mitgekriegt.

PAUL Ja, ne. Ich habe danach von jemandem einen Anruf bekommen, der diese Auseinandersetzung mitgelesen hatte. Der hat sich dafür bedankt, dass ich dieses brodelnde Fass endlich mal aufgemacht habe.

FRANZ Ach so, von jemand anderem, der das mitgekriegt hatte? Verstehe.

BILLY Und da war auch noch eine Frau, die auch etwas dazu gesagt hat, ne?

PAUL Ja, die Kerstin, die haben sie auch ganz schön fertig gemacht. Und der Anrufer, von dem ich erzählt habe, der kam sogar mit ein paar Leuten bei uns vorbei. Uschi hat die Leute dann irgendwann vor unserer

Haustür gesehen und gefragt: Suchen sie was? Und dann waren die das. Also die haben sich bedanken wollen.

BILLY Ah, o.k., cool.

PAUL Aber was mich unheimlich nervt ist diese Antisemitismuskeule, die ja immer gern rausgeholt wird.

BILLY Die ist so bösartig und unklug!

PAUL Wirklich so unsinnig und das verhindert dann jeglichen Diskurs, wenn man die Kritiker alle einfach als Nazis bezeichnet.

BILLY Naja, ich finde es ja eigentlich noch schlimmer. Ich finde, dass die durch dieses Bashing eigentlich die wirklichen Opfer verhöhnen, ehrlich gesagt. Also wenn du dir deren Argumentation genauer anschaust, dann steckt da ziemlich viel äußerst Brisantes drin. Die zitieren darin das Buch von Hitler: 'Mein Kampf'. Das schon allein ist doch mindestens sehr bizarr, finde ich. Und das im Zusammenhang mit den Montagsdemonstranten!

FRANZ Dabei geht es in der Kritik nur darum, davor zu warnen, das alles seinen Anfang hatte. Also erstmal werden Leute ausgegrenzt, dürfen nicht auf einer Parkbank sitzen, dürfen nicht in den Bus einsteigen und solche Dinge. Und daraufhin argumentierten die von der Friedensini: Nein, das war gar nicht so. Von Anfang an war klar, dass man die Juden hat vernichten wollen, in 'Mein Kampf' hat Hitler das schon so und so gesagt. Das könnte man doch aber im Umkehrschluss so verstehen, dass man den Juden im Prinzip unterstellt, dass sie die Bescheuerten sind, die 'Mein Kampf' hätten lesen sollen, dann hätten sie nicht wie die Lemminge in die Gaskammern gemusst. Also wenn man jetzt ganz böswillig interpretieren will, was die da eigentlich geschrieben haben.

BILLY Da ging es ja gegen die Demogänger. Und denen geht es ja um die Diskriminierungen gegen Ungeimpfte und Kritiker und deren Ausschluss aus dem öffentlichen Leben. Also wer da keine Parallelen zu den Anfängen zieht, der kann das nicht nachvollziehen, wie sich diese Ausgrenzung so anfühlt.

FRANZ Das ist mindestens unfassbar naiv!

BILLY Und wenn man diese Argumentation im Zusammenhang mit 6 Millionen ermordeten Menschen betrachtet. Also ich hab' echt gedacht: Was erzählen die denn da? Das ist doch irre!

PAUL Historisch ist das eine Schuldumkehrung. Das gibt es ja ganz häufig, dass eine Opfer-Täter Umkehrung erfolgt: Du wolltest das ja auch so.

BILLY Das ist doch Wahnsinn!

PAUL Das was wir tun, tun wir doch für dein Bestes.

BILLY Also mein Exmann hat mir sowas auch oft gesagt, bevor er mich geschlagen hat.

PAUL Ja, genau, du musst doch Verständnis dafür haben, dass ich dich schlage, ne.

FRANZ Und die nächste Opferverhöhnung ist, wenn man die Montagsspaziergänger mit sogenannten Nazis oder Mitläufern vergleicht. Ey-wie haben denn die Nazis wirklich ausgesehen? Was waren denn das für Schweine? Und die, die wirklich Menschen umgebracht haben damals. Die Montagsspaziergänger mit diesen Leuten zu vergleichen, das ist doch die eigentliche Verhöhnung derjenigen, die unter den damaligen Nazis wirklich gelitten haben. Die haben nicht unter solchen Leuten gelitten, die für ihre Grundrechte auf die Straße gehen, sondern unter Leuten, die mit Maschinenpistolen und Knüppel auf die eingeschlagen haben. Ich finde das so widerlich, was da behauptet wird. Da kann ich mich echt drüber aufregen!

BILLY Das müsste man eigentlich auch wirklich mal darlegen, damit denen mal klar wird, was die eigentlich behaupten. Ich meine, klar, das gibt es ja auf beiden Seiten. Ich finde es auch grotesk zu sagen: Ich fühle mich wie Sophie Scholl. Oder auch das mit dem Judenstern. Das ist für mich auch eine Art Verhöhnung. Solche Phänomene gibt's auf beiden Seiten. Aber deswegen die Kritiker mundtot machen zu wollen, mit solchen Todschlagargumenten! Da müsste man dann schon wirklich mal genauer hinkucken.

FRANZ Und dann diese doppelte Verneinung, die da in dieser Mail zu lesen war. Die griffen die Leute an, die gegen die Stigmatisierung der Impfgegner sind.

PAUL 'Wir stimmen dem nicht zu' haben sie geschrieben.

FRANZ Ja und das bedeutet im Umkehrschluss, dass sie dafür sind, dass man die Impfgegner stigmatisiert. Steht so da drin, da hab' ich nur gedacht, jetzt wird's klar.

BILLY Naja und dann stand da noch: Wir sind gegen Kritik. Das ist ja irgendwie auch nicht gerade demokratisch oder?

FRANZ Nee. Nicht direkt (alle lachen).

BILLY Die haben sich da ganz schön verrannt. Also ich will denen ja auch nicht irgendwas Böses unterstellen aber das ist schon, da müssten sie wirklich nochmal neu drüber nachdenken, was sie da formulieren, finde ich. Ich frage mich auch, was die davon haben, wenn die die Kritiker kritisieren, anstatt mal zuzuhören, worum es denen geht?

PAUL Ja, mich nervt das auch sehr. Weißte, die ganze Zeit über kommt dann nur: Wir stimmen doch auch nicht bei allem zu. Die Kritiker kriegen einen über'n Deckel und die sagen nichts, außer sowas. Ich habe die gefragt, warum sie dann nicht sagen, was sie an den Entscheidungen nicht gut finden. Da ist nie was gekommen, nie! Zwei Jahre lang nichts. Und wenn die was sagen würden, dann würden die sich zerfetzen! Die würden ja schon bei der kleinsten Kritik, würden die sich schon in die Haare kriegen. Deswegen schweigen die.

FRANZ Ich finde immer, wenn du nur einen Punkt nimmst, den du komisch findest und den weiterverfolgst, dem wirklich nachgehst und nicht einfach nur sagst: Ja, der Politiker ist dumm. Die entscheiden ja alle nicht alleine. Also wenn's auch nur eine Sache ist, wie z.B. der Maskenbetrug von dem Nüsslein oder Spahn, Sauter oder was weiß ich wer da Dreck am Stecken hat. Nimm nur einen Punkt! Und den führe zum Ende. Und das Gericht hat denen Recht gegeben. Frag einfach mal: Wer ist der Richter gewesen? Wer hängt mit in den Gremien? Nimm nur einen Punkt und verfolge den bis zu Ende – dann bist du Verschwörungstheoretiker!

BILLY Und dann ist doch die Frage: Was ist denn ein Verschwörungstheoretiker? Ist es verwerflich, einer unklaren Sache nachzugehen und sogar Verschwörungen in Erwägung zu ziehen? Merkwürdig alles!

PAUL Der ehemalige Justizminister von Bayern hat mal eben eine Million für seine Altersvorsorge eingesteckt, damit die Enkel noch was von dem Toskanahäuschen haben. Der hat das knallhart ausgenutzt und durch seine Beziehungen hat der sich persönlich bereichert. Und nicht nur mit 10.000 oder so.

FRANZ Nee, 2 ½ Millionen oder so, ne?

PAUL Nee, soviel nicht, aber 2 Millionen, oder?

BILLY Naja, so sind die und wenn man das erwähnt, heißt es: Naja, so waren sie ja schon immer! Und dann frage ich mich aber: Warum seid ihr denn jetzt nicht misstrauisch? Das verstehe ich nicht. Wir haben doch jetzt auch eine politische Situation. Es geht doch nicht nur um eine Krankheit. Es geht um Politik! Um Entscheidungen, die Politiker fällen. Und zwar gegen einen großen Teil der Bevölkerung. Und es geht außerdem um Ermutigung zu Denunzierung und Diskriminierung!

PAUL Innerhalb von zwei Jahren hört man nichts anderes als Corona. Und wie gefährlich das ist und dann bauen die gleichzeitig Intensivplätze ab. Und zwar nicht nur 10 oder 20, sondern wirklich 25 % der Plätze. Während der Pandemie! Das sagt doch alles!

FRANZ Ja.

PAUL Und das mit dem Genesenenstatus. Das sind für mich zwei Sachen.

BILLY Und das mit den Pflegern, dass sie entlassen werden oder freigestellt und somit kein Geld verdienen dürfen in diesem Beruf, trotz Pflegenotstand. Weil sie nicht geimpft sind! Dann sind ja noch weniger Pfleger für die Menschen da.

PAUL Ja vor allen Dingen: Warum soll das für andere gefährlich sein, wenn die ungeimpften Pfleger täglich getestet werden? Wo ist man denn am Sichersten? Doch sicher bei Menschen, die sich testen lassen!

FRANZ Die größten Coronaleugner, die ich kenne, sind die dreimal Geimpften. Die glauben, sie wären jetzt raus. Die denken, die haben nichts mehr damit zu tun. Die latschen überall rum.

PAUL Ja, das sind doch die Infektionsherde!

FRANZ Ja, absolut! Das ist Leugnung.

PAUL Ja, genau! Meiner Meinung nach wäre das auch der Ausweg aus der Krise. Der Ausweg aus der Krise ist, dass Menschen sich anstecken, diese Krankheit kriegen. Das Durchschnittsalter der Toten ist über Achtzig. In dem Moment, wo sich junge Menschen anstecken, die kein oder ein geringes Risiko haben und die Pandemie durch ist, dann schützt man doch die Alten. D. h. die Impfung, das hat sich ja gezeigt, bringt dir, wenn überhaupt, nur einen geringen Schutz. Die Genesung ist doch nachgewiesenermaßen der stärkere Schutz für alle. Ich habe bis jetzt noch kein Corona gehabt aber ich denke, wir kommen alle mal damit in Berührung. Wenn wir also alle mal Corona hatten, dann wird's leichter, denke ich. Vielleicht kriegen wir das ja auch nicht, vielleicht kriegen wir erst in fünf Jahren wieder Corona. Wie bei einer Grippe.

BILLY Ich glaube ja nicht mal, dass alle wirklich Corona kriegen.

FRANZ Aber in Berührung kommen alle mit dem Virus, denke ich.

BILLY Ja, vielleicht.

Die Nerven liegen blank

FRANZ Ich sehe im Moment auch nicht so eine wirkliche Lösung. Ich merke bei mir ganz persönlich, dass die Nerven echt blank liegen. Also die Haut ist dünn.

BILLY Letzte Nacht konnten wir gar nicht schlafen.

FRANZ Seit einem halben Jahr ist man von allem irgendwie ausgesperrt und ich graule mich vor dem Moment, wo wir wieder dürfen. Soll ich mich dann freuen und dankbar sein oder was denken die? Die können mich alle mal am Arsch lecken, also echt, also inklusive Session. Ich hab' echt genug von diesem Ausgrenzenscheiß. Andererseits ist dieser Frust ja auch keine Lösung. Ich hoffe natürlich, dass man mit anderen Leuten dafür umso enger wird oder so und ich will diesen Groll eigentlich verlieren.

Aber ich glaube auch nicht, dass auch nur ein einziger irgendwas sagt, wie: Mensch, ihr hattet ja doch recht. Scheiße, da habe ich mich geirrt. Das habe ich auch falsch eingeschätzt. Ich glaube eher, dass die sich alle wie die Wendehälse da rausmogeln, so nach dem Motto: Wir haben's ja immer schon gewusst. Und am Ende wird es darauf hinauslaufen, dass die das umdrehen und sagen: Wenn die Kirche damals nicht die ganzen Hexen verbrannt hätte, dann hätten wir jetzt ein Hexenproblem, ne. Also wenn nicht diese Maßnahmen durchgesetzt worden wären, wer weiß, was dann alles passiert wäre! Aber so ist es ja gut gegangen! Und das werden wir uns noch 15 Jahre anhören müssen. Und ich hab' so ein }langen nach Genugtuung, obwohl ich genau weiß, dass das nichts bringt.

BILLY Nein, das wäre nicht gut.

FRANZ Aber mal was anderes: Billy hat ja jetzt nochmal mit meinem Bruder Werner gesprochen. Und ich bin mit ihm zu seinem Geburtstag jetzt auch eine große Runde spazieren gegangen.

PAUL Ist der denn...Merkt der gar nichts?

FRANZ Ich weiß nicht genau, was er merkt und was nicht. Bei dem Spaziergang habe ich ihn dann gefragt: Mensch, was ist denn mit dir und Paul los? Ihr kennt euch doch schon so lange und habt so lange Musik zusammen gemacht, ihr seid in Kronenstadt gewesen, mit Band, mit Laura und allem drum und dran, ne...Du, der hat eine Wut auf dich. Das muss ich einfach mal so sagen! Wo ich einfach sage, das ist so hirnspaltend, so unsinnig! Woher kommt das?

PAUL Mmhh.

FRANZ Und auch so andere Leute, wenn man mit denen spricht, dann frage ich mich, woher das so kommt. Und ich merke jetzt auch bei mir, dass ich Malte und Heinz-Jürgen gegenüber ziemlich genervt bin, obwohl ich das gar nicht will! Das ist so diese unglaubliche Diffamierung und Gleichgültigkeit, der wir im Moment ausgesetzt sind.

BILLY Ich hatte auch ein bisschen Verständnis für Werner, weil ich das am Anfang auch hatte. Auch bei dir. Mit ähnlichen Argumenten. Du hattest mir damals ja geschrieben, dass du dich mit diesen Reichsbürgern unterhalten hattest auf dieser Berlin-Demo. Da dachte ich: Was ist denn mit dir los? Inzwischen verstehe ich das besser, was du mir damals sagen wolltest. Die Begegnung macht's ja irgendwo, dass man versteht, wie das einzuordnen ist, was du da geschrieben hattest. Auch emotional. Und das war eben alles etwas viel. Ich war auch von deinen langen Mails überfordert und fühlte mich ein bisschen missioniert. Deshalb habe ich irgendwann aufgehört, mir alles durchzulesen. Weil mich das überfordert hat. So war das am Anfang. Aber dass Werner an dem Punkt stehen geblieben ist, liegt meiner Meinung nach an der fehlenden persönlichen Begegnung. Der hat sich ein richtiges Feindbild aufgebaut. Der ist im Moment total auf Abwehr. Das ist ja auch einfacher.

PAUL Aber bei allem Verständnis muss ich ehrlich sagen, dass es für mich auch eine rote Linie gibt, die nicht überschritten werden darf. Ich denke, dass derjenige, der für die Impfpflicht ist, nicht mehr mein Freund ist.

BILLY Wenn ich das richtig verstanden habe ist Werner jetzt nicht für die Impfpflicht.

PAUL Na, ich hoffe (lächelt).

FRANZ Naja, also bis jetzt hat er da noch nichts konkret geäußert. Ich selbst akzeptiere, wenn andere die Impfung als einzigen Weg für sich sehen aber eine Impfpflicht ist bei mir ein absolutes No go!

PAUL Das ist für mich auch die rote Linie. Ich weiß gar nicht, wer für die Impfpflicht ist. Ich habe ja keinen Kontakt mehr zu vielen Leuten. Ich habe aber einer meiner engsten Kolleginnen, der Petra das mit der roten Linie gesagt. Petra war immer entsetzt über meine Meinung und sagte auch, sie will da mit mir nicht drüber diskutieren. Und dann habe ich ihr Material geschickt und dann hat sie aber ziemlich früh gesagt, sie will das nicht lesen.

FRANZ Ja, das kennen wir auch. Die wollen das nicht genau wissen.

PAUL Ich habe das auch akzeptiert und ihr nichts mehr geschickt. Dadurch ist dann aber der Kontakt völlig eingeschlafen. Das ist schon so.

BILLY Na logisch, unvermeidbar, leider.

PAUL Neulich habe ich mich endlich mal wieder mit ihr getroffen und ihr gesagt, dass ich vorher auch einen Test mache. Dann konnte ich aber irgendwie nicht dahin kommen, weil ich erkältet war, aber als das mit der Impfpflicht losging, habe ich per WhatsApp gesagt, dass die drohende Impfpflicht für mich ganz schlimm ist und ich mir nicht vorschreiben lassen will, was ich in meinen Körper injizieren lasse. Ihr könnt euch alles in eure Muskeln injizieren, da habe ich gar nichts dagegen. Aber ich bin die ganze Zeit derjenige, der sich an diese scheiß Maßnahmen gehalten hat. Ich gehe nirgendwo mehr hin, ich trage Maske, ich mache alles, was die von mir wollen. Ich zahle meine Steuern und finanziere das alles hier, aber egal., ne. Aber das geht zu weit. Und dann sagt sie: Nein, sie wäre gegen die Impfpflicht. Damit kann ich klarkommen und das reicht mir dann schon.

FRANZ Ja, ja, genau.

PAUL Also wenn einer für die Impfpflicht ist, angesichts dieser offensichtlichen Situation. Dann hört's für mich auf. Ich meine, ich weiß nicht, ob ich Werner jemals wieder treffe aber dann werde ich ihn fragen, ob er für diese Impfpflicht ist.

BILLY Ja, das ist eine gute Möglichkeit, das rauszufinden.

FRANZ Ja, das wird alles ziemlich schwierig aber ich will das nicht mit dieser blöden Spaltung. Wir sind deswegen auch damals auf Leo und Franka zugegangen. Wir hatten ja das gleiche Gefühl den beiden gegenüber.

PAUL Na ihr wart ja eine der wenigen, die mal gefragt haben. Es waren ja nicht viele, die kann ich ja an einer Hand abzählen.

BILLY Das Schwierige ist ja gewesen, dass du so viel geschrieben hast. Ich habe dann irgendwann gedacht, nee, das ist mir jetzt zu viel.

FRANZ Aber ich mache das jetzt auch.

PAUL Aber ich kann nur viel schreiben.

BILLY Ja, ich weiß (lacht). Also sprechen wäre einfacher gewesen, glaube ich.

PAUL Es gibt Menschen, die können sich da ganz kurzfassen aber ich kann das auch nicht.

FRANZ Ja, aber ich kann auch jeden verstehen, der sich erstmal abgewendet hat. Das war aus unserer Position erstmal alles ein bisschen zu viel, all unsere Erkenntnisse, auch bezüglich der Medien, waren ja irgendwie auf den Kopf gestellt. Und dann hab' ich irgendwann mal gedacht: Man ich lasse mir doch nicht von so einem Scheiß meine Freunde hier irgendwie vermiesen. Da kann doch was nicht stimmen. Und dann war das natürlich toll, dass wir uns in Kronenstadt getroffen haben. Und mit Leo und Franka waren wir ja vorher schon ein paar Mal spazieren und haben über alles geredet. Und dann hat sich ja auch bei uns was verändert. Das ist ja auch so ein Weg, den man gehen muss.

Und wenn den jemand anderes nicht geht. Wo holt man den ab? Wie kommen wir denn wieder irgendwie zusammen und wollen wir überhaupt zusammenkommen? Ich glaube nämlich auf der anderen Seite, wenn das hier in anderer Richtung noch enger wird, brauchen wir jeden, der auch nur irgendwie in eine einigermaßen von uns aus gesehen, sag' ich mal, liebevolle Richtung denkt. Und da gehört sicherlich für mich mein Bruder dazu.

Und da gehören auch sicherlich andere Leute dazu. Vielleicht Malte oder so, dass kann ich jetzt gar nicht sagen. Trotzdem habe ich diese enorme Sehnsucht nach Genugtuung.

PAUL Ja, das geht mir genauso.

BILLY Ich finde das auch unklug jetzt alle irgendwie mit den Meinungen, die sie im Moment eh nicht verstehen, zu behelligen. Aber ich schau mir auch die besonders Aggressiven an, die lauthals jetzt für die Impfpflicht sind.

FRANZ Wie der Meier in Sendberg.

BILLY Also den? Vergiss es! Aber auch die Gitte, eure Sängerin! Die ist ja auch ganz aggressiv drauf.

PAUL Die hat auf jeden Fall nach der Impfung einen Schlaganfall gehabt. Wusstet ihr das?

BILLY Nach der Impfung? Nee, das wusste ich nicht.

PAUL Darüber habe ich noch mit dem Mitmusiker von 'Bohei' geredet.

FRANZ Brigitte Koch?

PAUL Ja, genau. Mit Gitte selbst habe ich ja schon lange nicht mehr geredet, nur mit dem Hannes noch. Und dann sagte der irgendwie, also die hätte jetzt einen Schlaganfall gehabt. Deswegen würden sie erstmal keine Proben mehr machen. Ich bin ja aus der Band ausgestiegen. Und dann habe ich gesagt: Aha, Schlaganfall.

FRANZ Ach, das hat ja nichts damit zu tun.

PAUL Nee, hat nichts damit zu tun.

BILLY Ich glaube, das sieht sie selber auch so, dass das nichts damit zu tun hat, oder?

PAUL Sie war ja vollkommen gesund vorher.

FRANZ Und John Ebert, mit einem Musiker hier aus Olmen, wie heißt er? Edgar oder so...

PAUL Tacker?

FRANZ Ja, Tacker, der lief von der Bühne – Schlaganfall! Oder Herzinfarkt, irgendwas, ne. Nach'm Musik machen, das habe ich noch nie gehört, sowas. Hat ja nichts damit zu tun.

BILLY Na und der Bruder meiner Freundin, der ist von einem Augenblick zum anderen umgefallen. Der hatte mehrere Schlaganfälle hintereinander und dann war er sofort tot. Selbst der Arzt, der den Tod festgestellt hat, hat gesagt, dass das vermutlich mit der Impfung zusammenhängt, hat sie mir erzählt.

PAUL Ein Freund von mir, Schmagel, kennt ihr den? Schmagel? Von Trixi den Freund? Den langjährigen Freund von Trixi Stengel.

FRANZ Mmmhh. Trommelt der oder so? Ah, dann haben wir den im Wald getroffen, als wir gelaufen sind, weißt du noch? So ein Grauhaariger.

BILLY Ah, ja, ich erinnere mich!

PAUL Ja, das ist so ein langjähriger Freund. Mit dem mache ich jetzt ab und zu auch mal ein bisschen Musik.

FRANZ Ja, genau, das hat er erzählt!

PAUL Ja und der ist ja auch geimpft und geboostert und hat aber auch inzwischen den Glauben verloren. Und der erzählte mir auch von dem Lars. Ich mache ja mit Lars Bauer auch manchmal Musik und der will darüber ja überhaupt nicht reden. Also das ist für ihn das Schlimmste überhaupt darüber zu reden. Jetzt bin ich aber mal froh, dass ich überhaupt mal mit jemandem Musik machen kann und passe mich jetzt an.

BILLY Naja, so kann man's auch machen, wenn das geht.

PAUL Naja und dann kommt das aber natürlich, wenn du eine Probe machst kann das nicht immer zu Hundert Prozent vermieden werden.

BILLY Wie geht's dir denn so (lacht)? Ja also (alle lachen).

PAUL Ja, genau (lacht) Und dann sagte der Schmagel, er hätte ja nach der ersten Impfung einen leichten Schlaganfall gehabt.

BILLY Echt (schaut erschrocken)?

PAUL Ja und jetzt hätte er sich ja boostern lassen. Weil, jetzt würde er ja Blutverdünner nehmen, damit ihm das nicht nochmal passiert (verdreht die Augen). Schmagel glaubt da selbst gar nicht mehr dran und dann frage ich mich, ja warum lässt er sich impfen? Klar, weil der nochmal raus will. Er ist jetzt fast 70 und will auch nicht älter als 80 werden, meinte er. Und er ist Yogalehrer und verdient ja da seine 450 €, neben seiner Grundrente aber in Wahrheit glaubt der auch nicht mehr, dass ihm die Impfung hilft.

FRANZ Also wenn ich jetzt so 30/40 wäre, dann würde ich das auch nicht aushalten, wenn ich jeden Morgen irgendwie einen Test machen müsste und sonst was. Ich würde mich wahrscheinlich dann doch impfen lassen. Das ist ja auch viel mit dieser Testerei. Also wenn ich nun schon gegen diese ganze Sache bin, möchte ich mir niemals nachsagen lassen, dass ich hier Pandemietreiber bin und jemanden gefährden könnte! Da teste ich mich lieber jeden Tag.

BILLY Aber ehrlich gesagt, ich will auch niemanden gefährden! Ich bin zwar geimpft aber ich mache auch lieber einen Test, bevor ich irgendwo arbeite. Ich will ja auch nicht diejenige sein, wenn da irgendwas ist.

PAUL Wie machst du das denn? Testest du dich selbst oder gehst du dann ins Testzentrum und machst einen offiziellen Test?

BILLY Na, wenn ich einen offiziellen Termin habe, mache ich auch einen offiziellen Test, damit ich nachweisen kann, dass ich es nicht war, die da was reingeschleppt hat, so ungefähr.

PAUL Naja, ich finde das auch vollkommen o.k., wenn man sich testet, auch wenn es da auch andere Meinungen gibt. Nur ehrlich gesagt, es gibt auch sowas, wie Eigenverantwortung. Und wenn mir einer sagt, er ist getestet oder 'ich teste mich selbst', dann muss das doch reichen! Ich bin ja auch ein bisschen geizig und habe am Anfang gedacht: Ja, man darf sich ja umsonst testen lassen, so zweimal die Woche.

Und dann bin ich zu dem Apotheker in Käutzchengrund und dann haben die mir so in die Nase reingestochen mit diesem Dingsbums da, dass ich richtig sauer geworden bin. Und dann habe ich den Chef angerufen und gesagt: Das geht nicht! Meiner Tochter Konstanze haben sie da auch mal so brutal in die Nase reingebohrt, das die von innen, das Blut, das schoss der danach richtig durch den Hals!

BILLY Oh Boahhh, krass! Das ging meiner Cutterin so ähnlich, die hatte noch Stunden danach Schmerzen. Ist ja auch irgendwie so eine Art Körperverletzung.

PAUL Ja, das ist es.

FRANZ Also beim DRK gehen die auch wirklich tief rein. Dabei musst du ja nur 1 ½ cm tief reingehen. Da gehe ich selber manchmal sogar noch weiter. Aber die vom Testzentrum...

PAUL Vor allem wenn du das selbst machst, kannst du ja auch tiefer reingehen. Weil man selbst das Gefühl dafür hat.

BILLY Ja, ja, genau, du weißt ja genau, wo Schluss ist.

PAUL Ich gehe da jedenfalls nicht mehr hin, also da hört mein Geiz echt auf. Ich kaufe mir jetzt lieber für 6 Euro 5 Tests oder so...(lacht).

"Ich bin nahe dran zu sagen: Der Gesetzgeber ist in Ermangelung anderer effektiver Möglichkeiten nicht nur berechtigt, sondern verpflichtet, eine Impfpflicht einzuführen. (...)
Es ist ein kleiner Piks für den Einzelnen für die große Freiheit aller."

Peter Biesenbach, ehemaliger Justizminister von Nordrhein-Westfalen CDU (37)

Es wurden nun auch für Ungeimpfte die Kontaktbeschränkungen ein wenig gelockert und wir konnten uns von diesem unerträglichen Druck ein wenig erholen. Es entfiel die 2 G-Regel im Einzelhandel und ab dem 4. März 2022 galt für die Gastronomie und Übernachtungsangebote die 3 G-Regel, sodass nun auch wieder Ungeimpfte mit einem öffentlichen Test dabei sein durften.

Großveranstaltungen, Diskotheken und Clubs ließen Ungeimpfte immer noch nicht rein und die Geimpften und Genesenen mussten, wenn sie nur 2 x geimpft waren, neben dem Impfnachweis auch eine Maske tragen und zusätzlich getestet sein.

Die Maßnahmenbefürworter unter unseren Musikerkollegen konnten sich nun auch wieder, ohne dass sie irgendwelche Repressalien zu befürchten hatten, mit ihren ungeimpften Kollegen treffen. So saßen wir eines Tages bei unserem Bandkollegen Karsten und seiner Frau Sabine in deren Wohnzimmer zum Abendessen und die Stimmung war fröhlicher und entspannter, als noch Wochen zuvor.

Wir erinnerten uns an die lustigeren Begebenheiten während des Lockdowns, erzählten von den störanfälligen Zoomkonferenzen, von Treffen bei Wein und leckerem Essen und von der Käutzchengrunder Onlinesession, mit Bernhard, Karl Steigermann, Henry, Lars und Werner.

Karl Steigermann wohnt am Dorfrand von Käutzchengrund und war vor vielen Jahren mit seiner deutschen Folklore ein bisschen bekannter geworden. Einige der Onlinesession-Teilnehmer kannten ihn also von früher. Er ist irgendwie schräg, aber eben auch sehr lustig. Einmal, als wir uns alle in die Konferenz eingeklickt hatten, holte sich Karl aus seiner 'amerikanischen Küche' ein Getränk und wir sahen, dass er nur mit einem knappen Stringtanga im Tigerlook bekleidet war. Wir amüsierten uns ganz köstlich aber es schien ihn nicht zu stören, was wir da zu sehen bekamen.

Henry und Lars gehören zur Hanger-Fraktion. die, seit es die Onlinesession gab, immer mit Begeisterung dabei waren. Sie sind begnadete Sänger und es fehlte ihnen das Musik machen in diesen Sessionsituationen. Während Lars zuhause enorm unter den Kontaktbeschränkungen litt, vor allem weil es diese Musiktreffen nicht mehr gab, war Henry mit seiner Gehbehinderung superfroh, dass er nun bei solchen Events ganz unkompliziert von zu Hause aus dabei sein und unter viel Applaus seine Lieder zum Besten geben konnte. Werner, Franz Bruder, gehörte zu denjenigen, die nur einmal dabei waren und sich dann wieder zurückzogen. Alles in allem gehörten diese Erlebnisse zu den besonders schönen, denn wir sahen in der Zeit der Verbote auf diese Weise unsere Hanger' Freunde so oft wie nie zuvor.

Dabei entspann sich eine ganz besondere Nähe. Wir lachten, erzählten uns davon, wie es uns geht, sangen uns Lieder vor und freuten uns jedes Mal auf die nächste Session. Es machte uns ein bisschen melancholisch, als die analogen Begegnungen wieder möglich waren und von den Onlinetreffen abgelöst wurden und werden diese besonderen Treffen ganz sicher in guter Erinnerung behalten.

20. Februar 2022

Spaß im Lockdown

Gesprächspartner: KARSTEN, SABINE, BILLY (SIBYLLE), FRANZ

SABINE Also ich muss jetzt mal eine wirklich lustige Lockdowngeschichte erzählen. Da hatten uns nämlich zwei aus unserm Freundeskreis geschrieben: "Bitte seid alle morgen Abend um 19 Uhr bei Zoom!". Dann kriegten wir alle am Nachmittag eine riesengroße, ganz toll fertig gemachte Tasche vor die Tür gestellt. So eine große Papiertüte...mit 'nem Weinprobenset: 5 verschiedene Sorten Wein, so kleine Flaschen. Dann noch Dip, Brot, also alles ganz liebevoll fertig gemacht! Wirklich! Obst und Käse, so kleine Häppchen und noch was Süßes zum Nachtisch.

BILLY Cool!

SABINE Also richtig liebevoll fertig gemacht. Den ganzen Nachmittag haben die da dran gesessen, um das fertig zusammenzustellen. Dann haben wir uns um 19 Uhr alle getroffen. Ich hab' da in meinem Sessel gesessen und wir haben dann immer alle zusammen gleichzeitig die Flasche Wein aufgemacht, das Bier getrunken und so, ach, das war so toll!

BILLY Man, super!!

SABINE Ich glaube das ging bis drei Uhr nachts oder so.

BILLY Ja, so ähnlich fühlte sich das auch bei der Onlinesession an.

KARSTEN Also ich hatte an dem Abend Probe und dann bin ich nach Hause gekommen – die waren alle hackekackendicht (großes Gelächter)!

BILLY Ja, ne. Alle allein zu Hause, vorm PC sitzend und betrunken (lacht laut).

SABINE Na das waren so viele verschiedene Sorten Wein (lacht)!

FRANZ Das kann ich mir vorstellen (lacht)!

SABINE Oh, was war mir schlecht, ey (lacht)!

KARSTEN Also ich bin hier reingekommen, da war Bine schon nicht mehr da. Und das sah alles aus, als wenn sie hier alles fluchtartig verlassen hätte. Nix weggeräumt so, ne. Umgefallene Pullen, so (lacht).

SABINE Ja, totales Chaos! Das angebrochene Essen und so.

BILLY Na besser, als ausgebrochen (alle lachen). Aber das ist doch echt 'ne schöne Idee!

SABINE Ja, das fand ich auch!!

BILLY So ähnlich lief das auch bei unserer Onlinesession ab. Also jetzt nicht mit Essen und Trinken, das macht ja jeder selber so für sich. Aber die Stimmung war echt klasse und brachte uns auch ziemlich nah zusammen. Und letztlich waren dann Leute dabei, die du nie auf der Käutzchengrunder Session gesehen hast, während die meisten Käutzchengrunder Musiker weggeblieben sind.

KARSTEN Und Werner und so, die sind da alle nicht dabei oder wie?

BILLY Nee, kaum einer. Außer Karl Steigermann und Berni ist manchmal dabei.

FRANZ Von der Käutzchengrunder Session sind wirklich nur ganz wenige dabei. Heinz-Jürgen nicht, Malte nicht, niemand, ne.

KARSTEN Ach.

FRANZ Da ist nur Karl Steigermann und dieser Bernhard, der Trompeter.

BILLY Der hat ja zwei kleine Kinder und war froh, dass er, ohne aus dem Haus gehen zu müssen, an so einer Sache teilnehmen konnte. Das war ja sehr praktisch für ihn. Die meisten kommen aber alle aus Hanger, Preusel. Neulich waren zwei aus weiß ich woher dabei, ich glaub' in Ekuador saßen die. Das waren Bekannte von Vera und Lars.

FRANZ Utzi war auch mal dabei.

BILLY Ja und Peer und seine Freundin, die saßen in Irland.

FRANZ Gleich beim ersten Lockdown hatten wir die erste Onlinesession organisiert, haben dann einen Song aufgenommen, haben den rumgeschickt, haben den dann zusammengeschnitten, ne. Und ich glaube, wir waren eine der ersten, die sowas gemacht haben. Wenn du sowas aber noch nie gemacht hast, bis du da fit wirst, das dauert.

SABINE Ja, das ist dann learning by doing. Das habe ich mittlerweile auch, also ich habe da jetzt keine Angst mehr irgendwas falsch zu machen. Warum auch? Der wird schon nicht explodieren, der PC (lacht)!

FRANZ Aber soweit musste erstmal kommen.

Bärbel ist eine meiner Gesangsschülerinnen. Eine junge Frau mit einer leichten geistigen Behinderung. Sie ist ein herzensguter Mensch, die über die Chance in einer Senioreneinrichtung, die durch Stift Heiligengrad verwaltet wird, arbeiten zu dürfen, überaus glücklich ist, denn es ist, trotz der Inklusionspläne von 1994, für Menschen mit Behinderung nicht leicht, einen Job außerhalb von Behindertenwerkstätten zu bekommen. Bärbel hat eine schöne Stimme und singt leidenschaftlich gern. An jedem Unterrichtstag erzählte sie mir immer sehr ausführlich wie es ihr geht und was sie in den Tagen zuvor erlebt hatte.

Neben dem Singen ihrer Lieblingslieder war, so hatte ich den Eindruck, das Erzählen für sie einer der wichtigsten Gründe für unser Zusammentreffen. Im ersten Lockdown trafen wir uns zunächst für ein paar Wochen nicht, doch sie hielt ohne ihre wöchentliche Unterrichtsstunde nicht sehr lange durch. Und so wurde der Unterricht ziemlich früh wieder aufgenommen. Als sie bei mir ankam hatte sie ein unübersehbares Hautekzem, das vom täglichen Tragen der Maske herrührte. Niemand schien sich in ihrer Einrichtung dafür zu interessieren und sich um eine bessere und für sie gesündere Lösung zu bemühen. Sie hatte Glück, denn irgendwann gewöhnte sich die Haut an das Tragen der Maske und die Haut erholte sich wieder. Oft klagte sie über Luftmangel, besonders in der warmen Jahreszeit. Als die einrichtungsbezogene Impfpflicht eingeführt wurde bekam sie wie selbstverständlich eine Impfung nach der anderen und hatte, als geistig behinderte Frau, keinerlei in ihrer Macht stehende Möglichkeiten, sich dagegen zu wehren oder auch nur zu erfragen, was das bedeuten könnte. Es schien weder ihre persönliche Betreuerin, noch die Vorgesetzten der Einrichtung für notwendig zu erachten, ihr in 'leichter Sprache', also für sie barrierefrei, eine Aufklärung und eine Entscheidungsmöglichkeit zu diesen Eingriffen zu bieten. Auch hierbei hatte sie Glück und vertrug die Impfungen problemlos. Bald erzählte sie mir von einer Kollegin, die plötzlich verstorben war. Das war, wie sie sagte – kurz nach der Impfung. Als die einrichtungsbezogene Impfpflicht beschlossen war, musste dann auch in ihrer Einrichtung eine ihrer Kolleginnen gehen.

Zurück zum Gesangsunterricht: Der findet in unserem separaten Gartenhaus, einem relativ kleinen, aber gemütlichen Raum statt und wenn man aus dem Fenster schaut, so sieht man den schönen Garten mit seinen hohen Gräsern und den Blumenrabatten. Bärbel kam also wieder zum Singen zu mir aber nach den ersten Einsingübungen begann sie mir von ihrer Situation in dem Pflegeheim, indem sie arbeitete, zu erzählen und es entspann sich ein spannendes Gespräch.

Denkzettel für: _____ am 31.1.22

Was hast du falsch gemacht?
    Ich habe meine Maske nicht immer aufgesetzt.
Folgende Regel habe ich nicht eingehalten:
    Ich habe nicht immer meine Maske aufgehabt.
Bist du der Meinung, dass du dich bei jemandem entschuldigen musst?
    Ja   erledigt am 31.01.22
Was nimmst du dir für die nächste Zeit vor?
    Das ich meine Maske aufsetzen werde. Aber ich habe es vergessen, die Maske aufzusetzen. Ich werde jetzt immer meine Maske aufsetzen.
Kenntnis genommen und besprochen
_____ (Unterschrift des Erziehungsberechtigten)

Denkzettel für Kinder einer Schule

22. Februar 2022

Pflegeheimbewohner

Gesprächspartner: BÄRBEL, BILLY (SIBYLLE)

BÄRBEL Irgendwann haben wir gesagt, dass wir da nicht mehr mitmachen!

Und die 21 muss dann ja immer auf alles achten.

BILLY Die 21?

BÄRBEL Ist die Fachkraft. Die Fachkraft hat ja natürlich die ganzen Angehörigen an der Backe.

BILLY Ach so. Und die hat dann Telefondienst?

BÄRBEL Genau. Und das hat geklingelt ohne Ende. Und dann haben wir der Leitung gesagt: Sorry, also wir machen jeden Scheiß mit, wir lassen uns impfen, wir lassen uns ständig testen aber das macht ihr schön alleine! Und was meinst du, wie schnell das gegangen ist, dass die Angehörigen wieder 'rein durften, dass die das durchgesetzt haben.

Die Leitung hat ja erst gesagt, die müssen mal kucken. "Wir müssen uns auch an die Regeln halten" haben die geantwortet. Aber wir haben so einen Coach, dem man Sachen sagen darf, zu dem sind wir hingegangen und haben ihm erzählt, dass die Bewohner ihre Angehörigen vermissen und wir das immer erklären müssen. Wir haben andere Sachen zu tun, die wichtiger sind. Lasst die Angehörigen wieder zu ihren Müttern und Vätern!

BILLY Und ist das ein Pflegeheim, wo du arbeitest? Ein Seniorenheim, oder?

BÄRBEL Ja. Aber trotzdem. Die Angehörigen dauernd beruhigen zu müssen, das kann doch keine Dauerlösung sein!

BILLY Und wie haben die Angehörigen und die Leute reagiert, also die Bewohner?

BÄRBEL Ja, wir hatten Glück, dass die Bewohner richtig gut reagiert haben und alles mitgemacht haben. Aber trotzdem.

BILLY Das war ja bestimmt auch traurig für die Angehörigen, dass sie die nicht sehen durften. Das ist doch Mist! Das haben mir meine alten

Damen, die ich in einem Pflegeheim befragt habe, auch gesagt: "Naja, wir mussten das ja so machen aber die Pfleger, die konnten ja nach Hause gehen und wir mussten im Heim bleiben und durften nicht raus!" haben die gesagt.

BÄRBEL Wir sind auch immer mit einem schlechten Gewissen rein- und rausgegangen. Und einige sind stumpf nur Zuhause geblieben, weil sie sich nicht getraut haben irgendwo hinzugehen. Die hatten ganz schöne Angst, dass sie irgendwo rausgehen und dann Corona kriegen. Die hatten gar nicht mal Angst vorm krank werden, sondern viel mehr Angst, dann entlassen zu werden, weil sie sich nicht an die Regeln halten und unvorsichtig waren. Glaub' mal für uns war's auch nicht leicht!

BILLY Na und jetzt? Jetzt habt ihr die Boosterimpfung, also die beiden ersten Impfungen und die Boosterimpfung?

BÄRBEL Ja, also es sollen am vierten erst die Bewohner die vierte kriegen und dann wir auch. Also bei uns wird das dann wohl im April angesetzt.

BILLY Aber eigentlich hat doch Lauterbach gesagt, dass drei Impfungen reichen? Dann müsst ihr die doch eigentlich gar nicht kriegen?

BÄRBEL Ich weiß nicht, was Stift Heiligengrad sich da wieder einfallen lässt. Wir werden's ja sehen (lacht).

BILLY Na Hauptsache, du verkraftest das gut! Ich drücke dir die Daumen, wollen wir das Beste hoffen und nicht davon ausgehen das was passiert!

20. März 2022

Keine Verabschiedung für ungeimpfte Pflegerinnen

Gesprächspartner: BÄRBEL, SYBILLE

BILLY Warum konnte die sich denn nicht Verabschieden?

BÄRBEL Wir haben ja Diensthandys. Und die Telefonnummern stehen ja nur in den Diensthandys drin. Das musste die jetzt abgeben.

BILLY Aber wer hat denn gesagt, dass sie gehen muss?

BÄRBEL Ich weiß gar nicht so genau, wer. Die hatte mich nur irgendwann angerufen und hat gesagt, dass sie sich halt nicht impfen lässt und dass ich mich nicht wundern sollte, wenn sie irgendwann weg ist. Da stand das noch nicht fest. Und am 15. März oder 16. März stand das dann fest.

BILLY Und dann?

BÄRBEL Dann wurde sie gekündigt. Weil sie sich nicht impfen lassen hat.

BILLY Richtig gekündigt? Sie ist nicht freigestellt worden, sondern wurde gekündigt?

BÄRBEL Ja, weil, sie hatte ja drei Monate Zeit, sich impfen zu lassen. Und da hat man ihr schon gesagt: Lass dich bitte impfen, dann kannst du bleiben.

BILLY Hat sie das schriftlich bekommen, diese Aufforderung?

BÄRBEL Genau. Das sie sich bitte impfen lassen soll, auch vom Gesundheitsamt und dann hat sie es aber nicht gemacht, weil sie gesagt hat, das bringt ja eh nichts, sich impfen zu lassen und…naja.

BILLY Und jetzt habt ihr eine neue Kollegin?

BÄRBEL Inzwischen haben wir zwei neue Kolleginnen.

BILLY Habt ihr denn Kontakt zu der, die entlassen wurde?

BÄRBEL Nein, wir wissen jetzt nicht, was die jetzt machen wird und so. Also das finde ich nicht so toll. Das hätte Konrad wenigstens mal sagen können, dass sie entlassen wird. Sie konnte sich ja nicht mal von ihren Klienten Verabschieden.

BILLY Konrad?

BÄRBEL Also Konrad ist mein Chef und dem ist das eigentlich echt schwergefallen, das zu machen, weil die arbeiten ja schon seit 15 Jahren zusammen oder so. Sie ist ja schon von Anfang an dabei gewesen. Und Konrad ist das nicht leicht gefallen, das weiß ich. Also mehr wissen die Klienten auch nicht, wie das genau abgelaufen ist (schüttelt mit dem Kopf, zuckt mit den Schultern).

BILLY Auf jeden Fall war sie also plötzlich weg. Buff.

BÄRBEL Genau! Wir werden ja nicht gefragt. Also was wir wollen. Das interessiert doch keinen. Das interessiert doch nicht, ob wir das hin und her wollen oder nicht. Und ob wir ständig neue Leute einstellen müssen. Aber ich sage gleich, das ganze hin und her, ich mache das nicht mehr lange mit! Ich möchte selbst auch feste Betreuer und Bezugspersonen haben und nicht immer dieses hin und her. Da kann die Regierung sich auf den Kopf stellen und die können noch so viele Leute feuern oder nicht!

BILLY Naja, du lässt dich impfen, also brauchst du ja auch nichts zu befürchten. Musst halt immer brav machen, was die Regierung sagt.

BÄRBEL Naja ob das wohl alles richtig ist, was die machen?

BILLY Na ich denke mal, die Leute verstehen langsam, dass da nicht unbedingt alles richtig sein kann. Die merken ja, dass das nicht funktioniert.

BÄRBEL Wir machen das auch nur, weil wir Schiss haben um unsere Stellen. Deswegen machen wir das. Weil wir Angst haben, dass wir unsere Stellen verlieren. Sonst würden wir den Quatsch doch gar nicht machen.

BILLY Na vor allen Dingen, wo sich jetzt herausstellt, dass das ja nicht so richtig hilft. Oder denkst du, dass dich das schützt vor einem schweren Verlauf oder so?

BÄRBEL Ja, okay. Aber wenn ich's krieg, dann krieg ich das sowieso, hat mein Bruder auch gesagt. Der hat das ja auch gemacht, damit er seine Arbeit behalten kann.

BILLY Was macht denn dein Bruder?

BÄRBEL Der arbeitet bei Lemmers und der hat das auch nur gemacht, damit er die Arbeit behalten kann.

BILLY Bei Lemmers? Was ist das?

BÄRBEL Na der geht auf'n Bau. Als Bauingenieur.

BILLY Für die Bauleute und Handwerker existiert ja Corona eigentlich gar nicht. Jedenfalls verhalten die sich von Beginn an so. Die lassen sich impfen, weil es sein muss aber ansonsten denken die darüber gar nicht nach, hab' ich so beobachtet.

BÄRBEL Ja, also mein Bruder muss das auch machen, um seinen Job zu behalten. Ich mache das auch nur, um meinen Job zu behalten. Und wer weiß, was sich Stift Heiligengrad noch einfallen lässt? Weil Stift Heiligengrad macht alles, was die Regierung sagt. Alles! Und bevor ich meinen Job verliere, wofür ich so hart gekämpft habe, lasse ich mir lieber so einen Piks geben. Ich muss ja noch ein paar Jährchen arbeiten.

BILLY Der Piks ist ja nicht das Problem, sondern was dann in deinem Körper passiert mit den Stoffen, die sie da hineinspritzen.

BÄRBEL Ja, also Biontech habe ich eigentlich ganz gut vertragen.

BILLY Na ich drücke dir die Daumen! Ich hab's ja auch gut vertragen aber manchmal denke ich, na hoffentlich passiert nicht später noch was, wenn sich da was verengt in den Blutgefäßen, ne, da könnte ja auch später noch irgendwas sein.

BÄRBEL Na klar.

BILLY Weil, ich meine, es ist doch irgendwie merkwürdig, wenn fast 50 % der Fahrradfahrer dieser Tour neulich allesamt umfallen und im Stern berichtet man von einer Erkältungswelle. Da komme ich mir schon veräppelt vor. Also so eine Erkältungswelle, sowas habe ich noch nie gehört!

BÄRBEL Mein Bruder hat gesagt, das ist eine ganz normale Grippe.

BILLY Na, das glaube ich gar nicht mal. Ich glaube am Anfang war es schon heftiger. Aber mit der Omikronvariante kommen wir hoffentlich bald aus dieser blöden Pandemie. Selbst das Paul-Ehrlich-Institut und das RKI haben bestätigt, dass die Genesung besser ist, als die Impfung. Da versteht man doch erst recht nicht, warum sie die Impfpflicht einführen wollen, oder?!

BÄRBEL Das ist ja schon durch!

BILLY Oder eingeführt haben, bei den Pflegerinnen. Aber nun geht's ja um die allgemeine Impfpflicht! Darüber diskutieren die jetzt, im Schatten des Ukrainekrieges – mit bis zu 5 Jahren Knast, mit 25.000 € Strafandrohung und das mehrmals hintereinander! Und unter hohen

Auflagen auch Zwangsimpfung! Gruselig! Solche Ideen hatten die. Das habe ich alles auf der Seite der Bundesregierung gelesen! Du kannst bis zu 5 Jahren ins Gefängnis kommen, wenn du nicht zahlst und musst vorher mehrmals bis zu 25.000 € Strafe zahlen und wenn du das nicht machst, dann kommst du möglicherweise in den Knast, das stand jedenfalls in dem Entwurf. Und unter hohen Auflagen, was immer das auch bedeutet, kannst du auch zwangsgeimpft werden. Das steht da wirklich drin! Das ist kein Fake! Ich habe das wirklich mehrmals geprüft, weil ich dachte, das kann doch nicht wahr sein! Das haben die im Dezember so besprochen. Also erstmal nur als Vorschlag. Jetzt haben die das ein bisschen abgemildert aber einmal besprochen ist es erstmal in der Welt, würde ich sagen.

BÄRBEL Das muss nicht so kommen…

2021 Hinweis zu Besuchsmöglichkeiten in einem Seniorenheim

Seit Juni '22 ist's mit Recht und mit Fug
so eine Sache, denn jetzt steht genug
im neuen Verfassungsschutzbericht,
der beschreibt nun die neue Bürgerpflicht.
Denn mit kritischem Blick wird präzise belegt,
dass wenn jemand damit Aufsehen erregt,
er/sie/es mit Worten, die vielleicht das Vertrauen
in staatliche Institutionen abbauen,
herumjongliert, aufs Geschehen schaut,
es nicht akzeptiert oder kritisch und laut,
sie anzweifelt, gar mit Worten beschmutzt,
ein Fall wäre für den Verfassungsschutz!
Staatliche Institutionen sind klug
im Bericht erwähnt in 'nem Atemzug
mit den Medien, denn so wird den Leuten klar,
dass der Staat genau weiß: Was ist falsch und was wahr.
Es heißt ja, dass Medien- das ist's, was wir wollten-
frei von staatlichem Tun agieren sollten,
investigativ, bei Nacht und am Tage.
Doch lieg ich denn falsch, wenn ich dazu sage,
dass, wenn die Medien mit den Institutionen
in einem gemeinsamen Hause wohnen,
dass das, was geschieht, nicht eher beschreibt,
dass vom freien Berichten nicht viel übrig bleibt?

Auszug aus dem Gedicht 'Zweifel' von Susanna Wüstneck

Bundeskanzler Olaf Scholz (SPD) hat dafür plädiert, im Kampf gegen die Corona-Pandemie flexibel beim Ergreifen von Gegenmaßnahmen zu sein.

"Es darf keine roten Linien geben, das hat uns diese Pandemie nun wirklich gezeigt. Wir müssen immer bereit sein, umzudenken, wenn die Umstände es erfordern."

Olaf Scholz, deutscher Bundeskanzler (38)

Joachim ist Ingenieur und einer meiner Gesangsschüler. Wir trafen uns bei einer dieser illegalen Musiktreffen, denn er spielt Gitarre und singt. Manchmal macht er mit Paul Musik und da die Ungeimpften und Kritiker aus dem öffentlichen Leben ausgeschlossen waren, wurden eben illegale Treffen organisiert. So wurde aus uns bei solchen Gelegenheiten eine Gruppe 'illegaler Menschen'.

Niemand von uns hätte gedacht, dass wir eines Tages auf diese Weise unterwegs sein würden. Achteten wir doch alle die allgemeinen Regeln und Gesetze eines demokratischen Staates, denn wir hatten immer das Gefühl, sie auch anzweifeln zu dürfen, ohne in der Luft zerrissen zu werden. Außerdem funktionierte die Demokratie aus unserer Sicht relativ gut. Wir konnten größtenteils so leben, wie wir wollten und waren irgendwie auch zu träge, um uns mit den Mängeln auseinanderzusetzen. Joachim und wir trafen also auf dieser Musiksession zusammen und er fragte mich, ob ich ihn unterrichten würde. Es war ein bisschen ähnlich, wie bei meiner Schülerin Bärbel; der größte Teil der Unterrichtsstunde waren spannende und interessante Gespräche und wir mussten uns fasst zwingen auch ein wenig zum eigentlichen Grund für unser Treffen zu kommen – dem Singen und der Musik. Die Zeit war einfach zu spannend und Joachim hatte immer interessante Sichtweisen zum Geschehen, sodass wir die Diskussion nach dem Unterricht mitunter sogar gemeinsam mit Franz fortführten.

2022 Schild eines Montagsdemonstranten

8. März 2022

Die rote Linie

Gesprächspartner: JOACHIM, FRANZ, BILLY (SIBYLLE)

JOACHIM Ich habe gedacht: Wenn wir jetzt nichts machen, dann landen wir irgendwann in einem Land, in dem ich wirklich nicht leben will. Ich habe immer dieses öffentlich-rechtliche System mit den öffentlich-rechtlichen Fernseh- und Radiosendern verteidigt, gegenüber dem ganzen Privatscheiß. Ich habe Emails, Briefe, was weiß ich alles in der Zeitung geschrieben. Antwort: Null. Ich habe mein Leben lang grün gewählt, ne. Ey, ich habe dann mal beim Bier trinken in der Nachbarschaft jemanden getroffen. Der ist bei den Grünen. Das war schon in der Coronazeit. Da hab' ich den mal so danach gefragt, wie der das so sieht, was hier passiert. Und dann sagte der nur: Ach Joachim, da können wir doch sowieso nichts dran machen! Ich sag: Ey, wo bin ich denn jetzt hier gelandet? Ich dachte ja immer mal, ich sollte mich doch auch mal bei den Grünen einbringen. Dann habe ich zweimal eine Email an alle Landtagsabgeordneten, Bundestagsabgeordneten verfasst. Da habe ich denen erklärt, dass ich die gewählt habe und bekam dann beim zweiten Brief eine Antwort auf eine Frage, die ich gar nicht gestellt hatte.

FRANZ Ja, ein Hinweis auf die Impfzentren, die es überall gibt (lacht)?

JOACHIM Und hier die Tage, ne... haben Uschi, also Pauls Frau und ich eine Nachricht an die Bürgermeisterin hier in Käutzchengrund geschrieben. Hamwa Briefe geschrieben und Antwort null. Und jetzt grade auch. Ich merke dann, dass mindestens die Hälfte der Leute, die sich da politisch organisieren oder zumindest in die Partei eintreten und die ganzen Gruppen, die es so gibt, dass das auch so ein Geeier ist. Also wenn man ehrlich ist, ist das irgendwie wie eine Regression in so ein kindliches Verhalten. Letztens hatte der Gerald Hüther, also so ein Psychologe, das sehr schön erläutert: Was macht ein Mensch, wenn er unter Stress kommt? Er will den loswerden. Und da gibt's zwei typische Reaktionen:

FRANZ Kämpfen oder?

JOACHIM Nee, du hast das als Kind gelernt. Wenn irgendwie Stress zuhause war und du die Anweisungen deiner Eltern befolgt hast, dann bist du den Stress losgeworden. Wenn du also brav die Maske trägst, dann wirst du auch nicht mehr genervt. Deshalb machen das die einen.

Das ist wie eine Regression in die Kindheit, ins kindliche Verhalten. Und andere machen das, indem die pubertär werden und einfach sagen: Nein, wenn du das sagst, dann mache ich das erst recht nicht. Und politisches Arbeiten, finde ich, geht natürlich anders. Und das sehe ich da auch in unserer Partei (die Basis), uahhh denk' ich manchmal: Oh scheiße, dat wird och nix.

BILLY Das sagt ja Paul auch, dass es da zu sehr menschelt und man deshalb da nicht wirklich vorankommt.

JOACHIM Ja, der hat sich da schon ein bisschen mehr zurückgezogen.

BILLY Schade, dass das so ist.

JOACHIM Wir könnten doch jetzt auch sagen: Ist doch schön hier und wir machen einfach nicht mehr mit, leckt uns alle mal am Arsch ne aber...

BILLY Na wir wollen ja auch mitgestalten, sodass das eine Gesellschaft ist, die lebbar ist, da kann man sich dann nicht einfach raushalten.

JOACHIM Genau. Also ich möchte meinen Lebensentwurf ja irgendwie jetzt nicht auf einmal...

FRANZ Aber das wird schwierig. Klar, ich habe 25 Jahre grün gewählt und 21 mal Links gewählt und manchmal, ja da bekrabbelt sich ja der ein oder andere aber mit den Grünen bin ich durch, da bin ich sowas von durch.

JOACHIM Das kannste laut sagen! Und ich war durch, als ich den Typen mit einem Schwein auf dem Arm auf so einem Plakat von den Grünen gesehen habe! Jetzt habe ich aufgehört Fleisch zu essen und dann zeigt der mir da'n Schwein!

FRANZ Und dann dieser Dahmen.

JOACHIM Puuhhh.

FRANZ Und wir haben trotzdem letztes Jahr nochmal Grün gewählt. Ich dachte noch, so für den örtlichen Bereich, ach Mensch, das ist eine Frau bei den Grünen, ist im örtlichen Bereich. Das ist doch ganz gut und deshalb habe ich Grün gewählt, wie heißt die Frau hier?

BILLY Frau Watzek, Sabine Watzek.

FRANZ Watzek, ja genau, da habe ich auch gedacht, ja das ist vielleicht taktisch ganz klug so. Ich kann mit dem linken Vertreter jetzt hier auch nicht so richtig was anfangen, also hier, im Flyhorner Bereich. Was soll ich jetzt hier die Linken wählen (lacht)? Da passiert nicht viel aber vielleicht sind die Grünen ja hier irgendwie, ne. Boahh und direkt danach geht das los mit diesem Impfzwang und dann kommt mir dieser Dahmen da noch dazu.

JOACHIM Die Watzek, also vor zwei Wochen…

FRANZ Wie ist die denn drauf, weißt du das?

JOACHIM Ja, vor zwei Wochen gab es eine Zoom-Bürger-Veranstaltung von den Grünen zum Thema Impfpflicht.

FRANZ Ah ja?!

JOACHIM Und interessant daran war zum Beispiel, dass da eigentlich gar kein Bürger dabei war, ne. Da waren nämlich Vassili, das ist einer aus unserer Partei und ich. Und 10 Grüne (allgemeines Gelächter).

JOACHIM Das war so, als wenn wir uns als Musiker treffen und beweihräuchern uns gegenseitig.

FRANZ Und kein Publikum (lacht laut).

JOACHIM Wir waren ja eigentlich da Partei sozusagen. Ja, pass auf- und ich dachte irgendwie: Kuck mal, das interessiert gar kein Schwein! Entweder wissen sie es eben nicht oder sie sagen: Ach das ist doch sowieso alles scheiße, ich weiß nicht, was da los ist.

FRANZ Viele sind auch einfach aus der Politik raus.

JOACHIM Ja, die haben einfach genug. Na jedenfalls kann man sagen, es war eine faire Veranstaltung und was schön war, Bürgerbeteiligung bei uns hier in der Stadt, da war ich ein paar Mal bei so Bausachen dabei. Da war das so, dass die immer die Diskussion abgewürgt hatten. Die sagten dann z.B.: So Sibylle, jetzt ist deine Sprechzeit um, auf Wiedersehen! Du kommst da gar nicht in eine Diskussion. Und das war natürlich cool, dass man sich über 1½ Stunden wirklich miteinander austauschen konnte. Die haben das auch zugelassen. Also die Watzek, die hat immer nur schön mitgeschrieben und kaum was gesagt. Und dann hat sie immer gesagt: Ja, das mit der Impfpflicht, da ist sie noch ganz unsicher, sie weiß das noch nicht so und blabla, so. Am liebsten hätte sie…

FRANZ Das alles vorbei ist (lacht laut).

JOACHIM Am liebsten hätte sie, wenn das Virus ihr die Entscheidung abnehmen würde. So hat sie das wirklich gesagt!

FRANZ Ja, genauso schätze ich das ein (lacht)!

JOACHIM Und dann habe ich gesagt: Frau Dr. Watzek, ich wünsche mir eigentlich, dass ihr, als Politiker, das Heft in die Hand nehmt. Ihr habt jetzt diese Information, aber ihr solltet auch mal andere Seiten anhören. Und dann entscheidet ihr und nicht das Virus oder irgend so ein Oberexperte, weil ihr in einem oder zwei Jahren doch überflüssig seid, wenn ihr so arbeitet. Das kann doch jede künstliche Intelligenz viel besser(großes Gelächter)! Ist doch so!

FRANZ Der ist gut, den muss ich mir merken (großes Lachen)!

JOACHIM Das ist doch der Unterschied. Ja natürlich.

FRANZ Es läuft ja wirklich so.

JOACHIM Ja, natürlich. Also dieser ganze Expertenscheiß, den die da machen...

Also die Politiker sind doch gerade dafür da, diese ganzen Aspekte abzuwägen und klar spielt auch das Medizinische beim Virus eine Rolle aber es gibt auch den sozialen und den wirtschaftlichen Aspekt. Es gibt alle möglichen Aspekte, die es zu berücksichtigen gilt.

FRANZ Ja, was der Epidemiologe ja gar nicht weiß.

JOACHIM Ja und am Ende ist dann da ein Mensch, der dann sagt: Aha! Was machen wir denn jetzt? Und das ist der Job des Politikers. Ansonsten brauchen wir den doch gar nicht. Dann fragte sie mich: "Was würden sie sich denn von der Politik wünschen?" Ja, ich sag, dass ihr das Heft in die Hand nehmt! Ich denke ja auch manchmal; am besten würde ich morgen früh aufwachen und alles ist wieder wie früher. Aber das ist doch kindisch, so kann man doch nicht Kommunalpolitik machen!

BILLY/FRANZ Ist eben nicht so einfach (alle lachen)!

JOACHIM Oder dieses ganze dumme Gelaber, wenn die immer mit ihren Nazis anfangen.

FRANZ Oh, das. Da bin ich ja mit der Friedensini, du, oh.

JOACHIM Das habe ich in einer Sitzung auch irgendwann gesagt: Ey Leute, ich habe keine Ahnung wieviel Nazis da in Olmen, Flyhorn oder was weiß ich wo mitlaufen oder so. Das ist mir dann aber auch relativ egal. Ich meine, wer von euch geht denn z.B. zu BVB Fußball kucken? Weißte was, da stehst du mit 15.000 Hardcorenazis da. Und keiner sagt: Bist du bescheuert? Du kannst doch nicht zum BVB – Spiel gehen, wenn da die Nazis dabei sind!

BILLY Das ist ja auch ein absolutes Totschlagargument, zu sagen: Da laufen Nazis mit und deswegen darfst du da nicht hin. 1. weißte nicht, wer von denen welche Gesinnung hat, das kannst du ja nicht überprüfen. Du müsstest ja jeden Einzelnen fragen, ob der oder die vielleicht irgendwie AFD-nah ist oder so. Und selbst wenn da mal jemand dabei ist, dann läuft der mit den Leuten mit und nicht andersherum. Auf jeden Fall hebelt das die Demonstrationsfreiheit total aus.

FRANZ Also das finde ich auch! Also wir laufen nicht mit Nazis herum sondern wenn überhaupt, dann laufen die mit uns mit.

JOACHIM Auch da müssen sie sich abgrenzen heißt es ja immer.

BILLY Das ist richtig und das tun sie auch! Wir gehen ja seit einer Weile auch immer auf die Montagsdemo, wegen der Impfpflichtgeschichte. Und dort sehen wir regelmäßig, Montag für Montag, wie viele der Demonstranten ihre Schilder hochhalten, auf denen steht: Nazis raus! Außerdem rufen die das der Antifa entgegen!

FRANZ Das ist total scharf, alle schreien 'Nazis raus' und die Demonstranten antworten mit 'Nazis raus!' (lacht). Das ist wie im Kindergarten!

BILLY Genauso läuft das und dann schreien die wieder zurück, also diese 14-jährigen Antifakinder, mit der Flüstertüte: "Ihr seid doof, ihr seid doof!" Wirklich, das ist so grotesk!

JOACHIM Also in Bezug auf die Antifa habe ich bei diesen Demos immer gedacht, dass sie den Pubertierenden, meistens Jungs, da eine Möglichkeit geben mal…

BILLY …rumzuschreien.

JOACHIM rumzuschreien, ja und dann hat man einen gemeinsamen Feind und dann…

BILLY Ja, genauso ist das und das sieht man auch.

JOACHIM Als meine Kinder so in dem Alter waren, war das auch schon so.

BILLY Ja, die sind froh, dass die mal brüllen können, die haben ja auch irgendwie ihre Sorgen, auch wegen Corona…Mir kommt das so vor, als müssten die ihren Frust einfach mal so richtig rauslassen.

FRANZ Also ich war ganz irritiert. Früher, während dieser Abrüstungs- und Anti-Atomkraftbewegung, war da der autonome Block und die Antifa und wir waren immer froh, dass die dabei waren. Auch wenn wir schon immer Angst hatten, dass die gleich Randale machen. Da wollte ich ja nicht dabei sein. Weil, wir waren ja friedliche Demonstranten.

Aber als ich die da jetzt gesehen habe, dachte ich: Was ist denn hier los? Hier geht jetzt aber auch alles durcheinander.

JOACHIM Ja, ja, rechts ist links und …

FRANZ Ja, es ist völlig schräg…

BILLY Die Leute ordnen das wie früher ein und dann passt das aber gar nicht mehr.

8. März 2022

Ossis und Wessis

Gesprächspartner: JOACHIM, FRANZ, BILLY (SIBYLLE)

JOACHIM Wir haben ein Büro in Dresden gehabt und ein junger Mitarbeiter, der hat bei uns seine Diplomarbeit geschrieben und dann habe ich den übernommen. Und dann wollte der wieder zurück. Naja und dann haben wir eben in Dresden ein Büro aufgemacht. Deshalb haben wir damals auch ziemlich viele Leute, die in seinem Alter waren, kennengelernt. Die waren alle so Ende 20. Da gab es eine Fraktion, die haben studiert und viele von denen sind dann nach Westdeutschland gegangen. So wie Simon ja auch. Der hat sich ja nicht in Dresden ein Ingenieurbüro gesucht, sondern bei uns. Und ein anderer Teil ist dageblieben und die haben echt richtig gestrampelt, um irgendwie, irgendwo unterzukommen. Und da gab es noch so eine Kluft zwischen Ost- und Westdeutschen. Wir waren dann ganz oft in der Neustadt von Dresden, das ist ja auch so 'n cooler Ort.

BILLY Ja, Dresden ist eine tolle, wunderschöne Stadt!

JOACHIM Aber da hast du natürlich auch genau diese Spannung schon gesehen. Da war dann auch so Livestyle - Links und richtig Links sag ich mal und runtergefallen und je weiter du dich dann von Dresden entfernst und in die Dörfer schaust, umso mehr siehst du die Kluft. Das war kurz vor Corona, als ich in Bad Elster war, ist das Sachsen? Auf jeden Fall ist das direkt an der tschechischen Grenze, so ein alter Badeort. Der Badeort ist super geil gemacht, alles so 1900 -irgendwie und gekachelt, gefliest und so mondäne Bauten, weiße Villen. Und als ich das gesehen habe, dachte ich: Boaahhh, was iss denn hier los? Und ich bin damals noch mit dem Zug hingefahren. In dem Ort gab's ja keinen Bahnhof, sondern so 3 km weiter außerhalb. Und ich hatte mir dann auch noch ein Hotel gebucht und dann habe ich da aber angerufen und gesagt "Ich komme später!" und so "Ja, wie kommen sie denn da hin?" haben die daraufhin gefragt. Ich sach', ich fahre halt mit dem Taxi! "Nein, das Taxi ist nichts" meinte sie dann. Ich sag: "Wieso?" "Ja, das werden sie dann schon sehen!". Dann kommst du 3 km außerhalb von diesem wirklich mondänen Ort an einem Bahnhof an, da denkst du, du bist 1915 irgendwie in der Ukraine oder so. Alles im Arsch, keiner unterhält das mehr, nichts, gar nichts. Was soll da wachsen?

BILLY Naja, mal abgesehen von den Geschehnissen da zur Wendezeit, wo die Leute z.T. wirklich massenhaft entlassen wurden und den Investoren aus dem Westen waren die Leute scheißegal. Dann waren die plötzlich alle arbeitslos – völlig überfordert, weil da in der DDR niemand jemals arbeitslos war. Das ganze Leben lang waren die abgesichert und fühlten sich auch sicher, zumindest was den Lebensunterhalt anbelangte. Die waren zwar reglementiert und alles aber die Arbeit war sicher. Da gab's keine Existenzängste. Und plötzlich hatten sie die und wussten z.T. echt nicht wohin mit sich. Ich meine, was machst du mit so einem Gefühl? Die kamen mit dieser kapitalistischen Welt einfach nicht klar. Dass sich da natürlich irgendwas Schräges entwickelt oder verstärkt, das ist auch irgendwo logisch. Daher kommt auch diese Ostalgie, denk ich mal. Einmal abgesehen davon, dass, wenn du jemandem die Heimat wegnimmst, auch wenn sie noch so beschissen ist, dann sehnst du dich irgendwann wieder danach. Man kann da nicht einfach nur sagen, die beweihräuchern nur ihr Leid. Es ging und geht ihnen auch scheiße. Und dass die jetzt nicht wieder zu irgendwas gezwungen werden wollen, ist auch irgendwie nachvollziehbar.

JOACHIM Ich denke immer, wenn ich den ganzen Tag lang Politik machen würde, mit meinem ganzen Stab von Beratern, dann kann doch keiner erzählen, dass man das nicht wusste! Man hat das einfach in Kauf genommen, dass das alles verfällt! Vielleicht weil man sagt: Ich bin ja jetzt hier nur vier Jahre, lass das mal jetzt jemand anderes machen! Mir hat neulich ein echter Fachmann erzählt, dass über 300 Brücken hier, in Deutschland, im Arsch sind!

BILLY Ja, ich habe das auch gelesen.

JOACHIM Dreihundert Brücken allein in NRW, glaube ich, auf jeden Fall müssen die alle gemacht werden.

FRANZ Die sind nicht mehr reparierbar, die müssen komplett neu gemacht werden.

JOACHIM Ja, ja, genau. Und dann frage ich mich, ob die das denn nicht gewusst haben? Wir haben ja ein riesen Büro in Flyhorn und die sind ganz schwer im Brückenbau tätig, Deutschlands Oberexperte für Betonverwertung sitzt dort. Nee, sagt der, die Brückenbauwerke sind die am meisten überwachten Bauwerke. Alle drei Jahre gibt es da eine riesen Inspektion. Das heißt, das weiß jeder! Jeder weiß, in welchem Zustand die sind.

FRANZ Jeder weiß das. Und jede Regierung hat das gewusst.

JOACHIM Ja. Na klar. Das Problem ist nur, dass dann da z.B. einer in Köln sitzt und sagt: Jooo aber in meiner Legislaturperiode nicht! Lass das mal den Nächsten machen. So läuft das.

Den ganzen Tag machen die das! Stell dir mal vor, wir würden so arbeiten!

FRANZ Oh man, das ist schon…

JOACHIM Nein, also eine Verschwörung oder sowas vermute ich dahinter ja gar nicht aber das ist so dieses menscheln oder was weiß ich was das ist. Man hat da keinen Bock drauf, will sich den Stress nicht antun und dann kommt dazu, dass die merken, och, Mensch also bei diesem Maskendeal, da können wir uns ja auch mal hunderttausend selber einstecken! Ich frage mich dann immer, wie wir da wieder rauskommen können? Damals hat mir dazu einer gesagt: Ach, Joachim, das ist ganz einfach, die behaupten irgendwann mal genau das Gegenteil.

FRANZ Ja, ja, die werden sich da rausschleichen.

BILLY Also zu DDR-Zeiten waren diejenigen, die die Leute am meisten drangsaliert und gemobbt haben, die haben sich einmal umgedreht und sind dann wutsch - genau in die andere Richtung gelaufen. Mit derselben Geschwindigkeit! Die nannte man Wendehälse (Joachim lacht). Und ich glaube, die wird es wieder geben!

FRANZ Ja. Genauso.

JOACHIM Ja in Österreich hat schon einer behauptet: Na, wir haben doch schon immer gewusst, dass die Impfung nicht so gut wirkt!

FRANZ Also mir wäre es am liebsten, wenn das Ding wirklich vor die Wand fährt. Was ja bei uns im Moment auch ganz so aussieht. Sonst hätte ich Angst davor, dass die sich jetzt rausmogeln: Ja, wir hatten so schöne Maßnahmen und deswegen sind wir natürlich gut durchgekommen. Das war ja manchmal eine These. Und wenn das Ding hochgeht mit den ganzen Impfschäden und mit diesen ganzen Sachen, dann sieht das bei uns richtig scheiße aus aber…puhh…Ich glaube eigentlich nicht, dass die zur Verantwortung gezogen werden. Also ich vertraue nicht wirklich darauf, dass das nachher alles aufgedeckt wird.

2022- Montagsdemonstrantin

In 'ner Demokratie, da scheint es wohl wichtig,
dass die Leute erfahren, was ist bös' und was richtig.
Es scheint, die Regierung will uns genau sagen,
was wir zu tun und zu denken haben.
Sie beschlossen zum Beispiel, die Leut' zu ermahnen,
bei Strafe zum Tragen der Maske in Bahnen.
Doch scheint es, dass sie die Pflicht nicht mehr kennen,
sich zu erklären und Gründe zu nennen.

So baut sich Frust auf, ob man will oder nicht,
weil das Vertrauen zusammenbricht.
Vertrauen zum Staat und in dieser Lage
lässt sich versteh'n, all die Wut und die Klage.
Gibt es denn keinen Weg mehr zurück
aus diesem Frust, dieser Angst, diesem Blick
in ein Leben, in dem wir uns nur noch bekriegen,
keiner will nachgeben und jeder will siegen?

Auszug aus dem Gedicht 'Zweifel' von Susanna Wüstneck

"Geimpfte Schüler schneiden bei Wissenstest in Freiburg besser ab.

Eine Online-Umfrage in Freiburgs Schülerschaft belegt: Die Mehrheit befürwortet die Masken- und Testpflicht in der Schule, sowie die Impfpflicht."

Stephanie Streif, Redakteurin Badische Zeitung (39)

So kann man ganz prima, ohne zu irritieren
an den alten Beschlüssen manipulieren.
Denn die Menschen sind abgelenkt mit ihren Sorgen
zum gestrigen Tag, zum Heute und Morgen.
Wo wird es hinführ'n, wer wird sich verbiegen,
sollten wir nicht langsam die Kurve kriegen...
Was geschieht mit uns allen? Warum so viel Frust?
Wo bleibt die Liebe und Lebenslust?
Manchmal kommt es mir vor, als wär's uns bestimmt,
dass das Virus uns hier auf die Arme nimmt.
Wir kämpfen und streiten und es geht um so viel,
was der eine und andere so von uns will.

So ermahnt uns manch' einer mit entschlossenem Blick,
dass 'Zero Covid' zu unserem Glück
beitragen soll, denn China beweist,
dass keiner der Menschen je mehr entgleist.
Auf ihren Plakaten, da ist es zu lesen,
dass sie diesen Weg wünschen für jedes Wesen.
So frage ich mich auch in letzter Zeit:
Was sind das für welche und wozu bereit?
Kann man sich schützen vor diesen Ideen,
die solche Wege als richtig anseh'n,
damit sich niemand im Chaos verfranzt
und keiner dann mehr aus der Reihe tanzt?

Auszug aus dem Gedicht 'Zweifel' von Susanna Wüstneck

"Ihr seid jetzt raus aus dem gesellschaftlichen Leben."

Tobias Hans, Saarländischer Ministerpräsident (40)

Es war gegen Ende des Jahres 2022, als immer absurdere und nicht mehr wirklich zeitgemäße Sendungen, wie beispielsweise die ZDF-Sendung "Mai Think X- Die Show" die öffentlich-rechtliche Medienlandschaft nach wie vor beherrschten. In jener Sendung vom 30.10.2022 taten sich die deutsche Wissenschaftsjournalistin und Fernsehmoderatorin bei ARD und ZDF Mai Thi Nguyen-Kim mit der Comedian Carolin Kebekus zusammen, um gemeinsam ihre Wissenschaftsgläubigkeit zu zelebrieren und andersdenkende Menschen der Lächerlichkeit preiszugeben. Das Lied "Science ist meins" wurde in dieser Show von beiden Frauen gemeinsam gesungen.

Der inhaltlich und gesanglich z.T. nur schwer verständliche Text des Liedes zeichnet ein Bild von Maßnahmenkritikern und -kritikerinnen, die grundsätzlich gegen jede Form des Fortschritts wären, sich für niemanden, außer für sich selbst interessieren würden, dicke SUVs fahren und ihr Leben ausschließlich nach Horoskopen ausrichten würden und deren Absicht es sei, die Pandemie zu verlängern. (41)

So heißt es u.a. im Text:

"CO2 sparen ist so wichtig wie nie!
Trotzdem fahr'n und bau'n wir immer mehr Riesen-SUV.
Die Forschung sagt: Horoskope verarschen dich komplett.
Trotzdem suchst du deinen Aszendent' im Internet.
Die Kasse zahlt auch für Homöopathie (Science - who cares?).
Die Querdenker verläng'ern die Pandemie (Science - who cares?).
Skipt Rassismus, oder in der KI (Science - who cares?).
Chronisch-traumatische Enzephalopathie (Science - who cares?).
No one cares!
Die Wissenschaft interessiert euch nur 'n Scheiß!
Es tut euch nich' mal Leid, dabei wisst ihr doch Bescheid, ja.
Wissenschaft ist das, was uns die Richtung weist!
Anscheinend nicht so deins, aber Science is' meins"

In dieser bizarren Fernseh-Veranstaltung sieht man auf der Bühne glücklich strahlende, tanzende Menschen (ohne Maske), die fröhlich im Rhythmus des Liedes abhotten, während Nguyen-Kim und Kebekus ihre herablassenden, z.T. menschenverachtenden und vollkommen undifferenzierten Textzeilen zum

Besten geben. Das maskierte Publikum wackelt derweil, Kerzen in der Hand haltend, begeistert mit den Köpfen. Letztlich geben Nguyen-Kim und Kebekus im Grunde zu verstehen, dass man allein an die Wissenschaft zu 'glauben' hat, um auf der richtigen Seite zu sein.

Schaut man sich die Erläuterung zu dem im Lied erwähnten Begriff 'chronisch-traumatische Enzephalopathie' einmal genauer an, so muss man feststellen, dass Kritiker der Corona-Maßnahmen in diesem Lied als gemütskranke Menschen beschrieben werden, die an einer seltenen Form der Demenz, die durch wiederholte Kopfverletzungen entsteht, leiden würden. (42)

Mit dem Bus wieder losfahren

Osterfeuer im Dorf

So langsam trafen sich all diejenigen wieder, die diese Zeit ohne dauerhafte Probleme miteinander überstanden hatten. Viele der Mitmenschen jedoch finden bis heute nicht den Mut auf die anderen zuzugehen, innezuhalten und zu schauen, was deren eigener Anteil an einem der Zerwürfnisse war. Andere sind zu verletzt, als dass sie noch Interesse haben, sich einem Gespräch zu stellen. Sie hatten sich nun so lange Zeit versucht verständlich zu machen mit ihrer Kritik am Zeitgeschehen, doch standen sie stets vor einer Mauer, manche sogar vor einer Stacheldrahtbarriere, die Schmerzen bereitete, wenn man sich ihr zu sehr näherte.

Es fühlte sich ein wenig wie ein Trümmerhaufen an, bei dem das langsame aufheben einzelner Scherben kaum etwas an diesem großen Haufen verbesserte. Doch es gab für Franz und mich einige Menschen, die es, trotz unterschiedlichster Positionen, mithilfe von respektvollem Umgang und viel Zuneigung hinbekommen haben, friedlich miteinander durch diese Zeit zu kommen. Dazu gehören viele unserer Musikerkollegen und Freunde aus Hanger, die Dorfbewohner, mit denen wir in Kontakt waren und einige andere aus unserem Freundeskreis. Natürlich war es eine große Aufgabe, die beiden Seiten eine Menge Gleichmut abverlangte. Doch es konnte gelingen.

Nun, da wieder einiges möglich war, gab es in unserem Dorf auch wieder ein offizielles Osterfeuer, wo wir nun auch Dorfbewohner trafen, die wir lange nicht gesehen hatten.

Elli traf Karl, einen ihrer ehemaligen Kollegen aus Stift Heiligengrad und ihre alte Freundin Erika. Wir trafen den bulligen Heinrich, der immer alle körperlich schweren Arbeiten für die Dorfbewohner macht und seine Freundin Klara. Sie leben beide in Käutzchengrund, doch hörte und sah man von ihnen während der Coronazeit kaum etwas. Maren und Johann waren mit der Tochter Sarah und dem kleinen Friedrich auch dort und wir hatten alle große Freude an diesem riesigen Flammenmeer. Nach dem Osterfeuer trafen wir uns wieder einmal mit Elli, Rudi und Adelheid auf einen Kaffee, um miteinander über die Erlebnisse, die wir dort hatten, zu reden.

"Aber wenn sie ungeimpft auch nicht mehr arbeiten können, brauchen sie auch keinen öffentlichen Personennahverkehr mehr, um dahin zu kommen. Ja, so hart ist das!"

Prof. Dr. Frank Ulrich Montgomery, Vorstandsvorsitzender des Weltärztebundes, Radiologe, Aufsichtsratsvorsitzender der Deutschen Apotheker- und Ärztebank (43)

---

19. April 2022
Die Geimpften und die Ungeimpften
Gesprächspartner: ELLI, RUDI, ADELHEID, BILLY (SIBYLLE), FRANZ

ELLI Meine Schwester hat irgendwie doch langsam eine andere Haltung z.B. zu den Geimpften und Ungeimpften. Die schickt mir jetzt auch so Sachen von der Kabarettistin, der Lisa Eckhart oder diesem Friedensforscher Daniele Ganser oder von Leuten, die wir uns ja schon länger ankucken. Auch in Bezug auf den Ukrainekrieg bewegt sich wohl was. Ich habe mich ja auch erst ziemlich angepisst gefühlt und war sauer. Auch wegen Stift Heiligengrad und dem ganzen Ausgrenzungsscheiß und der Sache mit dem Gehalt, also den 100 €, die ich nicht bekommen habe, weil ich Corona hatte. Da hätte ich ja auch sagen können: Ach komm, die sind doch bescheuert! Aber das hat mich nochmal so arg verletzt.

BILLY Ja, das ist ja auch verletzend.

ELLI Und dann reagiere ich natürlich auch anders, weil mich das so mitnimmt. Ich bin mal gespannt, was sich jetzt so eröffnet.

FRANZ Ja…bin ich auch gespannt.

BILLY Wir hatten ja jetzt die Erfahrung der dritten Art mit Heinrich gemacht, neulich am Osterfeuer. Also das war das Schärfste, was ich jemals im Zusammenhang mit der Coviddiskussion erlebt habe!

FRANZ Ja, das war wirklich extrem. Das kann man sich gar nicht vorstellen, was da abging.

ADELHEID Und der war ja auch richtig doll betrunken, ne?

FRANZ Ja, ja.

ELLI Das wollte ich nämlich gerade sagen, der ist ja auch ein starker Trinker.

RUDI Seine Freundin, ist das nicht die…

FRANZ Die Klara, ja. Klara ist ja eine absolute Verschwörungstheoretikerin (lacht laut)!

ADELHEID Das hat man erst gar nicht gemerkt.

FRANZ Na sie auch nicht, sie auch nicht (lacht)!

RUDI Sie wusste es selber nicht.

FRANZ Das ist total schräg.

ELLI Also ich weiß noch, als wir angefangen haben mit ihr zu reden.

ADELHEID Gestern Abend?

ELLI Ja, beim Feuer da. Als sie ihren ersten Satz gesagt hat, dachte ich: Oh, da steckt mehr dahinter. Vorher hatte ich ja kurz mit meiner Freundin Erika geredet, dann hatte ich mit Karl geredet. Das ist ein ehemaliger Kollege von Stift Heiligengrad. Und der Karl meinte auch, er versteht nicht warum die Menschen so ängstlich und brav sind. In der Coronazeit hat er sich impfen lassen und alle Regeln befolgt, aber er war immer gegen Ausgrenzung und Diffamierung der Ungeimpften und Kritiker. Er meinte, die haben dann ihre Partys gefeiert, wo dann irgendwie 3 G galt und dafür mussten die einen PCR-Test machen aber das war ja ziemlich teuer. Ich weiß gar nicht mehr, wieviel.

FRANZ Ja eine Zeit lang kosteten die 120 € oder so, ja, die waren richtig teuer.

ELLI Und dann haben die von ihrer Behörde aus für die Party Eintritt genommen und von dem Geld haben sie erstmal für alle, die ungeimpft waren, die Tests bezahlt.

FRANZ Na das ist ja cool!

ELLI Und dann hatte er diese Aktion auf Facebook gepostet und bekam natürlich einen riesen Shitstorm zurück. Daraufhin hat er öffentlich gefragt, was das mit dieser Ausgrenzung der Ungeimpften soll.

FRANZ Das finde ich ja super.

ELLI Das ist die eine Geschichte. Aber die mit der Frau aus Simbabwe fand ich auch interessant. Das habe ich dir ja auch erzählt.

BILLY Ja.

ELLI Es gibt ja viele Praktikanten in Heiligengrad. Die sind ja viel zu unterbesetzt und nehmen wirklich alle, die sich bewerben. Bunte, Ungläubige – alle.

FRANZ Ungläubige (lacht herzhaft)? Und Schwarze oder was (alle lachen herzlich)?

Boahh, wie großzügig!

ELLI Auf jeden Fall war da eine Praktikantin aus Simbabwe. Die kam heulend zu ihm und hat gesagt: "Ich kriege keine Wohnung hier." Und dann hat er gesagt: "Komm ich helfe dir!" Du musst das aber selber machen. Sie konnte wohl schon gut Deutsch und er hat sich dann neben sie gesetzt und sie gestärkt.

RUDI Der Karl?

ELLI Ja, der Karl. Und dann hat sie angerufen bei so einer Annonce für eine Vermietung von Appartements und dann hörte sie am Telefon nur: "Ja, wie heißen Sie denn?" Und dann: "Wo kommen Sie denn her?" "Aus Simbabwe." "Ja wo ist denn das? Und sind Sie schwarz?" "Ja" "Nein, tut mir Leid, die Wohnung ist schon weg!"

FRANZ Oh man.

BILLY Krass!!

ELLI Und dann hat Karl da angerufen und hat so getan, als ob er sich für die Wohnung interessiert. Die wollten sie ihm dann auch geben und dann hat der gesagt: "Wissen Sie was? Schämen Sie sich eigentlich nicht? Schämen Sie sich! Sie haben gerade eine Freundin aus Simbabwe, die diese Wohnung mieten wollte, weggeschickt, weil sie schwarze Hautfarbe hat. Sie sollten sich so so schämen!" Das fand ich so geil, solche Sachen! Toll!

BILLY So muss man damit umgehen!

ELLI Ja, so muss man das machen. Das sind doch unsere Werte oder?

FRANZ Ja, absolut! Aber auch nochmal wegen Heinrich: Ich glaube, vor zwei Monaten oder 1½ Monaten hätte mich diese Auseinandersetzung mit Heinrich echt umgehauen. Da hätte mich das wirklich aus dem Gleichgewicht gebracht. Zu der Zeit hätte ich nur noch um mich schlagen können. Aber gestern fühlte sich das so an, als wenn ich damit gar nichts zu tun hätte. Und ich wusste genau, das ist nicht mein Problem.

ELLI Das mit Heinrich meinst du?

FRANZ Ja, genau... Wir standen ja da erst mit Johann, Maren und euch zusammen und ...ich weiß nicht, wer hat das denn gesagt, da hinten steht Heinrich?

ELLI Ja, ich.

FRANZ Ach ja, du hattest das gesagt! Und auch vorgeschlagen, dass wir da wenigstens einmal kurz 'rüber gehen.

ELLI Genau, da sind wir dann nochmal mitgegangen, weil die auch gesagt haben, na kommt doch mal 'rüber!

FRANZ Ich habe ja mit Heinrich eigentlich nicht viel zu tun aber aus so einer Handwerkerebene heraus finde ich den ja auch ganz drollig und Klara mag ich auch. Und wir dann also dahin. Dann habe ich dem Heinrich auf die Schulter geklopft und gesagt "Wie geht's denn?" Und 'Toll' und 'Prost' und 'schön' und so und war auch alles gut. Und…'Ja, wie isset denn so?', 'Ja, hier mit Arbeit und ja, wir haben ja mit Corona nichts zu tun, im Handwerk gibt's das ja eigentlich nicht. Da ist das ja alles völlig easy und so ne.' Und er sagt "Ja, nee, ich hab' ja auch gar nichts…"

ELLI Das sagte Heinrich?

FRANZ Ja, wir beide, ne so, ich sag': "Na bei uns ist ja auch gar nichts mehr und wir hatten ja gerade Corona." und Heinrich dann: "Wie, du hast es hinter dir?" Ich sag': "Ja, wir hatten das jetzt. Und Billy hatte das auch und so und Billy hatte fast überhaupt keine Symptome, die ist ja auch geimpft und bei mir war ein bisschen mehr…Ob das jetzt mit der Impfung zusammenhängt…" "Ja, wie mit der Impfung?" Ja, ich sag: "Ich bin ja nicht geimpft!"

Plötzlich ging der einen Schritt zurück und schrie mir ins Gesicht, ich wäre asozial und wieso ich denn nicht geimpft wäre? Und er wollte auf keinen Fall was mit mir zu tun haben. Ich sollte möglichst jetzt sehen, dass ich hier wegkäme und so, ne.

(Alle lachen und schauen erschreckt.)

ELLI Echt?

FRANZ Ja aber so richtig laut auch, zum Glück war nicht mehr so viel los am Feuer.

ADELHEID Aber der kann auch richtig laut werden.

BILLY Ja, das war ein tierisches Gebrüll! Und dann hat Klara zu Franz gesagt, sprich mal lieber nicht weiter mit Heinrich!

FRANZ Ja, seine Freundin Klara war ja auch dabei. Und dann ging Klara mit Billy, Gott sei Dank, so ein Schrittchen zur Seite. Ich wollte das jetzt auch nicht diskutieren, aber ich bin bei Heinrich stehen geblieben und bin ganz ruhig geblieben. Und darauf war ich im Nachhinein echt stolz, ne. Ich bin sogar auf diesen brüllenden Berserker zugegangen und habe gesagt: "Mensch Heinrich, ist doch irgendwie…" Und er so: "Nein, du asoziales Gesocks! Du Arschloch! Ich hab' überhaupt kein Verständnis dafür! Die Intensivstationen waren wegen solchen Arschlöchern, wie dir, voll! Da kann mir keiner was anderes erzählen!" Und so ne. Ich jedenfalls: "Na, lass uns doch erstmal kucken wie's geht. Ich mag dich und ich weiß auch das du mich magst. Lass uns das doch erstmal so nah, wie es geht, versuchen und alles andere akzeptieren wir und so…" "Nein, geht überhaupt nicht!" Und dann ging er wütend und fluchend weg und fuchtelte da herum und war völlig zornig, ne. Der ließ gar keine Argumentation zu. Ich habe ihm dann auch zu erklären versucht, dass im Kreis Flyhorn kaum Todesfälle zu verzeichnen waren aber er brüllte zurück: "Ich will von dem ganzen Scheiß nichts hören." Und: "Ihr habt doch überhaupt keine Ahnung und ich sehe doch genau, was los ist!" Und so…also richtig so ausgerastet.

BILLY Aber ganz laut, also richtig laut (lacht)!

FRANZ Und dann lief er weg. Und ich dachte: Ach du scheiße…dachte ich, oh man… Und dann haben wir mit Klara und Billy zusammengestanden und dann hat Klara die wildesten Verschwörungstheorien geäußert.

BILLY Ja, sie sagte z.B.: "Ich habe von meinen Verwandten in Italien gehört, dass in den Impfstoffen digitale Chips drin sind.." und was weiß ich, was sie da noch erzählt hat (alle lachen). Und dann sagte sie was von Wissenschaftlern, die dann umgebracht wurden, weil sie die Wahrheit verkündet haben. Also so richtig so, dass man gemerkt hat, da kommt man nun wirklich nicht mehr mit. Also genau das Gegenteil aber wirklich volle Kanne das Gegenteil von Heinrich.

ELLI Na, warte mal, also er ist voll für Impfen?

FRANZ Ja absolut.

ELLI Und sie ist dagegen?

FRANZ Sie ist geimpft, weil sie nach Italien reisen wollte aber sie ist auch Verschwörungstheoretikerin.

BILLY Ja, der Heinrich ist nicht nur ein Impfbefürworter, er ist ein richtiger Impffanatiker! Der hasst Menschen, die sich nicht impfen lassen und hat scheinbar totale Angst! Der hat gesagt, er hatte kreisrunden Haarausfall und er ist so schrecklich vorgeschädigt und anfällig für Corona und so.

FRANZ Ja, mein Immunsystem ist auch nicht gut und so.

BILLY Der hat Schiss ohne Ende.

ADELHEID Ja, ne?

FRANZ Das war dann so sehr außer Kontrolle geraten das Ganze aber Klara war völlig ruhig und die ist ja auch immer sehr charmant. Wir haben uns dann unterhalten und dann haben wir uns echt gefragt, wie die wohl miteinander klarkommen, wo die so unterschiedlich sind. Sie sagte ja, dass das geht und meinte, dass sie sich wirklich mögen und dass er sich auch um so vieles kümmert.

BILLY Sie ist wohl am Anfang der Beziehung mindestens einmal die Woche abgehauen, weil sie das nicht ausgehalten hat. Und dann kam er immer und hat sich entschuldigt und gesagt, ich bin schuld, stimmt's? Und damit kann sie dann umgehen. Und über das Thema Corona spricht sie nicht mehr mit ihm. Das macht sie mit ihren italienischen Verwandten (alle lachen).

ELLI Ich hatte ihr auch erzählt, dass Rudi und ich auch ungeimpft sind, obwohl ich das nicht mehr jedem erzähle.

FRANZ Ja, ich bin da auch zurückhaltender geworden.

BILLY Und Klara hat dann gefragt: Wie habt ihr denn das gemacht? Wie habt ihr das geschafft? Und da haben wir gemerkt... Also sie hat schon verstanden, dass es als Ungeimpfter schwierig ist, in der Gesellschaft respektiert zu werden.

FRANZ Heinrich hat jedenfalls unglaubliche Angst. Richtig pathologisch ist das bei ihm. Der hat die Hände von sich gestreckt und gesagt: Bleib mir vom Leib! Ich habe ihn echt versucht zu beruhigen. Jedenfalls war er plötzlich weg und dann hatten wir uns so eine viertel Stunde mit Klara unterhalten und ganz plötzlich kommt Heinrich mit Adelheid zurück. Sie hat dann zu ihm gesagt: Du, ich zeig' dir mal, wo hier ganz liebe, nette Leute sind! Und ging dann mit ihm zu uns zurück! Also so ist der Heinrich. Dann war fast alles wieder, als wäre nichts gewesen.

ADELHEID So dreht der sich um hundertachtzig Grad.

BILLY Um 360 (alle lachen)!

FRANZ Ich habe jedenfalls gemerkt, dass ich echt so glücklich darüber bin, dass mich so etwas nicht mehr aus der Bahn wirft und eher so abprallt, das ich nachher sogar zu Heinrich sagen konnte: "Hör mal, Heinrich, ich mag dich. Wir versuchen's einfach so nah, wie es für dich geht und dann iss gut."

BILLY Wir sind ja dann zurückgelaufen, da haben wir ihn noch getroffen, da war alles beinahe, als wäre nichts gewesen.

FRANZ Ja und das fand ich dann auch okay. Aber klar, ich habe natürlich trotzdem am nächsten Tag auch noch ein paar Mal daran gedacht. Aber das hätte mich einen Monat vorher so aus den Schuhen gehauen. Und gestern war das völlig easy.

ELLI Das Gleiche ist das mit Heiligengrad, als ich mal dort auf einen Kaffee hingefahren bin. Da habe ich gemerkt, dass ich jetzt auch wieder bei mir in meinem Herzen bin. Die Geschichte werde ich sicherlich nicht vergessen aber sie tangiert mich nicht mehr so sehr.

FRANZ Ja, genau, aber soweit muss man erstmal kommen, ne.

"Eine Diskriminierung von Ungeimpften ist ethisch gerechtfertigt."

Gastbeitrag von Thomas Beschorner und Martin Kolmar Zeit online (44)

#WirSindMehr
Wir werden Euch jagen! Wir werden Euch outcallen!
Wir werden Euch verachten und ausgrenzen.
Ende mit Verständnis für angeblich nur besorgte Mitbürger.
Denn diese Abspaltung war Eure Entscheidung, Euer Wille!
Now deal with it und heult leise, Ihr Lappen!

Statement auf Twitter/X

Nun - das Virus bleibt da, das ist schon mal klar,
es wird Teil uns'res Lebens sein, echt und fürwahr.
Was auch immer wir tun, ob mit Angst oder nicht,
ob mit Frust oder doch lieber Zuversicht:

Jeder und jede sollte verstehen,
dürfen und dann eigene Wege gehen,
denn keiner von uns ganz genau bemisst,
für wen welcher Weg der Richtige ist.

Es handelt sich hier, das wissen alle,
um Abwägungen im Krankheitsfalle.
So könnte es sein, dass mit Kraft und Mut,
der Körper dann handelt und Richtiges tut.

Und es könnte sein, dass man sicherer liegt,
wenn man vorher doch die Impfung kriegt.
Und es könnte auch sein, dass die Impfung bestimmt,
dass sie unserem Körper die Kräfte nimmt.

So sollten wir doch noch selber entscheiden,
wie wir mit diesen Sachen verbleiben.
Wir sollten entspannen, denn sowieso
das Leben verbirgt halt ein Risiko.

Wir alle, ja alle, das ist wirklich wahr!
Wir werden bald sterben, das ist schon mal klar.
Doch da, wo das Virus ist, da ist der Ort,
an dem wir erst leben und dann geh'n wir fort.

So lasst uns in unseren Erdentagen,
weniger hassen, stattdessen mehr wagen.
Lasst uns die Zeit gut auf Erden vertreiben,
weil es nicht lohnt, in der Angst zu verbleiben.

Damit wir die Erde in Sanftheit verlassen,
sucht euer Glück, um nicht mehr zu hassen.
Lasst wieder mehr einander verbinden
und den Weg zurück in die Liebe finden.

Sorgt selbst dafür, dass das Leben sich lohnt,
es ist leider so, dass ihr nur einmal hier wohnt.
Bekämpft eure Ängste, sorgt für euch gut,
lasst alle leben und macht euch selbst Mut.

Und solltet ihr es für richtiger halten,
euch lieber zu schonen, tut's ohne zu spalten:
Man achtet auf sich, geht nicht aus dem Haus,
grenzt aber andere Menschen nicht aus!

Und vielleicht, das hoffen wir doch alle,
ist Zusammenhalt der Weg raus aus der Falle.
Dann bleibt am Ende die Menschlichkeit,
für mehr Frieden und Liebe und Lebenszeit.

Auszug aus dem Gedicht 'Zweifel' von Susanna Wüstneck

Montagsdemo 2022 – Antifa zeigt den Demonstranten den Titel ihrer Aktion

Ich habe lange überlegt, was für ein Schlusswort am Treffendsten beschreibt, worum es mir eigentlich in dieser Geschichte geht. Vielleicht sind es die vielen Ungerechtigkeiten, die mich dazu veranlasst haben, alles schriftlich festzuhalten. Ungerechtigkeiten konnte ich noch nie gut aushalten. Vielleicht war es aber auch, um mit mir selbst ins Gericht zu gehen und einmal genau zu schauen, was mich zu den verschiedenen Haltungen und den Veränderungen meiner Sichtweise veranlasst haben.

Vor allem aber geht es mir um diejenigen in meiner Umgebung, die von der massiven Ausgrenzung und Diskriminierung betroffen waren (und z.T. noch sind), weniger um diejenigen, die sich stets auf der 'richtigen' Seite glaubten, sodass sie unter keiner dieser unerträglichen Folgen der Coronapolitik zu leiden hatten.

Schon weil ich selbst zunächst (März 2020) nicht verstand, was da tatsächlich vor sich ging, glaube ich auch nicht, dass jeder oder jede unserer Bekannten bewusst ausgrenzend und bösartig gehandelt hat, doch das wäre ein anderes Thema. Wir (die Ausgegrenzten, Ungeimpften und Kritiker der Maßnahmen) haben über Jahre gelitten, gekämpft, viel nachgedacht, haben versucht zu begreifen, was die Ursache für die Zerwürfnisse, die Verletzungen, Diskriminierungen und Ausgrenzungen der Ungeimpften unter uns war und warum es bei einigen unserer Bekannten einen so starken Wunsch nach Besserwisserei, Ignoranz oder wenigstens Verharmlosung unserer Erlebnisse in Bezug auf die Ausgrenzung gegeben hat. Warum fehlte bei ihnen jegliche Empathie und Vertrauen gegenüber uns Mitmenschen, warum diese Überheblichkeit, gepaart mit einer Art Allwissenheitsanspruch? Warum waren einige von ihnen so kritiklos gegenüber sämtlichen Maßnahmen? Warum so pathetisch und inflationär im Umgang mit dem Wort "Solidarität" und "solidarischem Verhalten"? Warum 'glauben' sie an die Wissenschaft und was war der Grund dafür, lieber ein Bescheidwisser, als ein Suchender sein zu wollen?

War es tatsächlich nur die Sorge und Angst um die eigene Gesundheit? Ist es die Angst vor der eigenen Endlichkeit? Ist es vielleicht bei dem einen oder der anderen eine Form von Narzissmus, gepaart mit dem festen Glauben, dass die offiziellen Medien immer wahrheitsgetreu berichten würden?

Ich glaube, dass jeder die Antwort selber finden muss und es wohl viele unterschiedliche Antworten darauf geben wird. Aufarbeiten sollten wir es auf jeden Fall. Es ist wohl unumgänglich, wenn wir aus dieser Zeit etwas lernen wollen. Doch wie kann das gelingen? Und gibt es einen Unterschied zwischen den Entscheidungen der politisch verantwortlichen in diesem Land und denen unserer Mitmenschen?

Ich denke schon!

Unsere Mitmenschen haben aus den unterschiedlichsten Gründen gehandelt und/oder nicht gehandelt, um diese Form der Ausgrenzung zu verhindern. Sie allein müssen mit ihren Entscheidungen und somit ihrer eigenen Mitschuld leben.

Die Politiker und andere für die Umsetzung der Maßnahmen Verantwortliche haben aber aus meiner Sicht jene Verantwortung gegenüber ihren Wählern nun auch in ihrer Gänze zu übernehmen und müssen, sollten ihre Entscheidungen, ihre Worte und ihr Handeln andere Menschen geschädigt haben, auch gerichtlich zur Verantwortung gezogen werden.

Nun ist die Frage, wie wir, als Gemeinschaft, es schaffen können, uns gegenseitig zu verzeihen. Geredet und diskutiert wurde wohl mehr, als genug.

Vielleicht sollten wir besser abwarten, ob die neuen Erkenntnisse der lange von den Kritikern beschriebenen 'Kollateralschäden' der Maßnahmen, die inzwischen mitunter hier und da auch in die öffentlichen Medien gelangen, auch bei unseren Freunden, Verwandten und Bekannten auf offenere Ohren treffen. Das wäre schön und würde bei der Aufarbeitung helfen, damit man sich letztlich gegenseitig verzeihen kann.

Frei nach Juli Zeh's Buch 'Zwischen Welten' (Seite 21): "Stell' dir vor, es ist Shitstorm und keiner macht mit! Anders gesagt: Wenn öffentliche Kommunikation der Treibstoff der Polarisierung ist, wird man die fortschreitende Polarisierung nicht mit öffentlicher Kommunikation stoppen können". (45) Vielleicht kann man das eben auch nicht mit nicht-öffentlicher Diskussion, sondern durch eine ehrliche Aufarbeitung der eigenen Irrtümer.

Bärbel Bohley (1945-2010), DDR-Bürgerrechtlerin, 1991 in einem Gespräch mit Chaim Noll

„Das ständige Lügen wird wiederkommen. Alle diese Untersuchungen, die gründliche Erforschung der Stasi-Strukturen, der Methoden, mit denen sie gearbeitet haben und immer noch arbeiten, all das wird in die falschen Hände geraten. Man wird diese Strukturen genauestens untersuchen, um sie dann zu übernehmen. Man wird sie ein wenig adaptieren, damit sie zu einer freien westlichen Gesellschaft passen. Man wird die Störer auch nicht unbedingt verhaften. Es gibt feinere Möglichkeiten, jemanden unschädlich zu machen. Aber das Beobachten, der Argwohn, die Angst, das Isolieren, das Ausgrenzen, das Brandmarken, das Mundtotmachen derer, die sich nicht anpassen - das wird wiederkommen, glaubt mir. Man wird Einrichtungen schaffen, die viel effektiver arbeiten, viel feiner als die Stasi. Auch das ständige Lügen wird wiederkommen, die Desinformation, der Nebel, in dem alles seine Kontur verliert."

1991 Zitat von Bärbel Bohley, DDR-Bürgerrechtlerin

ZITATE

1
Zitiert nach: 'Coronavirus: ARD-Kommentar kritisiert Debatte um Rückkehr zur Normalität- 'Wirrköpfe" Merkur.de zum ARD-Kommentar von Rainald Becker am 24.06.2020 von Naima Wolfsperger, Quelle: https://www.merkur.de/politik/corona-ard-tagesthemen-merkel-kommentar-lockerungen-lockdown-normalitaet-neu-wirtschaft-zr-13753873.html
Zugriff: 25.11.2023, Seite 5

2
Zitiert nach: 'Corona World: Das Game zur Krise/Browser Ballett', Quelle: https://www.youtube.com/watch?v=hb5x-kVA0uA
Zugriff am 25.11.2023, Seite 23

3
Zitiert nach: Artikel 'Was die Ratten in der Zeit der Pest waren sind Kinder zurzeit' Welt Panorama vom 29.01.2022, Quelle: https://www.welt.de/vermischtes/article236565051/Jan-Boehmermann-Kinder-sind-schlimmer-als-Aluhut-Traeger.html und https://www.morgenpost.de/vermischtes/article234442085/jan-boehmermann-corona-kinder-ratten-satire-zdf.html
Zugriff am 25.11.2023, Seite 23

4
Zitiert nach: X (ehemals Twitter, Sarah Bosetti, Quelle: https:/mobile.twitter.com/sarahbosetti/status/1466829037645582341?lang=ms
Zugriff am 25.5.2023, Seite 58

5
Zitiert nach: 'Der Alltag für Ungeimpfte muss unangenehmer werden', in Welt, 24.06.2021 Quelle: https://www.welt.de/politik/deutschland/plus232066619/Rostocks-OB-Alltag-fuer-Ungeimpfte-muss-unangenehmer-sein.html
Zugriff am 25.11.2023, Seite 65

6
Zitiert nach: PDF Bundesministerium für Gesundheit vom 14.Mai 2021, Quelle: https://www.bundesgesundheitsministerium.de/fileadmin/Dateien/3_Downloads/C/Coronavirus/Zuversicht_und_Umsicht_BMG_140521.pdf
Zugriff am 25.11.2023, Seite 67

7
Zitiert nach: Stern TV-Beitrag zur Kampagne 'Alles dicht machen' am 29.04.2021, Quelle: https://www.youtube.com/watch?v=ayQxRM72Ego
Zugriff am 25.11.2023, Seite 67

8
Zitiert nach: 'Merkel warnt nach Impfgipfel vor 'Übergangsphase' – Spahn kündigt Entscheidungs-Termin an' Interview TV Welt, Quelle: https://www.wlz-online.de/politik/merkel-corona-impfgipfel-deutschland-soeder-laschet-rechte-geimpfte-impfpriorisierung-berlin-zr-90475180.html
Zugriff am 25.11.2023, Seite 71

9
Zitiert nach: Nikolaus Blome 'Impfpflicht! Was denn sonst!' (Kolumne). In Der Spiegel, 7. Dezember 2020, Quelle: https://www.spiegel.de/politik/deutschland/impfpflicht-was-denn-sonst-a-2846adb0-a468-48a9-8397-ba50fbe08a68
Zugriff am 25.11.2023, Seite 75

10
Zitiert nach: 'Geimpft oder ungeimpft?' 'Es wird einen Unterschied geben' sagt Habeck in Welt.de, 8. August 2021, Quelle: https://www.welt.de/politik/deutschland/article233005605/Robert-Habeck-Geimpft-oder-ungeimpft-Es-wird-einen-Unterschied-geben.html
Zugriff am 25.11.2023, Seite 77

11
Zitiert nach: 'FDP-Politiker: Gegner der Corona-Impfung sind 'gefährliche Sozialschädlinge" in Report24 am 6.08.2021 und Weltexpress am 14.10.2022, Quelle: https://report24.news/fdp-politiker-gegner-der-corona-impfung-sind-gefaehrliche-sozialschaedlinge/ Oder https://weltexpress.info/zitat-des-tages-besserverdienende-und-staatsfeinde-oder-kein-impfgegner-wird-wie-ein-staatsfeind-behandelt-rainer-stinner/
Zugriff am 25.11.2023, Seite 82

12
Zitiert nach: 'Die Gesellschaft muss sich spalten!' (Kolumne). In ZEIT online, 19.11.2021, Quelle: https:/www.zeit.de/gesellschaft/zeitgeschehen/2021-11/corona-pandemie-querdenker-impfgegner-gesellschaftspaltung-5v8
Zugriff am 25.11.2023, Seite 84

13
Zitiert nach: 'Kinder zuerst und impfen, impfen, impfen' Katharina Schulze, Fraktionsvorsitzende des Bayrischen Landtags (Rede im Parlament am 12.November 2021, Quelle: https://katharina-schulze.de/kinder-zuerst-und-impfen-impfen-impfen/ und https://www.youtube.com/watch?v=byvVnpy5zxo
Zugriff am 25.11.2023, Seite 90

14
Zitiert nach: ''Aasgeier der Pandemie' Kretschmanns Wut auf Rechtsradikale bei Corona-Protesten', von Stefan Locke, Spiegel-Online in: FAZ.net, 14.12.2021, Quelle: https://www.spiegel.de/politik/deutschland/winfried-kretschmann-ueber-rechte-bei-protesten-gegen-corona-massnahmen-aasgeier-der-pandemie-a-fcf42f79-625c-48cb-b63e-cd02b748e705
Zugriff am 25.11.2023, Seite 93

15
Zitiert nach: 'Zehn Minuten Attacke, 80 Minuten abwickeln' von Christian Teevs, Spiegel-Online - Beitrag vom 15.12.2021, Quelle: https:/www.spiegel.de/politik/deutschland/olaf-scholz-im-bundestag-zehn-minuten-attacke-80-minuten-abwickeln-erste-regierungserklaerung-a-2bc8f3b2-906b-497a-a221-363024d110e3
Zugriff am 25.11.2023, Seite 93

16
Zitiert nach: 'Impfgegner müssen fühlbare Nachteile haben' vom 7.12.2021 im Podcast MorningBriefing bei Gabor Steingart Professor Heinz Bude, Soziologe, Professur für Makosoziologie Universität Kassel, Mitglied des Expertenrats und Mitautor des oben genannten Panikpapiers sowie des berüchtigten No-Covid-Manifests, Quelle: https://www.thepioneer.de/originals/thepioneer-briefing-business-class-edition/podcasts/impfgegner-muessen-fuehlbare-nachteile-haben
Zugriff am 25.11.2023, Seite 95

17
Zitiert nach: Dringlichkeitsantrag: 'Öffentliches Leben auf das notwendige Maß beschränken, Infektionszahlen senken' vom 1.12.2021 Rede im Parlament, Katharina Schulze, Fraktionsvorsitzende im Bayrischen Landtag Die Grünen Zugriff am 25.11.2023, Quelle: https://katharina-schulze.de/dringlichkeitsantrag-oeffentliches-leben-auf-das-notwenige-massbeschraenken-infektionszahlen-senken/ und https://www.facebook.com/watch/?v=442826600774543
Zugriff am 25.11.2023, Seite: 96

18
Zitiert nach: 'Karl Lauterbach: durch die Impfung lässt man sich freiwillig impfen' WMN/SPD, 20.01.2022, Quelle: https://www.wmn.de/buzz/omikron-impfpflicht-freiwillig-id342327
Zugriff am 25.11.2023, Seite 97

19
Zitiert nach: RKI- Pressemitteilung der STIKO zur COVID-19-Impfempfehlung für Kinder, Quelle: https://www.rki.de/DE/Content/Kommissionen/STIKO/Empfehlungen/PM_2022-05-24.html
Zugriff am 25.11.2023, Seite 101

20
Zitiert nach: 'Wir müssen jeden Impfling persönlich aufklären' Professor Wolf-Dieter Ludwig, Vorsitzender der Arzneimittelkommission der deutschen Ärzteschaft, im Gespräch mit Welt Live vom 22.12.2020, Quelle: https://www.welt.de/videos/video223079942/Impfstoffzulassung-Wir-muessen-jeden-Impfling-persoenlich-aufklaeren.html
Zugriff am 25.11.2023, Seite 105

21
Zitiert nach: 'Chef der Arzneimittelkommission: 'Für Kinder-Impfung wissen wir zu wenig', Professor Wolf-Dieter Ludwig, Vorsitzender der Arzneimittelkommission der deutschen Ärzteschaft, im Gespräch mit Focus Online vom 29.07.2021 Quelle: https://www.focus.de/gesundheit/coronavirus/wolf-dieter-ludwig-im-gespraech-chef-der-arzneimittelkommission-fuer-kinder-impfung-wissen-wir-zu-wenig_id_13541845.html
Zugriff am 25.11.2023, Seite 105

22
Zitiert nach: Süddeutsche Zeitung vom 02.05.2021, Quelle: https://www.sueddeutsche.de/medien/video-aktion-corona-pandemie-allesdichtmachen-dietrich-brueggemann-felix-bruch-paul-brandenburg-1.5281901
Zugriff am 25.11.2023, Seite 109

23 a/b/c
a
Zitiert nach: 'Tagesspiegel entschuldigt sich' Tagesspiegel vom 11.5.2021 Quelle: https://www.sueddeutsche.de/medien/tagesspiegel-allesdichtmachen-entschuldigung-1.5292085
Zugriff am 25.11.2023, 'Filmbranche und Querdenker
Die Geschichte hinter #allesdichtmachen', Seite 109
b
Tagesspiegel vom 21.05.2021 Quelle: https://www.tagesspiegel.de/kultur/die-geschichte-hinter-allesdichtmachen-5397289.html
Zugriff am 25.11.2023, Seite 109
c
Tagesspiegel vom 10.06.2021 und 'Was machen wir hier eigentlich?' Quelle: https://www.tagesspiegel.de/kultur/dietrich-bruggemann-uber-die-aktion-allesdichtmachen-4255735.html
Zugriff am 25.11.2023, Seite 109

24
Zitiert nach: 'Kleine Richterlein': Montgomery kritisiert Corona-Urteile', Merkur.de am 27.12.2021 Zugriff 16.08.2023, Quelle: https://www.merkur.de/politik/kleine-richterlein-montgomery-kritisiert-corona-urteile-zr-91201948.html und 'Stoße mich daran, dass kleine Richterlein sich hinstellen und '2G im Einzelhandel kippen", Welt vom 27.12.2021: https://www.welt.de/politik/deutschland/plus235826200/Frank-Ulrich-Montgomery-Stosse-mich-daran-dass-kleine-Richterlein-2G-im-Einzelhandel-kippen.html
Zugriff am 25.11.2023, Seite 115

25
Zitiert nach: RND am 3.09.2020 'Probeliegen im Sarg: Kuriose Coronastrafe für Maskenverweigerer in Indonesien', Quelle: https://www.rnd.de/panorama/probeliegen-im-sarg-kuriose-corona-strafe-fur-maskenverweigerer-in-indonesien-OOOXVR67INNNKBYWIUWQI3N2LM.html?outputType=valid_amp
Zugriff am 25.11.2023, Seite 120

26
Zitiert nach: Spiegel 'So werden Coronaverstöße weltweit geahndet', Quelle: https://www.spiegel.de/panorama/justiz/corona-strafen-so-werden-verstoesse-weltweit-geahndet-von-liegestuetzen-bis-knast-a-91b4093a-222a-4d60-b93d-ac332efead18
Zugriff am 25.11.2023, Seite 120

27
Zitiert nach: SWR 'Liveblog Coronavirus', Quelle: https://www.swr.de/swraktuell/baden-wuerttemberg/coronavirus-aktueller-live-blog-in-bw-2022-10-25-100.html
Zugriff am 25.11.2023, Seite 120

28
Zitiert nach: Badische neueste Nachrichten 'Kliniken in Baden-Württemberg nehmen 20 Quarantäneverweigerer in Obhut', Quelle: https://bnn.de/nachrichten/baden-wuerttemberg/quarantaene-verweigerer-klinik-zwangseinweisung-gerlingen-heidelberg-corona-pandemie und https://bnn.de/nachrichten/baden-wuerttemberg/hartnaeckige-corona-quarantaeneverweigerer-sollen-eingewiesen-werden
adische neueste Nachrichten vom 8.12.2020, Zugriff am 25.11.2023, Seite 120

29
Zitiert nach: Coronaschutzverordnung des Landes NRW vom 16.01.2022, Quelle: https://www.land.nrw/media/25810
Zugriff am 25.11.2023, Seite 130

30
Zitiert nach: Merkur.de 'Wegen Corona: Spaziergänger dürfen beliebten See nur noch im Uhrzeigersinn umrunden - Beschwerden als Auslöser', Quelle: https://www.merkur.de/lokales/fuerstenfeldbruck/olching-ort29215/olchinger-see-coronavirus-see-runde-uhrzeigersinn-beschwerden-abstandsregeln-90148986.html
Zugriff am 25.11.2023, Seite 130

31
Zitiert nach: X (ehemals twitter) Prof. Karl Lauterbach, Quelle: https://twitter.com/Karl_Lauterbach/status/1426323236019650564
Prof. Karl Lauterbach (Deutscher Bundesgesundheitsminister SPD
Zugriff am 25.11.2023, Seite 136

32
Zitiert nach: Meldeportal des Ministeriums für Soziales, Gesundheit und Integration Baden-Württemberg, Quelle: landeseinheitliches und datensicheres digitales Meldeportal
Zugriff am 25.11.2023, Seite 161

33
Zitiert nach: Erfolglosem Eilantrag zur Außervollzugsetzung der 'einrichtungs- und unternehmensbezogenen Nachweispflicht' nach § 20a Infektionsschutzgesetz des Bundesverfassungsgerichts,Quelle: https://www.bundesverfassungsgericht.de/SharedDocs/Pressemitteilungen/DE/2022/bvg22-042.html
Zugriff am 25.11.2023, Seite 164

34
Zitiert nach: Anika Bube, 'Hendrik Wüst: 'Rache an Ungeimpften!' Politiker schockt mit Aussage zur Impfpflicht.' In news.de, 26. Januar 2022, Quelle: https://www.welt.de/vermischtes/article236427179/Bei-Wuests-Erklaerung-zur-Impfpflicht-fragt-Anne-Will-irritiert-nach.html
Zugriff am 25.11.2023, Seite 172

35
Zitiert nach: Erklärung: 'WIR zeigen Gesichter Offenheit, Respekt und Solidarität' vom 12. Januar 2022, Gelnhausen, Quelle: https://www.mkk.de/aktuelles/themen_1/erklerung_offenheit/erklaerung.html
Zugriff am 25.11.2023, Seite 177

36
Zitiert nach: 'Ulrike Guérot verliert Professorenstelle, wegen Plagiatsvorwurfs', Zeit Online, DPA,GRA am 24.Februar 2023, Quelle: https://www.erlensee-aktuell.com/2022/01/13/breites-buendnis-aus-politik-und-zivilgesellschaft-veroeffentlicht-erklaerung-zu-spaziergaengen-im-main-kinzig-kreis/
Zugriff am 25.11.2023, Seite 180

37
Zitiert nach: Rheinische Post vom 4.12.2021 'NRW Justizminister regt 2G-Regel am Arbeitsplatz an', Quelle: https://rp-online.de/politik/deutschland/impfpflicht-nrw-justizminister-peter-biesenbach-fuer-2g-am-arbeitsplatz_aid-64426985
Zugriff am 25.11.2023, Seite 192

38
Zitiert nach: Scholz: 'Es darf keine roten Linien geben". In ZDF heute online, zdf.de, dpa, AFP am 12. Dezember 2021, Quelle: https://www.spiegel.de/politik/deutschland/olaf-scholz-bundeskanzler-will-keine-roten-linien-im-kampf-gegen-corona-a-57506b74-0458-4928-a579-a2ec588fa5d2
Zugriff am 25.11.2023, Seite 205

39
Zitiert nach: 'Geimpfte Schüler schneiden bei Wissenstest in Freiburg besser ab' Onlineumfrage von Stephanie Steif, Badische Zeitung vom 13.03.2022, Quelle: https://www.badische-zeitung.de/geimpfte-schueler-schneiden-bei-wissenstest-in-freiburg-besser-ab
Zugriff am 25.11.2023, Seite 217

40
Zitiert nach: Maybrit Illner, 'Omikron und Impfpflicht- neuer Minister, neue Sorgen?', am 9. Dezember 2021, Quelle: https://www.saarbruecker-zeitung.de/nachrichten/politik/tobias-hans-bei-maybrit-illner-im-zdf-lage-falsch-eingeschaetzt_aid-64554121
Zugriff 25.11.2023, Seite 218

41
Zitiert nach: 'Science ist meins' ZDF Fernsehshow Mai Think- die Show, am 30.10.2022, Quelle: https://www.zdf.de/show/mai-think-x-die-show/science-is-meins-100.html , sowie https://www.youtube.com/watch?app=desktop&v=gUv-ph82ZCs
Zugriff am 25.11.2023, Seite 218

42
Zitiert nach: Artikel zu 'Dement durch Kopfverletzungen- Chronisch traumatische Enzephalopatie' (CTE) Alzheimerforschung Initiative e.V., (leider ohne Datumsangabe der Veröffentlichung), Quelle: https://www.alzheimer-forschung.de/alzheimer/wasistalzheimer/alzheimer-demenz/chronisch-traumatische-enzephalopatie
Zugriff am 25.11.2023, Seite 219

43
Zitiert nach: 'Corona-Demonstranten 'haben Schuss nicht gehört"(Interview). In n-tv, am 7. Dezember 2021, Quelle: http://www.n-tv.de/panorama/Corona-Demonstranten-haben-schuss-nicht-gehoert-article22982688.html
Zugriff 10.06.2023 und Zugriff auf Internetseite am 25.11.2023, Seite 220

44
Zitiert nach: 'Eine Diskriminierung von Ungeimpften ist ethisch gerechtfertigt', ein Gastbeitrag von Thomas Beschorner und Martin Kolmar Zeit online am 23.Juli 2021, Quelle: https://www.zeit.de/gesellschaft/2021-07/corona-impfung-pflicht-ethik-massnahmen-grundrechte
Zugriff am 25.11.2023, Seite 227

45
Zitiert nach: Roman von Juli Zeh und Simon Urban, Simon Urban 'Zwischen Welten'. Erschienen am 25. Januar 2023, Herausgeber: Luchterhand-Verlag & Zitiert nach: 'NDR Buch des Monats: 'Zwischen Welten' von Juli Zeh und Simon Urban' NDR kultur am 7.2.2023 https://www.ndr.de/kultur/buch/buchdesmonats/Zwischen-Welten-Juli-Zeh-Urban-Debatte-in-der-Krise,zwischenwelten124.html
Zugriff am 25.11.2023, Seite 231

Weitere Links:

'Zeit für Stunde Null' Pressemitteilungen der Online-Zeitschrift Taz am 14.01.2021, Quelle: https://taz.de/Initiative-Zero-Covid/!5739177/
Zugriff am 25.11.2023,

Bundesverfassungsgericht: 'Erfolglose Verfassungsbeschwerde gegen die Pflicht zum Nachweis einer Impfung gegen COVID-19 (sogenannte 'einrichtungs- und unternehmensbezogene Nachweispflicht')', Pressemitteilung Nr. 42/2022 vom 19. Mai 2022

Beschluss vom 27. April 2022, Quelle: https://www.bundesverfassungsgericht.de/SharedDocs/Pressemitteilungen/DE/2022/bvg22-042.html
Zugriff am 25.11.2023

Artikel der Online-Zeitschrift MULTIPOLAR vom 7.11.2022, Herausgegeben von Stefan Korinth, Paul Schreyer und Ulrich Teusch 'Das Corona-Unrecht und seine Täter' Quelle: https://multipolar-magazin.de/artikel/das-corona-unrecht-und-seine-tater
Zugriff am 29.08.2023

ZDF heute vom 10.03.2023: 'Das Leid der Impfgeschädigten', Quelle: https://www.zdf.de/nachrichten/video/corona-impfung-nebenwirkungen-impf-schaden-video-100.html
Zugriff am 25.11.2023

ND Journalismus von Links: Impfpflichtdebatte – 'Sieben Linke machen's mit Kubicki', Artikel von Max Zeising am 16.02.2022, Quelle: https://www.nd-aktuell.de/artikel/1161409.impfpflicht-debatte-sieben-linke-machenrs-mit-kubicki.html
Zugriff am 25.11.2023

Artikel von Jakob Simmank, Corinna Schöps und Sven Stockrahm in Zeit online am 20.01.2021 'No Covid Strategie- Ohne das Virus leben ist das Ziel' Quelle: https://www.zeit.de/wissen/gesundheit/2021-01/no-covid-strategie-coronavirus-initiative-lockdown
Zugriff am 29.08.2023,

Sendung vom 08.02.2023 auf Arte zu Impfnebenwirkungen am: 'Wie gefährlich ist der Piks?' Quelle: https://www.arte.tv/de/videos/107194-057-A/re-risiko-corona-impfung/ und https://www.youtube.com/watch?v=F7mGhUGmVhA
Zugriff am 25.11.2023

Buchverweis 'Wer schweigt stimmt zu' von Ulrike Guérot, Verlag Westend Quelle: https://www.westendverlag.de/buch/wer-schweigt-stimmt-zu/

Artikel in der Zeit online 'Ulrike Guérot verliert Professorenstelle wegen Plagiatsvorwurfs' vom 24.02.2022 Quelle: https://www.zeit.de/kultur/2023-02/plagiatsvorwurf-ulrike-gu-rot-kuendigung-universitaet-bonn
Zugriff am 25.11.2023

Wochen-Online-Zeitschrift Der Freitag, Ausgabe 28/2023, Interview mit Ulrike Guerót 'Im Treibsand der Öffentlichkeit' Quelle: https://www.freitag.de/autoren/pep/ulrike-guerot-im-treibsand-der-oeffentlichkeit
Zugriff am 25.11.2023

'Impfung verweigern: unvernünftig, unsozial, unethisch' eine Kolumne von Lamya Kaddor auf t-online vom 31.12.2020 Quelle: https://www.t-online.de/nachrichten/deutschland/id_89206916/corona-impfung-verweigern-unvernuenftig-unsozial-unethisch.html
Zugriff am 25.11.2023

Pressemitteilung der STIKO zur COVID-19-Impfempfehlung für Kinder von 5-11 Jahren und für Personen mit durchgemachter SARS-CoV-2-Infektion und bisher unvollständiger Immunisierung (20. Aktualisierung) vom 24.05.2022
Quelle: https://www.rki.de/DE/Content/Kommissionen/STIKO/Empfehlungen/PM_2022-05-24.html
Zugriff am 25.11.2023

Artikel 'Protest gegen Corona-Schwurbelei' Leipziger Zeitung vom 22.11.2020 von Die Linke Leipzig, Quelle: https://www.l-iz.de/melder/wortmelder/2020/11/Le2111-Leipzig-kippt-nicht-Starker-Protest-gegen-Corona-Schwurbelei-und-Neonazis-360821
Zugriff am 25.11.2023

Artikel von Panorama 'Bislang gab es Küsse, doch die Schweiz greift durch' Quelle: https://www.welt.de/vermischtes/article207030743/Corona-Konstanz-Zaun-haelt-Paare-an-Grenze-zur-Schweiz-auf-Distanz.html
Zugriff am 25.11.2023

MDR Fernsehdokumentation 'Hirnschädigung nach Impfung – Wie Hinterbliebene um Aufklärung kämpfen' vom 29.11.2022, (auch zu finden in der ARD-Mediathek), Quelle: https://www.youtube.com/watch?v=jxD9OHKbvXo
Zugriff am 25.11.2023

Social Media Kampagne 'Ärzte, Tote Hosen und Co.: Musikstars werben für Impfung gegen Covid19' bei Stern Plus am 25.08.2021, Quelle: https://www.youtube.com/watch?v=jxD9OHKbvXo
Zugriff am 25.11.2023

'Schaltet den Strom aus oder holt mich mit der Polizei hier runter', schimpft Nena, vom 26.07.2021, Quelle: https://www.welt.de/vermischtes/article232736181/Nena-wettert-gegen-Corona-Massnahmen-Frage-ist-was-wir-mit-uns-machen-lassen.html
Zugriff am 25.11.2023

Buchverweis 'Möge die gesamte Republik mit dem Finger auf sie zeigen' von Marcus Klöckner und Jens Wernicke, Buchreport Quelle: https://www.buchreport.de/bestseller/buch/isbn/9783967890341.htm/

'Ein Sorry wird nicht reichen- 3 Jahre Corona: Die Chronik' veröffentlicht bei KingKalli, Quelle: https://kingkalli.de/3-jahre-corona-chronik-aufarbeitung-massnahmen-kinder-jugendliche-familien/
vom 26.03.2023, Zugriff am 25.11.2023